U0102425

郑振铎 著

书林漫步

郑振铎谈读书

中国文史出版社

百年中国记忆书系

总策划、主编

刘未鸣

副主编

唐柳成　张剑荆　段敏

百年中国记忆·名家谈读书丛书

主编

段敏　张春霞

责任编辑

（按姓氏笔画排序）

牛梦岳　高贝　张春霞

目　录

第一章　书事杂记

第二章　诗词之美

第三章　小说述评

第四章　历史沉思

第五章　古书漫谈

第一章

书事杂记

谈 读 书

死读书便会成了书呆子，成为教条主义者，也可能会成为四体不勤、五谷不分的废物。所以善读书者，必须深入社会生活里，深入斗争生活里，取得活的知识，使自己成为博古通今的有用、有益的人。但单凭经验办事，也有危险之处，容易流于故步自封，容易陷于主观主义。有了丰富的斗争经验的人，再加上有理论的修养，并博览群书，吸取古今人的更广泛、更复杂的知识，那么，对于繁赜的事务便可应付裕如了。

多读书，常读书，总有好处。不必"手不释卷"，但不可"目不窥书"。古语云："开卷有益。"这是的的确确的话。常是绝早地起来，曙光刚红，晨露未晞，院子里的空气，清鲜极了，在书房里翻开一两本书看看，就会有些道理或获得些不易得到的知识。譬如，有一天清早，偶然翻翻《格致丛书》本的汉应劭著的《风俗通义》（卷六），看到"批把"二字。应劭说道：

谨按此近世乐家所作，不知谁也。以手批把，因以为名。长三尺五寸，法天地人与五行。四弦，象四时。

这明明说的是今日的琵琶。我们总以为琵琶是外来的乐器之一，而且似乎到了唐朝才有。想不到在东汉的时候已经有了，而且字作"批把"。虽然这一则话，在类书里，像《图书集成》，也引用过，但似乎总没在应劭原书里读到的那么感到亲切有味。又像，少时读到苏曼殊诗，有"春雨楼头尺八箫"句，总以为"尺八"乃是日本的箫名。的确，日本人到今天还爱吹"尺八"。后读明杨升庵（慎）的考证，才知道"尺八"乃是中国的古代管乐之一，不过到了后代失传了而已。我们"礼失而求诸野"的东西不知道有多少。一面在书本里好好寻找，好好研讨，一面还可在友好的邻邦里，得到不少活的材料。在今天研究学问，确是有"得天独厚"之感。只怕你不用功；但要用功便没有不能成功的学问。

烧书记

我们的历史上，有了好几次的大规模的"烧书"之举。秦始皇帝统一六国后，便来了一次烧书。"史官非《秦纪》，皆烧之。非博士官所职，天下敢有藏《诗》《书》百家语者，悉诣守尉杂烧之。有敢偶语《诗》《书》者弃市。以古非今者族。吏见知不举者与同罪。令下三十日，不烧，黥为城旦。所不去者，医药卜筮种树之书。若欲有学法令，以吏为师。"这是最彻底的烧书，最彻底的愚民之计，和一般殖民地政府，不设立大学而只开设些职业、工艺学校者，有异曲同工之妙。此后，烧书的事，无代无之。有的烧历史文献，以泯篡夺之迹；有的烧佛教、道教的书，以谋宗教上的统一；有的烧淫秽的书，以维持道德的纯洁。近三百年，则有清代诸帝的大举烧书。我们读了好几本的所谓"全毁""抽毁"书目，不禁凛然生畏；至今尚觉得在异族铁蹄下的文化生活的如何窒塞难堪！

"八•一三"后，古书、新书之被毁于兵火之劫者多矣。就我个人而论，我寄藏于虹口开明书店里的一百多箱古书，就在八月十四日那一天被烧，烧得片纸不存。我看见东边的天空，有紫黑色的烟云在突突地向上升，升得很高很高，然后随风而四散，随风而淡薄。被烧的东西的焦渣，到处地飘坠。其中就有许多有字迹的焦纸片。我曾经在天井里拾到好几张，一触手便粉碎；但还可以辨识得出些字迹，大约是教科书之类居多。我想，我的书能否捡得到一二张烧焦了的呢？——那时，我已经知道开明书店被烧的情形——当然，这想头是很可笑的。就捡得到了又有什么意义；还不是徒增切怛与愤激么？

这是兵火之劫；未被劫的还安全地被保存着。所遭劫的还只是些不幸的一二隅之地。但到了"一·二八"敌兵占领了旧租界后，那情形却大是不同了。

我们听到要按家搜查的消息，听到为了一二本书报而逮捕人的消息，还听到无数的可怖的怪事、奇事、惨事。

许多人心里都很着急起来，特别是有"书"的人家。他们怕因"书"惹祸，却又舍不得割爱，又不敢卖出去——卖出去也没有人敢要。有好几个友人，天天对书发愁。

"这部书会有问题么？"

"这个杂志留下来不要紧么？"

"到底是什么该留的，什么不该留的？"

"被搜到了，有什么麻烦没有？"

个个人在互相地询问着，打听着。但有谁能够说明哪几部书是有问题的，或哪些东西是可留的呢？

我那时正忙于烧毁往来有关的信件，有关的记载，和许多报纸、杂志及抗日的书籍——连地图也在内。

我硬了心肠在烧。自己在壁炉里生了火，一包包，一本本，撕碎了，扔进去，眼看它们烧成了灰，一蓬蓬的黑烟从烟囱里冒出来，烧焦了的纸片，飞扬到四邻，连天井里也有了不少。

心头像什么梗塞着，说不出的难过。但为了特殊的原因，我不能不如此小心。

连秋白送给我的签了名的几部俄文书，我也不能不把它们送进壁炉里去。

我觉得自己实在太残忍了！我眼圈红了不止一次，有泪水在落。是被烟熏的吧？

实在舍不得烧的许多书，却也不能不烧。踌躇又踌躇，选择又选择。有的头一天留下了，到了第二三天又狠了心把它们烧了。有的，已经烧了，心里却还在惋惜着，觉得很懊悔，不该把它们烧去。

但有了第一次淞沪战争时虹口、闸北一带的经验——有《征倭论》一类的书而被杀、被捉的人不少——自然不能不小心。对于发了狂的兽类，有什么理可讲呢？

整整地烧了三天。我翻箱倒箧地搜查着，捧了出来，动员孩子们在撕在烧。

"爸爸，这本书很好玩，留下来给我吧。"孩子在恳求着。

我难过极了！我也何尝不想留下来呢？但只好摇摇头，说道："烧了吧，下回去买好一点的书给你。"

在这时候，就有好些住在附近的朋友们在问，什么书该烧，什么书不必烧。

我没法回答他们，领了他们到壁炉边去。

"你自己看吧。我在烧着呢。但我的情形不同。你自己斟酌着办吧。"

这一场烧书的大劫，想起来还有余栗与余憾！

不烧，不是至今还无恙么？

但谁能料得到呢？

把它们设法寄藏到别的地方去吧。

但为什么要"移祸"呢？这是我所绝对不肯做的事。

这是我不能不狠心动手烧的一个原因。

但也实在有些人把自认为"不安全"的书寄藏到别人家里去的。

这还是出于自动的烧。究竟自动烧书的人还不多。大量的"违碍"的书报还储藏在许多人家里。有许多人不肯烧，不想烧，也有人不知道烧，甚至有人压根儿没有想到这件事。

过了不久，敌人的文化统治的手腕加强了。他们通过了保甲的组织，挨户按家地通知，说：凡有关抗日的书籍、杂志、日报等等，必须在某天以前，自动烧毁或呈缴出来。否则严惩不贷。

同时，在各书店，各图书馆，搜查抗日书报，一车车地载运而去，不知运向何方，也不知它们的运命如何。

这一次烧书的规模大极了！差不多没有一家不在忙着烧书的。他们不耐烦呈缴出去，只有出于烧之一途。最近若干年来的报纸、杂志遭劫最甚。有许多人索性把报纸、杂志全都烧毁了，免得惹起什么麻烦。

外间谣传说，连包东西的报纸，上面有了什么抗日的记载，也要追究、捕捉的。

因之，旧报纸连包东西的资格也被取消了。

最可怜的是，有的朋友已经到了内地去，他们的书籍还藏在家里，或寄存在某友处。家里的人到处打听，问要紧不要紧，甚至去问保甲处的人。他们当然说要紧的，甚至还加上些恫吓的话。

于是，不分青红皂白地，他们把什么书全都付之一炬；只要是有字的，无不投到了火炉里去。

记得清初三令五申地搜求"禁书"的时候，有许多藏书家的后人，为了省得惹祸，也是将全部古书整批地烧了去。

这个书劫，实在比兵、比火、比水等等大劫更大得多，更普遍而深入得多了！

这样纷扰了近一个多月，始终不曾见敌伪方面有什么正式的文告。又有人说，这是出于误会，日本人方面并没有这个意思。

于是烧书的火渐渐地又灭了、冷了，终至不再有人提起这件事。

不烧的人，忘了烧的人，特地要小心保存这类抗日文献的人，当然也有。

许多抗日文献还保存得不少。像《文汇年刊》之类，我家里便还保存着，忘记了烧。

书如何能烧得尽呢？"野火烧不尽，春风吹又生。"以烧书为统治的手法，徒见其心劳日拙而已。

但愿这种书劫，以后不再有！

售书记

嗟食何如售故书，疗饥分得蠹虫余。

丹黄一付绛云火，题跋空传士礼居。

展向晴窗胸次了，抛残午枕梦回初。

莫言自有屠龙技，剩作天涯稗贩徒。

以上是一个旧友的售书诗，这个旧友和我常在古书店里见到。从前，大家都买书，不免带点争夺的情形，彼此有些猜忌。劫中，我卖书，他也卖书，见了面，大家未免常常叹气，谈着从来不会上口的柴米油盐的问题。他先卖石印书、自印的书，然后卖明清刊本的书。后来，便不常在古书店见到他了。大约书已卖得差不多，不是改行做别的事，便是守在家里不出门。关于他，有种种的传说。我心里很难过，实在不愿意在这里再提起，这是一位在这个大时代里最可惜、残酷的牺牲者。但写下他抄给我的这首诗时，我不能不黯然！

说到售书，我的心境顿时要阴晦起来。谁想得到，从前高高兴兴，一部部，一本本，收集起来，每一部书，每一本书，都有它的被得到的经过和历史；这一本书是从哪一家书店里得到的，那一部书是如何见到了，一时踌躇未取，失去了，不料无意中又获得之；那一部书又是如何地先得到一二本，后来，好容易方才从某书店的残书堆里找到几本，恰好配全，配全的时候，心里是如何的喜悦；也有永远配不全的，但就是那残帙也很可珍重，古宫的断垣残刻，不是也足以令人流连忘返么？那一本书虽是薄帙，却是孤本单行，极不易得；那一部书虽是同光间刊本，却很不多见；那一本书虽已收入某丛书中，这本却是单刻本，与丛书本异同甚多；那一部书见于禁书目录，虽为陋书，亦自可贵。至于明刊精本，黑口古装者，万历竹纸，传世绝罕者，与明清史料关系极巨者，稿本手迹，从无印本者，等等，则更是见之心暖，读之色舞。虽绝不巧取豪夺，却自有其争斗与购取之阅历。差不多每一本、每一部书于得之之时都有不同的心境，不同的作用。为什么舍彼取此，为什么前弃今取，在自己个人的经验上，也各自有其理由。譬如，二十年前，在中国书店见到一部明刊蓝印本《清明集》和一部道光刊本《小四梦》，价各百金，我那时候倾囊只有此数，那么，还是购《小四梦》吧，因为我弄中国戏曲史，《小四梦》是必收之书。然而在版本上，或在藏书家的眼光看来，那《清明集》——一部极罕见的古法律书，却是如何地珍奇啊！从前，我不大收清代的文集，但后来觉得有用，便又开始大量收购了。从前，对于词集有偏嗜，有见必收，后来，兴趣淡了些，便于无意中失收了不少好词集。凡此种种，皆寄托着个人的感情。如鱼饮水，冷暖自知。谁想得到，凡此种种，费尽心力以得之者，竟会出以易米么？谁更会想得到，从前一本本，一部部书零星收得，好容易集成一类，堆作数架者，竟会一捆捆，一箱箱地拿出去卖的么？我从来不肯好好地把自己的藏书编目，但在出卖的时候，卖书的要先看目录，便不能不咬紧牙关，硬了头皮去编。编目的时候，觉得部部书本本书都是可爱的，都是舍不得去的，都是对我有用的，然而又不能不割售。摩挲着，仔细地翻看着，有时又摘抄了要用的几节几段，终于舍不得，不愿意把它上目录。但经过了一会儿，究竟非卖钱不可，便又狠了狠心，把它写上。在劫中，像这样的"编目"，不止三两次了。特别在最近的两年中，光景更见困难了，差不多天天都在打"书"的主意，天天在忙于编目。假如天还不亮的话，我的出售书目又要从事编写了。总是先去其易得者，例如《四部丛刊》、百衲本《廿四史》之类。《四部丛刊》连二三编，我在前年只卖了伪币四万元，百衲本《廿四史》，只卖了伪币一万元。谁想得到，在今年今日，要想再得到一部，便非花了整年的薪水还不够么？只好从此不做收藏这一类大部书的念头了。最伤心的是，一部石印本《学海类编》，我不时要翻查，好几次书友们见到了，总要怂恿我出卖，我实在舍不得。但最后，却也不得不卖了。卖得的钱，还不够半个月花，然而如今再求得一部，却也已非易了。其后，卖了一大批明本书，再后来，又卖了八百多种清代文集，最后，又卖了好几百种清代总集文集及其他杂书。大凡可卖的，几乎都已卖尽了！所万万舍不得割弃的是若干目录书、词曲书、小说书和版画书。最后一批，拟目要去的便是一批版画书。天幸胜利来得恰如其时，方才保全了这一批万万舍不得去的东西。否则，再拖长了一年半载，恐怕连什么也都要售光了。但我虽然舍不得与书相别，而每当困难的时光，总要打它的主意，实在觉得有点对不起它！如果把积"书"当作了囤货——有些暴发户实在有如此的想头，而且也实在如此地做，听说，有一个人，所囤积的《四部丛刊》便有二十余部——那么，售去倒也没有什么伤心。不幸，我的书都是"有所谓"而收集起来的，这样的一大批一大批地"去"怎么能不痛心呢？售去的不仅是"书"，同时也是我的"感情"，我的"研究工作"，我的"心的温暖"！当时所以硬了心肠要割舍它，实在是因为"别无长物"可去。不去它，便非饿死不可。在饿死与去书之间选择一种，当然只好去书。我也有我的打算，每售去一批书，总以为可以维持个半年或一年。但物价的飞涨，每每把我的计划全部推翻了。所以只好不断地在编目，在出售；不断地在伤心，有了眼泪，只好往肚里倒流下去。忍着，耐着，叹着气，不想写，然而又不能不一部部地编写下去。那时候，实在恨自己，为什么从前不藏点别的，随便什么都可以，偏要藏什么劳什子的书呢？曾想告诉世人说，凡是穷人，凡是生活不安定的人，没有恒产、资产的人，要想储蓄什么，随便什么都可以，只千万不要藏书。书是积藏来用，来读的，不是来卖的。卖书时的惨楚的心情实在受得够了！到了今天，我心上的创伤还没有愈好；凡是要用一部书，自己已经售了去的，想到书店里去再买一部，一问价，只好叹口气，现在的书已经不是我辈所能购置的了。这又是用手去剥创疤的一个刺激。索性狠了心，不进书店，也决心不再去买什么书了。书兴阑珊，于今为最。但书生结习，扫荡不易，也许不久还会发什么收书的雅兴吧。

但究竟不能不感谢"书"，它竟使我能够渡过这几年难渡的关头。假如没有"书"，我简直只有饿死的一条路走！

失书记

二十多年来，因为研究的需要和个人的偏嗜，收购了不少古书。一部部地从书店里挟在腋下带回来，都觉得是有用的。但一到了家，翻阅了一下，因为不是立即用到的，便往往将它向书箱里或书橱顶上一塞。有时，简直是好几年不曾再翻阅过。书一天天地堆积得多了。书箱由十二只而二十余只，而五十余只，而至一百余只。不放在箱子里的书还有不少。因为研究的复杂，搜罗材料的求全求备，差不多不弃瓦石和沙砾。其实在瓦石和沙砾里，往往可以发现些珠玉和黄金来。十年前，得到不少的弹词、宝卷、鼓词和平津到潮汕的小唱本。那些小唱本一批批地购入，或由友人们的赠贴，竟积至二万余册之多。"一·二八"之役，我在东宝兴路的寓所沦入日人之手，一切书籍都不曾取出。书箱被用刀斧斫开的不少。全部的弹词、鼓词、宝卷及小唱本均丧失无遗。唯古书还保存得很多。三月间，将各余存的书全部迁出。那时，我不在上海。高梦旦先生和家叔莲蕃先生曾费了许多的力量去设法搬运。许多的书箱都杂乱地堆在高宅大厅上。过了半年，方托人清抄一份目录。除仍留一部分存于高宅外，大多数都转送到开明书店图书馆寄存。四五年来，我因为自己在北平，除了应用的书随身带去者外，全都没有移动。在北平，又陆续地购到几十箱的古书，其中尤以明版的小说及戏曲为多。前年夏天南旋时，又全都随身带了下来。幸免于和那个古城同陷沦亡。但有一部分借给友人们的书，却一时顾不及取回了。二年以来因为寓所湫狭，竟不能将寄存之书取储家中。"八·一三"战事起后，虹口又沦为战区。开明书店图书馆全部被毁于火。我的大多数的古书，未被毁于"一·二八"之役者，竟同时尽毁于此役。所失者凡八十余箱，近二千种，一万数千册的书。其中有元版的书数部，明版的书二三百部；应用的书，像许多近代的丛书所失尤多。最可惜的是，积二十年之力所收集的关于《诗经》及《文选》的书十余箱竟全部烬于一旦。在欧洲收集到的许多书（多半是关于艺术的及考古学的），也全都失去了。尚有清人的手稿数部，不曾刊行者也同归于尽！不能无介介于心；总觉得有些对不起古人！连日闸北被敌机大肆轰炸，纸灰竟时时飘飞到小园中来。纸灰上的字迹还明显得可辨。这又是什么人家的文库被毁失了！在今日抗战开始之后，像这样的文化上的损失，除了万分惋惜之外，是不会比无数人民的性命财产的牺牲更令人沉痛和切齿的。而无数前敌将士们正在喋血杀敌，为国作战，我们这些损失又算得了什么！北平图书馆的所藏，乃至北京大学图书馆、清华大学图书馆，乃至无数私家的宝藏之图籍还不是全都沦亡了么？我们这些损失又算得了什么？但我所深有感者，乃在没有国防的国家根本上谈不上"文化"的建设。没有武力的保卫，文化的建设是最容易受摧残的。阿速帝国的文库还不是被深埋在地下么？宋之内府所藏图籍，还不是被捆载而北么？希腊、罗马的艺术还不是被野蛮民族所摧毁而十不存一么？无数文人学士们的呕尽心血的著作曾不足当野蛮的侵略者的一焚！这是古今一致、万方同慨的事！要保全"文化"，必须要建立最巩固的国防！失者已矣！"文化"人将怎么保卫文化呢？当必知所以自处矣！无国防，即无文化！炮火大作，屋基为之震动。偷闲重写"失书"的目录为一卷。作《失书记》，附于后。

"废纸"劫

收集故纸废书之风，发端于数载之前，至去岁而大盛，至今春而益烈，迨春夏之交，则臻于全盛之境矣。初仅收及废报及期刊，作为所谓还魂纸之原料。继则渐殃及所谓违碍书，终则无书不收，无书不可投入纸商之大熔炉中矣。初仅负贩叫卖者为之，继则有一二小肆亦为之。后以利之溥而易获也，若修绠堂、修文堂、来青阁、上海旧书商店诸大古书肆亦为之矣。初仅收拾本肆中难销之书，残阙之本，论担称斤以售出，继则爪牙四布，搜括及于沪杭沪宁二铁路线之周围矣，又进而罗织至平津二市矣。于是舍正业而不为，日孳孳于唯废纸破书之是务。予尝数经来青阁、修文堂及上海旧书商店之门，其所堆积者，无非造纸之原料也。有教科书，有《圣经》，有杂志，有大部涩销之古书，有西书，有讲义，自洋装皮脊之过时百科全书、年鉴、人名录，以至石印之《十一朝东华录》《经策通纂》《九朝圣训》，以及铅印之《图书集成》残本，无不被囊括以去。每过肆，语价时，肆主人必曰：此书论斤时，亦须值若干若干，或曰：此书之值较论斤称出为尤廉，或曰：此书如不能售，必将召纸商来，论斤称付之。此或是实情实事。肆主人如急于求售，与其售之于难遇难求之购书者，诚不如贬值些许，售之于纸商之为愈也。商人重利，利之所在，趋之若鹜。岂有蝇蚋嗅得腥膻而不飞集者！于是古书之论值，除善本、孤本外，必以纸张之轻重黄白为别。轻者黄者廉，而重者白者昂，其为何等书则不问也。其不能即售者，则即举而付之纸商，其为何等书则不问也。其书之可留应留与否则亦不问也。尝过市，有中国书店旧存古书七十余扎，凡五千余本，正欲招纸商来称斤去。予尝见其目，多普通古书，且都为有用者，若江刻《五十唐人小集》《两浙輶轩录》《杨升庵全集》《十国春秋》《水道提纲》《艺海珠尘》等书，都凡七八百种。此类书而胥欲付之大熔炉中，诚可谓丧心病狂之至者矣！肆主人云：如欲留，则应立即决定，便可不致使之成废纸矣。予力劝其留售，肆主人不顾也。曰：至多留下二十许种市上好销者，余皆无用。并且指且言曰：某也不能销，某也无人顾问，不如论斤秤出之得利多而速也。予喟然无言。至他肆屡以此数十扎书为言，力劝其收下。彼辈皆不顾，皆以不值得、不易售为言。自晨至午，无成议，而某肆主急如星火，必欲速售去。予乃毅然曰：归予得之可也！遂以六千金付之，而救得此七八百种书。时予实窘困甚，罄其囊，仅足此数，竟以一家十口之数月粮，作此一掷救书之豪举，事后，每自诧少年之豪气未衰也。属有天幸，数日后，有友复济以数千金，乃得免于室人交谪，乃得免于不举火。每顾此一堆书，辄欣然以为乐，若救得若干古人之精魄也。且此类事为予所未知者多矣。即知之，然予力有限，岂又能尽救之乎？戚戚于心，何时可已！每在乱书堆中救得一二稍可存者，然实类愚公之移山也。天下滔滔，挽狂澜于既倒者复有谁人乎？悠然忧之，愤懑积中。尝遇某人，曰：家有清时外务部石印大本《图书集成》一部，欲售之，而无应者。以今日纸价论之，若作废纸称去，亦可得二万余金也。予俯而不答。呜呼，人间何世，浩劫未艾！今而后，若求得一普通古书，价廉帙巨，而尚为纸商大熔炉劫火未及者，恐戛乎其难矣。今而后，若搜集清代普通刊本，晚清石印、铅印本书，恐必将不易易矣。兵燹固可惧，然未必处处皆遭劫也，穷乡僻壤，必尚有未遭兵燹之处，通都大邑亦必尚有未遇浩劫之地。禁毁诚可痛，然亦未必网罗至尽也；千密一疏，必有漏网者在；有心人不在少数，疏忽无知者，尤不可胜计；此皆鲁壁也。而今则大利所在，竭泽而渔，凡兵燹所不及，禁毁所未烬者，胥一举而尽之。凡家有破书数架，故纸一篓者，负贩辈必百计出之。不必论何种书也；不必视书之完阙也；不必选剔书之破蛀与否也。无须泾泾议价，更无须专家之摩挲审定，但以大称一，论担称之足矣。于是千秋万世之名著，乃与朝生暮死之早报等类齐观矣；于是一切断烂朝报，乃偕精心结构之巨作同作废纸入熔炉矣。文献之浩劫，盖莫甚于今日也！目击心伤，回天无力。惨痛之甚，几有不忍过市之感。彼堆积于市门者何物也？

非已去硬面之西书，即重重叠叠之故纸旧书。剥肤敲脑，无所不至。（精明之贾，每截下一书空白之天头，以为旧纸，供修书之用。余谥之曰敲脑。）予但能指而叹曰：造孽，造孽！而市人辈则嬉笑自若，充耳不闻也。经此大劫，大江南北以及冀鲁一带之文献乃垂垂尽矣！伤哉！

这是去年秋天我所写札记中的一部分。《周报》索《蛰居散记》续稿，不及改写，遂以此付之。于体例上殊不相类也。

访笺杂记

　　我搜求明代雕版画已十余年。初仅留意小说戏曲的插图，后更推及于画谱及他书之有插图者，所得未及百种。前年冬，因偶然的机缘，一时获得宋元及明初刊印的出相佛道经二百余种。于是宋元以来的版画史，粗可踪迹。间亦以余力，旁骛清代木刻画籍。然不甚重视之，像《万寿盛典图》《避暑山庄图》《泛槎图》《百美新咏》一类的书，虽亦精工，然颇嫌其匠气过重。至于流行的笺纸，则初未加以注意。为的是十年来，久和毛笔绝缘。虽未尝不欣赏《十竹斋笺谱》《萝轩变古笺谱》，却视之无殊于诸画谱。

　　约在六年前，偶于上海有正书局得诗笺数十幅，颇为之心动，想不到今日的刻工，尚能有那样精丽细腻的成绩。仿佛记得那时所得的笺画，刻的是罗两峰的小幅山水，和若干从《十竹斋画谱》描摹下来的折枝花卉和蔬果。这些笺纸，终于舍不得用，都分赠给友人们，当作案头清供了。

这也许便是访笺的一个开始。然上海的忙碌生活，压得我透不过气来，哪里会有什么闲情逸趣，来搜集什么。

二十年九月，我到北平教书。琉璃厂的书店，断不了我的足迹。有一天，偶过清秘阁，选购得笺纸若干种，颇为高兴。觉得较在上海所得的，刻工、色彩都高明得多了。仍只是作为礼物送人。

引起我对于诗笺发生更大的兴趣的是鲁迅先生。我们对于木刻画有同嗜。但鲁迅先生所搜求的范围却比我广泛得多了，他尝斥资重印《士敏土》之图数百部——后来这部书竟鼓动了中国现代木刻画的创作的风气。他很早地便在搜访笺纸，而尤注意于北平所刻的。今年春天，我们在上海见到了，他以为北平的笺纸是值得搜访而成为专书的，再过几时，这工作恐怕要不易进行。我答应一到北平，立刻便开始工作。预定只印五十部，分赠友人们。

我回平后，便设法进行刷印笺谱的工作。第一着还是先到清秘阁。在那里又购得好些笺样。和他们谈起刷印笺谱之事时，掌柜的却斩钉截铁地回绝了，说是五十部绝对不能开印。他们有种理由：板片太多，拼合不易，刷印时调色过难；印数少，板刚拼好，调色尚未顺手，便已竣工，损失未免过甚。他们自己每次开印都是五千一万的。

"那么印一百部呢？"我道。

他们答道："且等印的时候再商量吧。"

这场交涉虽是没有什么结果，但看他们口气很松动，我想，印一百部也许不成问题。正要再向别的南纸店进行，而热河的战事开始了，接着发生喜峰口、冷口、古北口的争夺战。沿长城线上的炮声、炸弹声，震撼得这古城里的人民们日夜不安，坐立不宁。哪里还有心绪来继续这"可怜无补费精神"的事呢？一搁置便是半年。

九月初，战事告一段落，我又回到上海，和鲁迅先生相见时，带着说不出的凄怆的感情，我们又提到印这笺谱的事。这场可怖可耻的大战，刺激我们有立刻进行这工作的必要，也许将来便不再有机会给我们或他人做这工作的！？

"便印一百部，总不会没人要的。"鲁迅先生道。

"回去便进行。"我道。

工作便又开始进行。第一步自然是搜访笺样，清秘阁不必再去。由清秘阁向西走，路北第一家是淳菁阁。在那里，很惊奇地发见了许多清隽绝伦的诗笺，特别是陈师曾氏所作的，虽仅寥寥数笔，而笔触却是那样地潇洒不俗。转以十竹斋、萝轩诸笺为烦琐、为做作。像这样的一片园地，前人尚未之涉及呢。我舍不得放弃了一幅。吴待秋、金拱北诸氏所作和姚茫父氏的《唐画壁砖笺》《西域古迹笺》等，也都使我喜欢，流连到三小时以上。天色渐渐地黑暗下来，朦朦胧胧的有些辨色不清，黄豆似的灯火，远远近近地次第放射出光芒来。我不能不走，那么一大包笺纸，狼狈不堪地从琉璃厂抱到南池子，又抱到了家。心里是装载着过分的喜悦与满意，那一个黄昏便消磨在这些诗笺的整理与欣赏上。

　　过了五六天，又进城到琉璃厂去——自然还是为了访笺。由淳菁阁再往西走，第一家是松华斋，松华斋的对门，在路南的，是松古斋，由松华斋再往西，在路北的，是懿文斋。再西，便是厂西门，没有别的南纸店了。

　　先进松华斋，在他们的笺样簿里，又见到陈师曾所作的八幅花果笺。说它们"清秀"是不够的，"神来之笔"的话也有些空洞。只是赞赏，无心批判。陈半丁、齐白石二氏所作，其笔触和色调，和师曾有些同流，唯较为繁缛燠燶。他们的大胆的涂抹，颇足以代表中国现代文人画的倾向；自吴昌硕以下，无不是这样的粗枝大叶的不屑屑于形似的。我很满意地得到不少的收获。

　　带着未消逝的快慰，过街而到松古斋。古旧的门面，老店的规模，却不料售的倒是洋式笺。所谓洋式笺，便是把中国纸染了矾水，可以用钢笔写，而笺上所绘的大都是迎亲、抬轿、舞灯、拉车一类的本地风光，笔法粗劣，且惯喜以浓红大绿涂抹之。其少数，还保存着旧式的圈板画。然以柔和的线条，温茜的色调，刷印在又涩又糙的矾水拖过的人造纸面上，却格外地显得不调和。那一片一块的浮出的彩光，太损中国画的秀丽的情绪。

　　我的高兴的心绪为之冰结，随意地问道："都是这一类的么？"

　　"印了旧样的销不出去，所以这几年来，都印的是这一类的。"

我不能再说什么，只拣选了比较还保有旧观的三盒诗笺而出。

懿文斋没有什么新式样的画笺，所有的都是光、宣时代所流行的李伯霖、刘锡玲、戴伯和、李毓如诸人之作，只是谐俗的应市的通用笺而已。故所画不离吉祥、喜庆之景物以至通俗的着色花鸟的一类东西。但我仍选购了不少。

第三次到琉璃厂，已是九月底了。那一天狂飙怒号，飞沙蔽天，天色是那样地惨澹可怜，顶头的风和尘吹得人连呼吸都透不过来。一阵的飞沙，扑脸而来，赶紧闭了眼，已被细尘潜入，眯着眼，急速得睁不开来看见什么。本想退了回去，为了这样闲空的时间不可多得，便只得冒风而进了城。这一次是由清秘阁向东走，偏东路北，是荣宝斋，一家不失先正典型的最大的笺肆。仿古和新笺，他们都刻得不少。我们在那里，见到林琴南的山水笺，齐白石的花果笺，吴待秋的梅花笺，以及齐王诸人合作的壬申笺、癸酉笺等等，刻工较清秘为精。仿成亲王的拱花笺，尤为诸肆所见这一类笺的白眉。

半个下午便完全耗在荣宝斋，外面仍是卷尘撼窗的狂风，但我一点都没有想到将怎样艰苦地冒了顶头风而归去。和他们谈到印行笺谱的事，他们也有难色，觉得连印一百部都不易动工。但仍是那么游移其词地回答道：“等到要印的时候再商量吧。”

我开始感到刷印笺谱的事，不像预想那么顺利无阻。

归来的时候，已是风平尘静。地上薄薄地敷上了一层黄色的细泥，破纸枯枝，随地乱掷。显示着风力的破坏的成绩。

从荣宝斋东行，过厂甸的十字路口，便是海王村。过海王村东行，路北，有静文斋，也是很大的一家笺肆。当我一天走进静文的时候，已在午后。太阳光淡淡地射在罩了蓝布套的木桌上。我带着怡悦的心情在翻笺样簿，很高兴地发现了齐白石的人物笺四幅，说是仿八大山人的，神情色调都臻上乘。吴待秋、汤定之等二十家合作的梅花笺也富于繁赜的趣味。清道人、姚茫父、王梦白诸人的罗汉笺、古佛笺等，都还不坏，古色斑斓的彝器笺，也静雅足备一格。又是到上灯时候才归去。

静文斋的附近，路南，有荣禄堂，规模似很大的，却已衰颓不堪，久已不印笺。亦有笺样簿，却零星散乱，尘土封之，似久已无人顾问及之。循样以求笺，十不得一。即得之，亦都暗败变色，盖搁置架上已不知若干年，纸都用舶来之薄而透明的一种，色彩偏重于浓红深绿，似意在迎合光、宣时代市人们的口味。肆主人须发皆白，年已七十余，唯精神尚矍铄。与谈往事，袅袅可听。但搜求将一小时，所得仅缦卿作的数笺。于暮色苍茫中，和这古肆告别，情怀殊不胜其凄怆。

由荣禄更东行，近厂东门，路北，有宝晋斋。此肆诗笺，都为光、宣时代的旧型，佳者殊鲜。仅选得朱良材作的数笺。

出厂东门，折而南，过一尺大街，即入杨梅竹斜街。东行百数步，路北，有成兴斋。此肆有冷香女士作的月令笺，又有清末为慈禧代笔的女画家缪素筠作的花鸟笺；在光、宣时代，似为一当令的笺店。然笺样多缺，月令笺仅存其七。

再东行，有彝宝斋，笺样多陈列窗间，并样簿而无之。选得王诏作的花鸟笺十余幅，颇可观，而亦零落不全。

以上数次的所得，都陆续地寄给鲁迅先生，由他负最后选择的责任。寄去的大约有五百数十种，由他选定的是三百三十余幅，就是现在印出的样式。

这部《北平笺谱》所以有现在的样式，全都是鲁迅先生的力量——由他倡始，也由他结束了这事。

说起访笺的经过来，也并不是没有失望与徒劳。我不单在厂甸一带访求，在别的地方，也尝随时随地地留意过，却都不曾给我以满足。好几个大市场里，都没有什么好的笺样被发现。有次，曾从东单牌楼走到东四牌楼，经隆福寺街东口而更往北走，推门而入的南纸店不下十家，大多数都只售洋纸笔墨和八行素笺，最高明的也只卖少数的拱花笺，却是那么地粗陋浮躁，竟不足以当一顾。

在厂甸，也不是不曾遇到同样狼狈的事。厂甸中段的十字街头，路南，有两家规模不小的南纸店。一名崇文斋，在路东，有笺样簿，多转贩自诸大肆者。一名中和丰，在路西，专售运动器具及纸墨，并诗笺而无之。由崇文东行数十步，路南，有豹文斋，专售故宫博物院出品，亦尝翻刻黄癭瓢人物笺，然执以较清秘、荣宝所刻，则神情全非矣。

但北平地域甚广，搜访所未及者一定还有不少。即在琉璃厂，像伦池斋，因无笺样簿，遂至失之交臂。他们所刻"思古人笺"，版已还之沈氏，故不可得；而其王雪涛花卉笺四幅，刻印俱精，色调亦柔和可爱，惜全书已成，不及加入。又北平诸文士私用之笺纸，每多设计奇诡，绘刻精丽的，唯访求较为不易。补所未备，当俟异日。

选笺既定，第二步便进行交涉刷印。淳菁、松华、松古三家，一说便无问题。荣宝、宝晋、静文诸家，初亦坚执百部不能动工之说，然终亦答应了下来。独清秘最为顽强，交涉了好几次，他们不是说百部太少不能印，便是说人工不够，没有工夫印。再说下去，便给你个不理睬。任你说得舌疲唇焦，他们只是给你个不理睬！颇想抽出他们的一部分不印。终于割舍不下溥心畬、江采诸家的二十余幅作品。再三奉托了刘淑度女士和他们商量，方才肯答应印。而色调较繁的十余幅蔬果笺，却仍因无人担任刷印而被剔出。蔬果笺刻印不精，去之亦未足惜。荣禄堂的笺纸，原只想印缦卿作的四幅。他们说，年代已久，不知板片还在否，找得出来便可开印，只怕已残缺不全。但后来究竟算是找全了。

最后到彝宝斋。一位仿佛湖南口音的掌柜的，一开口便说："不能印。现在已经没有印刷这种信笺的工人了！我们自己要几千几万份地印，尚且不能，何况一百张！"我见他说得可笑，便取出些他家的定印单给他看，说道，"那么别家为什么肯印呢？"他无辞可对，只得说老实话："成兴斋和我们是联号，你老到他们那里看看吧，这些花鸟笺的板片他们那里也有。"我立刻明白那是怎么一回事。到成兴斋一打听，果然那板片已归他们所有。

看够了冰冷冷的拒人千里的面孔，玩够了未曾习惯的讨价还价，斤两计较的伎俩，说尽了从来不曾说过的无数恳托敷衍的话——有时还未免带些言不由衷的浮夸——一切都只为了这部《北平笺谱》！可算是全部工作里最麻烦、最无味的一个阶段。但不能不感激他们：没有他们的好意的合作，《北平笺谱》是不会告成的。

为了访问画家和刻工的姓氏，也费了很大的工夫。有少数的画家，其姓氏是我所不知道的——我对于近代的画坛是那样的生疏！访之笺肆，亦多不知者。求之润单，问亦无之。打听了好久，有的还是见到了他的画幅，看到他的图章，方才知道。只有缦卿的一位，他的姓氏到现在还是一个谜。荣禄堂的伙计说，"老板也许知道。"问之老主人则摇摇头，说："年代太久了，我已记不起来。"

刻工实为制笺的重要分子，其重要也许不下于画家。因彩色诗笺，不仅要精刻，而且要就色彩的不同而分刻为若干板片，笺画之有无精神，全靠分板的能否得当。画家可以恣意地使用着颜料，刻工则必须仔细地把那么复杂的颜色，分析为四五个乃至一二十个单色板片。所以，刻工之好坏，是主宰着制笺的命运的。在《北平笺谱》里，实在不能不把画家和刻工并列着，但为了访问刻工姓名，也颇遭逢白眼。他们都觉得这是可怪的事，至多只是敷衍地回答着，有的是经了再三的追问，四处的访求，方才能够确知的。有的因为年代已久，实在无法知道。目录里所注的刻工姓名，实在是不止三易稿而后定的。宋板书多附刊刻工姓名。明代中叶以后，刻图之工，尤自珍其所作，往往自署其名，若何钤、汪士珩、魏少峰、刘素明、黄应瑞、刘应祖、洪国良、项南洲、黄子立，其尤著者。然其后则刻工渐被视为贱技，亦鲜有自标姓氏者。当此木板雕刻业像晨星似的摇摇将坠之时，而复有此一番表彰，殆亦雕板史末页上重要的文献。

淳菁阁的刻工，姓张，但不知其名。他们说此人已死，人皆称之为张老西，住厂西门。其技能为一时之最。我根据了张老西的这个诨名，到处地打听着。后来还是托荣宝斋查考到，知道他的真名是启和。松华斋的刻工，据说是专门为他们刻笺的，也姓张，经了好几次的追问，才知道其名为东山。静文斋的刻工，初仅知其名为板儿杨，再三地恳托着去查问，才知道其名为华庭。清秘阁的刻工，也经了数次的访问后，方知其亦为张东山。因此，我颇疑刻工和制笺业的关系，也许不完全是处在雇工的地位，他们也许是自立门户，有求始应，像画家那个样子的。然未细访，不能详。

荣宝斋的刻工名李振怀，懿文斋的刻工名李仲武，松古斋的刻工名杨朝正，成兴斋的刻工名杨文、萧桂，也都颇费恳托，方能访知。至于荣禄、宝晋二家，则因刻者年代已久，他们已实在记不清了，姑阙之。刻工中，以张、李、杨三姓为多，颇疑其有系属的关系，像明末之安徽黄氏、鲍氏。这种以一个家庭为中心的手工业是至今也还存在的。

刷印之工，亦为制笺的重要的一个步骤。因不仅拆板不易，即拼板、调色，亦煞费工夫。惜印工太多，不能一一记其姓名。

对此数册之笺谱，不禁也略略有些悲喜和沧桑之感。自慰幸不辜负搜访的勤劳，故记之如右。

漫步书林

引　言

在路上走着，远远地望见一座绿荫沉沉的森林，就是一个喜悦，就会不自禁地走入这座森林里，在那里漫步一会儿，仅仅是一会儿，不管是朝暾初升的时候也好，是老蝉乱鸣的中午也好，是树影、人影都被夕阳映照得长长地拖在地上的当儿也好，都会使我们有清新的感觉。那细碎的鸟声，那软毯子似的落叶，那树荫下的阴凉味儿，那在枝头上游戏够了，又穿过树叶儿斑斑点点的跳落在地上的太阳光，几乎无不像在呼唤着我们要在那里流连一会儿。就是地上的蚂蚁们的如何出猎，如何捕获巨大的俘虏物，如何把巨大的虫拖进小小的蚁穴等等的活动，如果要仔仔细细地玩赏或观察一下的话，也足够消磨你半小时乃至一小时的工夫。

从前的念书人把"目不窥园"当作美德，那就是说，一劲儿关在书房里念书，连后花园也不肯去散步一会儿的意思。如今的学生们不同了。除掉大雪天或下大雨的时候，他们在屋里是关不住的了。三三两两地都带了书本子或笔记本子到校园里、操场上，或者公园里去念。我看了他们，就不自禁有一股子的高兴。我自己在三四十年前就是这样地带了书本子或带了将要出版的书刊的校样到公园里工作的。

可是言归正传。以上所说的只是一个"引子"的"引子"。"书中自有黄金屋"是一句鼓励念书人的老话。当然，我们如今没有人还会想到念书的目的就是去住"黄金屋"。不，我们只明白念通了书，做了各式各样的专家，其目的乃是为人民服务。在念书的过程里，也就是说，在进行研究工作的过程里，在从事这种劳动的当儿，研究工作的本身就会令人感染到无限喜悦的。——当然必须要经过摸索的流汗的辛苦阶段，即所谓"衣带渐宽终不悔，为伊消得人憔悴"的阶段。在书林里漫步一会儿，至少是不会比在绿荫沉沉的森林里漫步一会儿所得为少的。

书林里所能够吸引人的东西，实在太多了，绝不会比森林里少。只怕你不进去，一进去，准会被它迷住，走不开去。譬如你在书架上抽下一本《水浒传》来，从洪太尉进香念起，直念到王进受屈，私走延安府，以至鲁提辖拳打镇关西，林教头风雪山神庙，你舍得放下这本书么？念《红楼梦》念得饭也吃不下去，念到深夜不睡的人是不少的。有一次有好些青年艺术工作者们抢着念《海鸥》，念《勇敢》，直念到第二天清晨三时，还不肯关灯。结果，只好带强迫地在午夜关上了电灯总门。有人说这些是小说书，天然地会吸引人入胜的。比较硬性的东西恐怕就不会这样了。其实不然。情况还是一般。譬如我常常喜欢读些种花种果的书。偶然得到了一部《汝南圃史》，又怎肯不急急把它念完呢。从这部书里知道了王世懋有一部《学圃杂疏》，遍访未得。忽然有一天在一家古书铺里见到一部《王奉常杂著》，翻了一翻，其中就有《学圃杂疏》，而且是三卷的足本（《宝颜堂秘笈》本只有一卷），连忙挟之而归，在灯下就把它读毕，所得不少。有一个朋友喜欢逛旧书铺，一逛就是几个钟头，不管有用没用，临了总是抱了一大包旧书回去。有时买了有插图的西班牙文的《吉呵德先生传》，精致的德文本的《席勒全集》，尽管他看不太懂西班牙文或德文，但他把它们摆在书架上望望，也觉得有说不出的喜悦。有的专家们，收集了几屋子的旧书、旧杂志，未见得每本都念过，但只翻翻目录，也就胸中有数，得益匪浅。有时"踏破铁鞋无觅处"的东西，就在这一翻时"得来全不费工夫"。宋人的词有道："众里寻他千百度，蓦然回首，那人却在灯火阑珊处。"这样的境界在漫步书林时是经常地会遇到的。

书林是一个最可逛，最应该逛的地方，景色无边，奇妙无穷。不问年轻年老的，不问是不是一个专家，只要他（或她）走进了这一座景色迷人的书林里去，只要他在那里漫步一会儿，准保他会不断地到那儿去的，而每一次的漫步也准保会或多或少地有收获的。

以上只是一个开场白。下面想把我自己在这座书林里漫步的时候的所见所得，择要地"据实道来"。只要大家不怕厌烦，我的话一时完不了。

王祯：《农书》

书林浩瀚如大海，"一部二十四史从何说起"呢？只能就自己所熟悉的谈谈吧。"民以食为天"。农业生产仍是社会主义建设的一个重要的环节。首先介绍几部古代的有关农业的书籍是有意义的。中国凤称"以农立国"，但有关农业的书却不很多，远不如兵书之多，更不如医书的"汗牛充栋"。《四库全书》所著录的自后魏贾思勰《齐民要术》以下凡十部，其附存目则自唐陆龟蒙《耒耜经》以下凡九部。其他书目里，著录的农书也很少。但如果把有关经济作物的书，有关花、果、药物的书，水利的书，和有关牛马等牧畜的书一同统计在内，则也可成一巨帙。记得二十多年前曾有《中国农业书目》一册印行，惜今已罕见。我之所以收集农书，原因很简单，就是因为它们有木刻的插图。后来，连类而及，就连没有插图的农书也兼收并蓄之了。在有木刻插图的农书里，我最喜欢元代王祯撰的《农书》。这是一部篇幅相当大的书。我曾于某氏处见到一部明嘉靖九年（公元1530年）的山东刊本，凡六册，首有临清阎闳序。书中插图，浑朴有力，气象甚为阔大，是木刻画里的上乘之作。因着意欲收购一部，访之南北各肆，乃获残本一部，凡五册，仅阙《农器图谱》集之十六至二十。虽非全书，亦自满意。此书包罗甚广，凡分三部分。首为《农桑通诀》，分六集。(《通诀》目录下注云："古之文字皆用竹帛。逮后汉始为纸疏，乃成卷轴，以其可以舒卷也。至五代后汉〔按"汉"应作"唐"〕明宗长兴二年，诏《九经》版行于世，俱作集册。今宜改卷为集。"内聚珍本无目录，却改集为卷。)自"农事起本"，"牛耕起本"，"蚕事起本"，"授时篇"，"地利篇"，"孝弟力田篇"，"垦耕篇"，"耙劳篇"，"插种篇"，"锄治篇"，"粪壤篇"，"灌溉篇"，"劝助篇"，"收获篇"，"蓄积篇"，"种植篇"，"畜养篇"，"蚕缲篇"到"祈报篇"，是"通论"性质的书，特别着重说明南北各地的土宜。"北方农俗所传：春宜早晚耕，夏宜兼夜耕，秋宜日高耕。中原地皆平旷，旱田陆地，一犁必用两牛、三牛或四牛，以一人执之，量牛强弱，耕地多少，其耕皆有定法。南方水田泥耕，其田高下阔狭不等，以一犁用一牛挽之，作止回旋，惟人所便。此南北地势之异宜也。"（"垦耕篇"）像这一类的"因地制宜"，切合各地需要的话是随处可以读到的。次为"农器图谱"，分二十集："田制门""耒耜门""钁斸门""钱镈门""铚艾门""杷朳门""蓑笠门""蓧蒉门""杵臼门""仓廪门""鼎釜门""舟车门""灌溉门""利用门""麰麦门""蚕缲门""蚕桑门""织纴门""纩絮门"及"麻苎门"，凡农桑所需的器物，无不毕具，绘图立说，极为详尽。第三部分为"谷谱"，分十一集：集之一至二为"谷属"，集之三为"蓏属"，集之四至五为"蔬属"，集之六至八为"果属"，集之九为"竹木"，集之十为

"杂类"（苎麻、木绵、茶等），集之十一为"饮食类"（这类内阙"豳七月诗说"及"食时五观"二篇，各本皆同）。

这部书作于元皇庆癸丑（公元 1313 年），离今已有六百四十多年了，读起来还觉得语语翔实，通俗合用，不仅总结了古代农业科学的好的经验，而且，更有新的见解和新的创造。《四库提要》云："《图谱》中所载水器，尤于实用有裨。"的确，在"灌溉""利用"二门里，有的水器是很重要的创作。王祯自云："既述旧以增新，复随宜以制物，或设机械而就假其力，或用挑浚而永赖其功。"（"灌溉门"引言。)《图谱》的最后，附有法制长生屋，造活字印书法等。造活字印书法乃是乾隆时的《武英殿聚珍版程式》一书出版前的一篇最详尽的叙述活字印书的方法的文章，极为重要。其中说，有用烧熟瓦字的，有铸锡作字的，又有雕板木为字的。从宋代毕昇创作胶泥活字版后，到了十四世纪的初期，已进一步地用到锡活字和木活字了（欧洲用活字印书开始于十五世纪中）。叙述检字方法，说："凡置轮两面，一轮置监韵板面，一轮置杂字板面，一人中坐，左右皆可推转摘字。盖以人寻字则难，以字就人则易。此转轮之法，不劳力而坐致字数，取讫又可铺还韵内，两得便也。"这也是一个创造。我从前见排版的工人们皆立而摘字，所谓"以人寻字"的，却没有利用到六百四十多年前就已发明的这种坐而摘字，"以字就人"的科学方法。

这部《农书》是徐光启《农政全书》出版之前最详尽的农业科学的总集，因时制宜，因地制宜，创造性地而又结合实际地叙述着许多耕种、缫织的技术。没有一句空谈，没有不能见之实用的幻想。作者是把农民们的实际的经验总结起来的，所以，绝不是一部"闭门造车"的书。我们应该把这部书作为农业学校里的必读的教科书才是。

这部书的作者王祯，生平不详，只知道他"字伯善，东平人，曾官丰城（按疑应作"永丰"）县尹"。他自己说，曾任宣州旌德县县尹。我在顺治十三年刊本的《旌德县志》卷七《官师志》里，果然找到了有关于他的一段材料："元贞元年（1295年）任。东鲁人。修学宫，建尊经阁，治坛、庙、桥、路，施药济人。"《农书》就在那时候开始写的。因为要印行《农书》，所以创造了木活字。"试印本县志书，约计六万余字，不一月而百部齐成，一如刊板，始知其可用。"后二年，他迁任信州永丰县。曾将这副活字携而之官。这时，他的《农书》已经写成了。"方欲以活字嵌印"，却知江西已经命工刊板，遂中止。

《农书》的版本，除嘉靖本外，我曾在上海见到一部明"万历二载甲戌（1574年）济南府章丘县刊行"的本子（福建重刻《武英殿聚珍版丛书》中的《农书》即从此万历年刊本出），显然是翻刻那部嘉靖本。钱曾《读书敏求记》载王氏《农书》，说："《农桑通诀》六，《农器图谱》二十，《谷谱》十，总名曰《农书》。"其内容正与嘉靖同。唯他未注明版本，不知所收的是嘉靖本还是万历本。清乾隆纂修《四库全书》时，从《永乐大典》里辑出这部《农书》来。按《大典》目录，卷之六百二十五到卷之六百四十，共十六卷，所收皆为《农书》，唯在《农书》十四、十五下，注"农桑辑要"，在《农书》十六下，注"农桑衣食辑要"。在《农书》一至《农书》十三下，则并未注有书名。《四库全书·农书提要》云："《永乐大典》所载并为八卷。"则其中有八卷是王祯《农书》。至所余五卷究是何书，则今已不可得而知了。我曾将从《大典》本书的内聚珍本《农书》和嘉靖本对校了一下，异同不多，可见《大典》所收乃是王氏全书，且是最近于王氏原本的本来面目。唯《大典》本有王氏的《农书》原序，云："为集三十有七，为目二百有七十。"（嘉靖本无此序）《大典》既并之为八卷，内聚珍本又分之为二十二卷，只有嘉靖本作三十六集，尚存原本规模。究竟内聚珍本分作二十二卷有何根据呢？据《提要》说，是根据《读书敏求记》的。但我们所见的各本《敏求记》从没有将《农书》分作二十二卷的。不知当时馆臣所见的是何本《敏求记》。好在原书的篇目次第俱在，固不难于恢复原本的本来面目。这部分作三十有七集的恢复本来面目的《农书》希望能够早日重印出版。现在，不要说嘉靖本，或万历本《农书》已在市上绝迹，就是内聚珍本，福建重刻《聚珍版丛书》（江西和浙江重刻的《聚珍版丛书》，均无《农书》在内），广东广雅书局重刻《闽聚珍版丛书》，乃至石印小字本、铅印本的《农书》，也都成了"可遇不可求"之物。像这样的一部重要的而且必读的农业科学的古典著作，是值得几位专家们尽快地花费若干时日，把它整理一下的。

刘基（传）:《多能鄙事》

《多能鄙事》是一部流传得相当广的民间日用书，从饮食、服饰、器用、百药、农圃、收养，一直到阴阳、占卜等类，凡人民日常所必需的科学常识，以及吉凶趋避之术均具于书中。全书分春、夏、秋、冬四卷，每卷又分三卷，共十二卷。今所见最早的刊本是明嘉靖十九年（1540年）青田县儒学教谕程法所刊的，又曾见一部稍后的本子（万历刊），亦有程法的序。这书的作者相传是刘基。"刘伯温"这个名字，在民间是人人知道的，他的知识广博，多能鄙事，未占先知，料事如神，也是人人都晓的。流传很广的预言书之一《烧饼歌》，就相传是他作的。这部书从第八卷起，足足有五卷，述的都是"大小六壬课""营造吉凶""营生杂用""上官出行""麻衣道言""杂占法"等，依托于他的所作，是不足怪的。唯第一至第七卷则多实用的知识，像"造酒法""造醋法""糖蜜果法""洗练法""染色法""理容方""种水果法""种药物法""养治六畜法"等，大类《齐民要术》《饮膳正要》《农书》所述的，有时且加详，补其所未备。可能有些"经验"良方，是很有用、有效的。像"理容方"里的乌须方，治落发方等，不知有人试过没有。又像"洗糯铁骊布法"云：

"松子肉研细糯之，不脆。"

又法："用好茶末少许入糊糯之，或煎浓茶入香油一滴

糯　，亦佳。"（卷之四服饰洗练法）

"铁骊布"，在明代很风行，今日似已不大见到（比湖南浏阳出产的夏布更薄、更细、更脆硬）。像这样的小小经验，都是出于实际的多次试用的结果，然后才加以推广的。但有些经验却颇为怪诞，是属于民间的迷信、禁忌的一流，则是五百多年以前的社会里所不免会产生的。不过，我们对于推广那些"经验良方"等等，却要特别加以小心。非得有确实的试验的结果，不宜冒失地便加以采用。我有一个想法：对于古代流传的许多种植法，食物、水果保存法，酒酱酿造法，理容法，养治六畜法，以及经验良方等等，应该分别由有关部门，像农业研究所，食品工业部门，医药卫生部门等等，加以有组织、有系统的试验。是好的，就要发扬之。是有害的，就要加以批判、驳斥，不能听任其"谬种流传"。总之，在保存和发扬古代优良的传统和经验的同时，还要对人民的健康和生产安全负责。这一段话，不仅是专指《多能鄙事》这部书说的，也适用于一切我底下所谈到的好些类似的书。不然的话，不免要成为胡乱介绍若干谬诞的经验和方法了。

无名氏：《居家必用事类全集》

像这样一类书，为民间日常所需要的，历代都有不少，唯不易流传下来耳（今所知的，在宋代、元代就有不少部。唐代和唐代以前的却绝少保存下来）。人民是需要这一类日常顾问式的百科全书的。在二十多年前，商务印书馆印的《日用百科全书》就颇受欢迎。上次述的一部《多能鄙事》，也就是其中之一。这部《居家必用事类全集》，无撰者姓氏——像这一类的书都是不易知道确实的作者的——是明代万历初年的经厂刊本。分甲至癸十集。甲集是"为学"和"家书通式"等。乙集是"家法""家礼"，末为"族葬图法"。丙集是"仕宦"，却有"周公出行吉日""百怪断经""梦寐因想"三项包罗在内，足征仕宦者的"患得患失"的心理。丁集为"宅舍"，并及"牧养良法"。戊集为"农桑类"，却附以"文房适用""宝货辨疑"。己集为"诸品茶"以至"酒曲类""饮食类"。庚集为"饮食类""染作类""香谱""闺阁事宜"。辛集为"吏学指南"。壬集为"卫生"，以"养老奉亲书""治诸病经验方"为主。癸集为"谨身"，以"三元参赞延寿之书"及"修养秘论"为主。其中，以丁、戊、己、庚、壬五集为最有关于民生实用，甚类《多能鄙事》。其他五集则专为仕宦和学人们准备的，和老百姓关系不大了。其中有许多种植、牧畜、酿造之法和治诸病的经验良方可与《多能鄙事》相印证相补充。"宝货辨疑"是典当铺的教科书，相传的都是钞本。这却是最早的见于"刻本"里的。明胡文焕刻《格致丛书》，却把它抽出作为一部单行的书印出。

邝璠:《便民图纂》

这部书很有用，但不多见。钱曾《读书敏求记》云："《便民图纂》不知何人所辑。镂板于弘治壬戌（1502年）之夏。首列农务、女红图二卷。凡有便于民者，莫不俱列。为人上者，与《豳风图》等观可也。"章钰云："《明史·艺文志·农家类》邝璠《便民图纂》十六卷。是书为璠撰无疑。同治《苏州府志·名宦》：瑶字廷瑞，任丘人，进士。弘治七年（1495年）知吴县，循良称最。"（《敏求记校证》卷三之中）我所藏的一部明万历癸巳（1593年）刊的《便民图纂》，于永清序上就说："邝廷瑞氏《便民图纂》，自树艺占法以及祈涓之事，起居调摄之节，刍牧之宜，微琐制造之事，捃摭该备，大要以衣食生人为本。是故绘图篇首而附纂其后，歌咏嗟叹以劝勉服习其艰难。一切日用饮食治生之具，展卷胪列，无烦咨诹。所称便民者非耶？"北京图书馆也藏有一部嘉靖甲辰（1544年）蓝印本，有欧阳铎、吕经二序，黄晲道、王贞吉二跋。唯弘治原刊本则未见。嘉靖本为十六卷，万历本则只有十五卷。盖以万历于永清本，把农务、女红二图并作一卷了。其余"耕获类"（麻属附）、"桑蚕类"、"树艺类"（二卷）、"杂占类"、"月占类"、"祈禳类"、"涓吉类"、"起居类"、"调摄类"、"牧养类"及"制造类"（二卷）等，凡十一类十四卷，则嘉靖、万历二本皆同，文字也没有什么歧异。唯嘉靖本的农务、女红图甚为粗率，有的几乎仅具依稀的人形。万历本的插图，则精致工丽，仪态万方，是这个时代的最好的木刻画之一。农务凡十五图，女红凡十六图，出于傅汝光、李桢、李援、曾中、罗锜诸人所刻。他们都是这时代的北方刻工之良者。这个"耕织图"可信是从宋代楼璹的本子出来的。邝璠题云："宋楼璹旧制耕织图，大抵与吴俗少异。其为诗又非愚夫愚妇之所易晓。因更易数事，系以吴歌。其事既易知，其言亦易入。用劝于民，则从厥攸好，容有所感发而兴起焉者。"他所撰的吴歌的确是平畅易晓，特别是用了"山歌"体，吴人是会随口歌之的。像"下壅"云：

> 稻禾全靠粪烧根，豆饼河泥下得匀。
> 要利还需着本做，多收还是本多人。

于施肥的功效说得简单而明了。又像"喂蚕"云：

> 蚕头初白叶初青，喂要匀调采要勤。
> 到得山上成茧子，弗知几遍吃艰辛。

这些，都是可以顺口歌唱出来的。楼璹写的《耕织图诗》，《四库全书总目提要》曾加以著录，却没有"图"。今所见的"耕织图"的刻本，当以此书所附的"农务""女红"二图为最早了。"耕获类"的开宗明义第一章便是"开垦荒田法"：

> 凡开久荒田，须烧去野草，犁过，先种芝麻一年。使

草木之根败烂，后种五谷，则无荒草之害。盖芝麻之于草木，若锡之于五金，性相制也。务农者不可不知。

如果这个法子试之有效，则对于今天开垦荒地的农民是有很大的好处的。在"调摄类"里，有治"鼓胀"（血吸虫病）方三。不知中医们知道不知道，有没有用过。这于南方好几省的农民们关系很大，故录之如下：

〔紫苏子汤〕苏子（一两）、大腹皮、草果、厚朴、半夏、木香、陈皮、木通、白术、枳实、人参、甘草（各半两），水煎，姜三片，枣一枚。

〔广茂溃坚汤〕厚朴、黄芩、益智草、豆蔻、当归（各五钱）、黄连（六钱）、半夏（七钱）、广茂、升麻、红花（炒）、吴茱萸（各二钱）、甘草（生）、柴胡、泽泻、神曲（炒）、青皮、陈皮（各三分），渴者加葛根（四钱）。每服七钱，生姜三片，煎服。

〔中满分消丸〕黄芩、枳实（炒）、半夏、黄连（炒，各五钱）、姜黄、白术、人参、甘草、猪苓（各一钱）、茯苓、干生姜、砂仁（各二钱）、厚朴（制一两）、泽泻、陈皮（各三钱）、知母（四钱），共为末，水浸蒸饼，丸如桐子大。每服百丸，焙热白汤下。

这部书的全部都可以说是适合于农民们日常应用的，与

《居家必用》至少有半部是为"学士大夫"们所适用的不同。我想，虽然其中不免有迷信、禁忌之语，但大体上是"便民"的，也应该在加以整理后印出，供农业部门和医药卫生部门等专家们的参考。

无名氏：《墨娥小录》

在一家古书店的架上，看到一函袖珍本的书，题作《墨娥小录》。这书名甚奇，不知道书里究竟讲的是什么。便取下来看，原来是《多能鄙事》这一类的东西，也不知是何时人写作的。首有一序，题光绪癸未（1883 年）武林玉书振麟氏隶。又有学圃山农一序，明说是明隆庆间胡君文焕所重刊的。其中多有制造秘方、种植巧技和养禽宜忌，香谱、牙牌谱等。小小妙术，多有"谈言微中"之处。后在上海，得明刻本一部，已将书名改过。回到北京后，又在邃雅斋获明胡文焕刻本一部，即所谓《格致丛书》本的。为了要搞清楚这一部的来源，又到北京图书馆检阅馆藏的天一阁旧藏明蓝格抄本和明隆庆辛未（1571 年）吴继刊本。这两部恐怕都不是全书。胡文焕本凡十四卷，天一阁本却只有头五卷，吴继刊本却只有头六卷。第七卷以后，不知吴本为何脱落了。颇疑原来是完全的。吴继的序说道："自文艺、种植、服食、治生，以至诸凡怡玩，一切不废。如元凯武库，随取具足。不知辑于何许人，并无脱稿行世。晦且湮者亦既久矣。客有访余，出共阅之。以为民生日用所需甚悉。《居家必用》及《多能鄙事》《便民图纂》类诸所未备者，聿皆裁之。按简应事，则愚可明，拙可巧。锓而广之，亦觉世之一道也。"按种植、服食、治生诸类在第八卷到十一卷里。由此可证吴继刊本并不缺，唯北京图书馆所藏吴本，却是一个残本耳。光绪间刻的袖珍本也非全书。独胡文焕本最为完备。本书所述的秘方妙诀，有不少的确可补《多能鄙事》诸书之所未备。但荒诞无稽的话却更多。修真养性，丹房烧炼，乃是明代中叶以来一部分士大夫们的幻想。居然有人信以为真，以为仙人可致，仙境可登。像屠隆所作的《修文记》剧曲，就真的是"满纸荒唐言"也。这个风气越传越盛。直到农民大革命起来之后，官僚地主们的修仙迷梦方才被惊醒了。但除了那些不经的荒诞之谈以外，《小录》里毕竟还有不少科学技术方面的好的成就和经验的记录。这些成就和经验，其创始者和发明者们，虽都已姓氏湮如，但在日常应用上和科学技术史上，却大是值得注意保存之，甚至应该加以发扬光大之的。譬如，造糨糊就有两法：

〔糊法〕乳香、白芨粉（即腻粉），明矾黄蜡胶，更兼白石钳（石灰也），永保百年牢。

〔粘合糊〕糊内入白芨末、豆粉少许，永不脱。

粘瓷器法是："糯米粥和鸡子清，研极胶粘，入粉些少，再研用，妙甚。"这些都是可以在试验有效后加以推广的。像这一类的"玩意儿"还多得很呢。又像"打饼三五日尚软条"云："和面时入盐、蜜各少许在内，可留三五日永不硬。"这方法如果试之有效，和民生是颇有关系的。其中"艺术戏剧"一门（卷六），尤多有关古代的"化学变化"的话。像造"烟火"就有很多的方子。像"铅化锡"就有两个方子。染色的方法尤多。他们把那些化学变化都叫作"艺术戏剧"，正如把"火药"的发明，用作炮仗和烟火一样。在那些游戏项目里，可能会找出些新的东西来。又这书的每个本子，可能都会"后来居上"，新增些"东西"进去。吴继的刻本，就比明抄本多出若干则来。像千里茶（卷四）以下三则，枯痔药方（卷五）以下五则，都是抄本所无而为刻本所增的。像这一类书，明代中叶以后，写作得甚多。在《格致丛书》《夷门广牍》和《宝颜堂秘笈》里就收有不少部。独高濂（作《玉簪记》的）的《遵生八笺》是单行的。它们往往包罗万象，而尤着意于养性修真、打坐炼丹诸术，与《墨娥小录》大体是同一类的东西。我只举最早的一部《墨娥小录》谈谈，不再话及其他的了。

汪懋孝：《梅史》

古书之失传者多矣。幸而孤本相传，偶一遇之，得不像爱护头眼似的爱护它么？我在杭州一书肆，获见《梅史》，即诧为未见书，亟购得之。携之行箧，不离左右，可谓珍惜之至。作者汪懋孝，字虞卿，休宁人，大概是一位画家。吴子玉的序道："予邑汪伯子虞卿，乃独耽而专焉，为一时邑之画学所称。"书为万历间（约 1600 年）所刻，甚精，刻工为黄时卿，是一个徽派版画刻工的能手。首有"写梅叙论"七则：原起、名法、楷模、笔墨、造妙、师承及郑重。以下就是"插图"了。穷态极妍，尽"梅"的清奇与古拙之至。宋代有宋伯仁的，曾刻《梅花喜神谱》。乾隆间，沈氏曾翻刻之。知不足斋鲍氏也刻之，收入"丛书"第二十六集。《夷门广牍》里有《罗浮幻质》一卷。明末，黄氏刻画谱八种，其中也有《刘雪湖梅谱》。关于论画梅的书是"我道不孤"的。独此《梅史》为最罕见。今人翻刻古画，于精致的界画，飘拂的衣袂，纤丽的蜂蝶，乃至博古、人物，均能不失原作的精神，但于翻刻老干嫩枝时，则笔力大弱，仅具形似，少有生气，完全抹杀了"疏影横斜"的风度。黄时卿刻《梅史》，则刀法极有力，也能表现出画家的本意来。这里面一定有些道理，应该加以深刻的研讨。

余象斗：《列国志传》

这部书大有历史。它是一家上海古书铺的"专家"，到徽州收书的时候，从废纸堆里"救"出来的。这件事还曾见之于新华社的上海通讯。这么一部小说有什么了不起，值得这样"大张旗鼓"地宣传着呢？这里面有文章。余象斗是明代万历年间（1573—1619 年）的福建省建安县的一个"出版家"。曾经刻过不少书，而以小说书刻得最多。他刻过《水浒》，刻过《三国》，刻过《两晋志传》，刻过《四游记》。这部《列国志传》也便是他所刻的。他不仅刻书，他还编书。《四游记》里有《南游记》和《北游记》，就是他自己动手编辑的。他是一位与人民大众密切结合的出版家。我们要知道，在封建社会里，编刻"小说"的人是多么被"卫道之士"看不起！不是说他们诲淫、诲盗，就是咒诅他们要被"天火"烧家。然而，老百姓们是多么需要看些不是颂扬皇上圣明的，与他们自己有些益处的，且是能够使他们感动，使他们兴奋，使他们惊叹，使他们时而泣，时而笑，时而喜，时而悲的文学作品啊。余象斗，还有其他有勇气而不顾"世俗"诽笑的出版家们（主要是在建阳、南京、苏州、杭州一带的），便供应了他们的这种需要。我们到今天还能够见到许多"不登大雅之堂"的小说、戏曲，可以说应该感谢他们。然而这一类的"闲书"看的人越多，便越容易散失、毁亡。倒不是被烧掉——当然，有些"卫道之士"是要聚而焚之——而是因为看的人多，借来借去，看抛掉，看散失了，甚至看得纸张腐烂了，就此完蛋。所以，这些受老百姓们欢迎的小说书等，最难流传得下来。还有，古代好版本的书，像宋刻本、元刻本、明钞本等等，藏书家们还知道十分宝爱，逃难时，每每挟之而逃，故能够历劫犹存。像这些小说书呢，原是消闲之物，"不登大雅之堂"的，谁还肯慎重地保存、保护着它们呢？以此便消灭得更快、更易了。建安版的小说书，而每在安徽出现，这说明了安徽省，特别徽州一带地方，变乱比较少，罕遭兵燹，故"闲书"等等，还比较地能够保存下来。我曾到过建阳（即建安），那里是什么也没有了。书店早已歇业——可能在清初，至迟在清代中叶，就不见有建版的书了——要找一本明代建版的书，难如登天，更不用说什么宋、元时代的建版书了。只剩下夕阳斜照在群山上，证明那里曾经是"盛极三朝"（宋、元、明）的一个出版中心而已。余氏世业刻书。所谓宋余仁仲本的《礼记郑注》更有大名。这个余象斗，可能就是宋代（南宋：1127—1279年）余家的后裔吧。那么，他的一家，经营出版事业，至少已有三百多年了。世界上有像他家似的历史那么悠久的一家出版商么？

余象斗字文台，号三台山人。他所刻的书，有一个特点，那就是继承了宋、元以来的建安版书籍的型式，特别着意于"插图"，就像现在印行的"连环图画"似的，上层是插图，下层是文字。图文并茂，使读者们阅之，兴趣倍增。这部《列国志传》也就是刻成这样古老的型式的。插图虽是狭长的一条，人物形象虽小，却十分生动活泼，一望而知，绘、刻的功夫不浅。内容方面曾与陈眉公本的《列国志传》相对读，差别不大。

这部书，上海古书铺一下从徽州得来，只残存一册，即最后的第八册。像这样的小说残本，我们为什么如此地看重它呢？倒不完全为了它是明代余象斗的刻本，刻得精美，流传得极少之故，更重要的原因，还为的它是从废纸堆里"抢救"出来的。原来，禁止以古书造纸，早已有了明令，但未能贯彻下去，各地造纸厂，不知毁坏了多少有用的好书和资料。四川省曾经抢救出"只手打孔家店"的吴虞的日记的稿本，足足有百册。浙江省救出了太平天国时代做过上海道，和帝国主义者们勾结起来，组织"长胜军"的吴煦家里所保存的档案。南京赵世暹先生曾从论担称斤的旧书里，获得了宋刻本的《金石录》三十卷的全书。上海方面，也在造纸厂所收集的将作纸浆的旧书里，找出了不少好书、好资料。没有被发现而在不声不响之中被毁灭了的好书、好资料，更不知道有多少！一旦失去，从此不见天日！安徽省是一个文献之邦，徽州一带，尤为古旧书籍集中之地。据上海的那位"专家"告诉我，一扎一扎的古书，不知道有多少，在等待着"入锅化浆"。他想仔细地检查一番，但造纸厂的人却不耐烦了，只好草草地收场回来。又曾看见炮仗铺里，用明朝白绵纸印的书，撕得一页半页的作为鞭炮的心子，据说，用这种好纸做炮仗，会放得特别响。他和他们商量，能否在纸堆里拣些什么出来。但他们干脆地拒绝了，连纸捆子也不让打开。这不是很可伤心的事么？不仅安徽省得好好地、大力地杜绝这样的糟蹋、毁坏文献和科学研究的资料的事的继续进展下去，别的地方也应该同样努力地防止把古书作为废纸，作为造纸浆的原料。有的地方，收废纸的人为了怕文化部门的人打麻烦，在打包运出之前，就把整本、整部的书，故意地先行撕破扯烂，省得有人来拣拾什么，正像收集"废铜"的"社"，收到古代青铜器或旧的铜佛像等等，便先行打烂敲碎，碎得一片片的，一小块一小块的，以免"文管会"等等的人来挑选。我们不明白，这是什么一种心理在作祟！这一册

《列国志传》是幸运地不至"冤沉海底"了，但其他"七册"呢？已化为纸浆了！见此一册的得"救"，益盛感他册，乃至无数他书的不能及时"救"出的痛心！这便是我们之所以要这样"大张旗鼓"宣传这部或这一册书的主要原因了。

玄烨：《康熙几暇格物论》

对于事物有新鲜的感觉有缜密的考察，因而发现或发明些科学原理或规律，或有益于人类的动植物的新品种的，在中国古代实"大有其人"。且举一个比较新鲜的例子吧。

丰泽园中，有水田数区，布玉田谷种。岁至九月，始刈获登场。一日，循行阡陌。时方六月下旬，谷穗方颖。忽见一科，高出众稻之上，实已坚好。因收藏其种，待来年验其成熟之早否。明年六月时，此种果先熟。从此生生不已，岁取千百。四十余年以来，内膳所进，皆此米也。其米色微红而粒长，气香而味腴。以其生自苑田，故名御稻米。一岁两种，亦能成两熟，口外种稻，至白露以后数天，不能成熟。惟此种可以白露前收割。故山庄稻田所收，每岁避暑用之，尚有赢余。曾颁给其种与江、浙督抚、织造，令民间种之。闻两省颇有此米，惜未广也。南方气暖，其熟必早于北地。当夏、秋之交，麦禾不接。得此早稻，利民非小。若更一岁两种，则亩有倍石之收，将来盖藏，渐可充实矣。

这一段话见于《康熙几暇格物论》(《御制文》第四集卷二十六至卷三十一），亦见引于乾隆本《援时通考》。清末，宗室盛昱亦曾将此编六卷抽出，录为两本，石印行世。只为了在丰泽园的阡陌上走走，留一下子神，便发现了"御稻米"这个"嘉谷"，"利民非小"！今此种"御稻米"，不知北京附近尚有种之者否？想不至绝种。应该大大地提倡一下方是。在同书里（卷二十六），又有"白粟米"一则云：

> 粟米（《本草》，粟米即小米）有黄白二种。黄者有粘有不粘。《本草》注云：粟粘者为秫，北人谓为黄米是也。惟白粟则性皆不粘。七年前，乌喇地方树孔中，忽生白粟一科。土人以其播获，生生不已，遂盈亩顷。味既甘美，性复柔和。有以此粟来献者，朕命布植于山庄之内。茎干叶穗，较他种倍大，熟亦先时。作为糕饵，洁白如糯稻，而细腻香滑殆过之。

这也是偶然的"发见"。而"白粟"的一种，便自此传遍各地了。玄烨是一位英明的人物，他对于"新鲜事物"，处处留神，事事研究。现在故宫博物院里还藏有不少他所用的仪器。有的仪器，还是从英国来的，但也有中国自己制造的。康熙这一个时代（1662—1722年），很值得我们历史学家们和科学史家们研究一下。又，我国各地区的稻、麦诸"谷"，品种丰富极了。我相信，可能还会有像发见"御稻米"和"白粟"那样的"嘉谷"的优良种子的机会。只要大伙儿仔细留神，处处注意，就会有碰到这个机会的可能。农村的"合作社"里，有经验丰富的"老农"，也有学过农业科学的青年们，他们短不了天天在阡陌上跑，倒要留点神，多观察观察，可能会有什么优良的新品种给他们发见出来呢。那便于国计民生，关系非浅了。

王世懋：《学圃杂疏》

这是一部老老实实地讲究种花植果的书。一切平易近人，可以见之实用，没有怪诞可惊的议论与方法。此书凡三卷，第一卷是"花疏"，第二卷是"果疏"、"蔬疏"（附水草）、"瓜疏"、"豆疏"及"竹疏"，第三卷为拾遗，除补第一、二卷所未及者外，并附录慎懋官的《华夷花木考》里的若干则，那些是他自己所未曾述及的。我们最怕的是辗转抄袭、陈陈相因的书。好的书却是语语从自己经验中来的，不仅是第一手的材料，也是第一流的文章。像世懋这部书可以当得起这样的好评了。他随笔札记自己的种植花果的经验，不抄掇前人的只字片语，的确是一部有用的好书。就散文而论，似淡而实浓郁，似浅而实深厚，也可列入明文的上乘。《宝颜堂秘笈》曾收入此书，却只有一卷，是把原书的第一、二卷合并为一的。首有万历丁亥（1587 年）世懋的序。世懋为世贞弟，谈艺多崇慕世贞语。但

《四库提要》以其间有不赞同王、李语，便大加赞许，所以只有那部《艺圃撷余》是收入"四库"的，其余的像《学圃杂疏》等书，就都被列于存目里了。我这部《学圃杂疏》是在《王奉常杂著》里的。《杂著》卷前有"翰林院"印，当即是当时"馆臣"所用的那一部了。

周文华：《汝兰圃史》

上海的旧书店在清理底货。我听说修文堂清出此书来，亟向之购取，则已为北京来薰阁所得。回京后，乃向来薰阁取得。在论园艺的书里，这是一部比较详明的好书。凡十二卷，从"月令""栽种十二法""花果部""木果部""水果部""木本花部""条刺花部""草本花部""竹木部""草部"，到"蔬菜部""瓜豆部"，条理甚为明悉，栽种的技术也叙述得颇详细。序目均作"致富全书"，显系后来挖改。盖后人以种植花果足以"致富"，乃为易此名。首有万历庚申（1620年）陈元素序，又有王元懋序及自序。他自云，得顾长佩手订《花史》十卷，乃周允斋所辑。"稍恨其诠集未该"，遂以耳目睹记，加以增补。周允斋的《花史》，书中引作《允斋花谱》，今未见。但这部《圃史》却是后来居上的。他的确增加了不少自己的经验进去。有许多的种植方法和经验，是今天还应该加以重视的。周文华字含章，吴郡人。吴郡的"花农"现在还驰名遐迩，的确是累积了丰厚的传统的优良经验的。在搞农业副产方面，像这一类的书是极有用的，还应该多搜集，多流传，多加以实验，并于实验后，多加以推广才是。

谈买书

买"书"不是一件简单、容易的事，也不是派某某总务科的工作人员，出去到书店里跑一趟就能解决问题的。买"书"是要花费一些工夫的，是要有些经验的。就个人说来，在书店里东张西望，东挑西选，其本身就有无穷乐趣。到布店里买花布，还得东挑西拣，何况乎买"书"。"书"是多种多样的，花色最为复杂。有中文书，有外文书。中文书里又分新书、旧书、古书，平装书、线装书，文艺书、科学书、经书、子书和史部书、集部书等等。外文书的门类更为繁多了，除了文字的不同，像俄文、法文、英文、日文等等之外，又除了大批的文艺作品之外，单是自然科学一类，就有无数的专门项目，非搞这一行的专家来挑选，是连"书名"都不会弄得明白的。买外文杂志，更为麻烦，也必须经过专家的指定，方才可去订阅。否则花了大价钱，买了回来，"张冠李戴"，全无用处，未免要一场懊丧。国家的外汇不应该花得这样冤枉！

且说，自从提倡向科学进军以来，各个学术研究机关，各个大专科学校，都在大量地添购新书，特别是新成立或将要成立的研究机构和学校，买"书"更为积极。他们常派了专人到北京和上海来买"书"。来一趟，总是满载而归。不要说新书了，就是古、旧书也有"供不应求"之概。一家古书店印出了一册书目，不到几天，书目里的古书，不论好版、坏版，明版、清版，全都一扫而空。有若干种书，仅只有一部的，却同时有好几个单位来要。"到底给谁好呢？"他们常常这样的迟疑着。比起去年"门可罗雀"的情况来，真有天渊之别。现在看看他们几家老铺子的书架上，陈年老古董已经出脱得差不多了。架上渐渐地空虚起来。他们有些着急。"来源"问题怎么解决呢？而买的人还是源源而来，而且气魄来得大。

"你们这里一共有多少书？"一个外来的顾客向刚开张三天的上海古籍书店里的人问道。

"有十五万册上下。"

"这十五万册书。我全要！请在几天之内就开好书单，我好付款。"这家店里的许多伙计，乃至经理等，全给他吓唬住了。只开张了三天，而"书"全卖空了，以后将怎么维持下去呢？而这一大笔买卖又难于推却。怎么办呢？大费踌躇。下文不知如何？好像是不曾成交，而被他们用婉辞给挡回去了。否则，那家"古籍书店"不会到今天还开张着。这位黑旋风式的顾客，可谓勇敢无比，大胆之至的了。在那十五万册古书里，有多少复本书，有多少没用的书，有多少种的书，非对某种科目特别有研究的某些专家是根本上用不着的，甚至也不会看得懂的，他却不管三七二十一，一古脑儿"包买"了下来。前几年，有过这么一回事。每到年底，某某机关或某某大学，购书的经费有剩余，就派人到新华书店，不管有用没用，每部买个一本到三本。"我全要！"如闻其慷慨之声。更干脆的是，"替我配个三万元的书！"于是，每年在新华书店积压不销的书，至此乃出清一大部分。听说，上述的那位顾客是替一个正在筹备中的大学买"书"的。而那个大学在开头几年之内，还只办"理科"，没有"文科"。那么，买这十五万册古书何用？是为了"未雨绸缪"，生怕以后买不到？

又是一个笑话。一个买主到了上海来薰阁，看见一堵墙面的几个书架上还满满地堆满了古书，就问道："这些架上都是些什么书？"

"是集部书。"

"是集部书，我全要！"口气好大！也不知后来究竟成交了没有。

中国科学院图书馆馆长陶孟和先生告诉我：有某一个设在外省的研究所，派人拿了好几册国际书店印的外文杂志目录，要求图书馆替他们全部预订一份。如闻其声："我全要！"但全部是三千多种呢！门类复杂得很，也有些只是"年报"或"会务报告"性质的东西，买了来，根本没用。陶先生翻了翻，就把他给顶回去了。

"要好好地挑选一下，不能全买！"

这个态度是对的。要有一个"关口"，审查一下那些乱花钱、乱买"书"的莽汉们的所作所为方是。否则，笑话还要层出不穷。闹笑话倒不打紧，损失国家有用的资金，积压应该供给别的专家们的研究的资料，那才不是"小事"呢。

我建议：如果要买"书"，书目非由"专家"开出不可。各研究单位或大学图书馆的人员，只是综合了各位"专家"所开的单子去"买"书而已。就是公共图书馆也应该时时请教当地的专家们，了解他们的需要，再动手"买"。

没有拿"书单子"而来买大批"书"的人，不论新古书店或国际书店，均可以有权给他们顶回去。

"要买什么，请拿书单子来！"

开得出"书单子"来的，那便是一位专家，或至少是一位接近于"专家"的颇有道理的，有些专门修养的人了。

谈访书

"天涯何处无芳草"，这句话对访书者说来，是最恰当不过的了。哪里没有好书、奇书，有用、有益的书呢？只要有心去访求，一定可以找出不少好东西来的。我在广州图书馆里，就看到宋版的《杨诚斋集》，那是清末从日本流回广东的。向来《杨诚斋集》只见抄本，未见宋刻本，虽然这部书破烂得很，却是一个最晶莹的珍宝。广州图书馆从论担称斤的书堆里把它救出来了。如今是，物得其所，广东省把它送给北京图书馆，成为其中最好的宋版之一。最近，北京隆福寺的文渊阁，从福建找到了不少抄本的好书，其中有一部章潢的《图书编》，是明抄的，有彩图。还没有仔细地和明刻本对读过，不知其异同如何。但可肯定的是，这抄本比刻本早，彩色插图，尤为重要。

虽残阙十多册，北京图书馆亦收之。我也得到了三册《闽产录异》，二册《海错百一录》（均郭柏苍著，光绪间刻本），虽是近刊，却极不多见，以其是第一手的材料书，故收之。研究海产和南方的动植物者必当一读，有许多记载是第一次见之于这两部书里的。

搜集革命文献的人更常常在破烂纸堆里找到极有价值的图书资料。也是最近，北京同文书店得到了全套的《妇女日报》。他们极为高兴。这家书店的主人刘君，对于这一门文献，特别有研究。他曾从四川，从两湖、两广，从没有人注意的地方，耐心地细致地为国家得到了很多好东西。像那些的深入探索，不怕费时费力地去访求，我们的工作同志们似乎是不大有其人的。把书送上门去，有时还嫌其多事，摆出"老爷架子"，呼叱指责，动不动便戴之以"暴利"的帽子，怎能不把他们的访书的积极性，弄得像把一盆冷水泼在热炭上似的烟消火灭了呢！所谓"访书"，是应该细心地耐心地急起直追地去访求的。作为一个为图书馆采访的干部，一个负责国家搜集文献的部门的人，绝对地不能坐在家里等人送书上门。那样的老爷架子千万摆不得。那是十足的官僚主义的表现！至于送上了门还要嫌其多事，那么，那样的人物是没有资格从事于这一部门工作的。

我自己十分地困惑：为什么我去年冬天到了苏州，就会发现苏州那里有三个地方在论担称斤地把古书卖给了收废纸的人，其中一处就在城内。为什么我今年春天到了杭州，也就会发现同样的事件发生？这岂是"适逢其会"！在我未到之前，或在我离去之后，可以想象得到，这一类的事件是在不停地不断地发生着。苏州的文物干部问我："难道《绅缙录》一类书也有用？"我说："有用之至！这些书是原始史料的一种。"他说："某处已经都称斤作废纸去了，足足有几大堆。"我问："追得回来么？"他摇摇头。常熟翁家夹巷里的古书，已被卖给收废纸的了，急急地去追寻，只追回来一小部分。杭州吴煦家里的太平天国的和其他有关帝国主义者们侵略的资料和档案，已被卖作废纸了，亏得杭州某书店收了大部分下来。而未被某书店收下的七八百斤的资料，却已被造成纸浆，无法追回了。这是应该"传令嘉奖"的事，却反而大受批评一顿。有好些地方的同志们，平时高枕无为，自己绝不动手，耳无所闻，目无所见，等到有人"发现"了什么，便摆出"权威"面孔来，抬出"保存地方文献"的金字招牌，禁止出口。在中华人民共和国的国境之内流通，怎么会叫作"出口"？有某一个省，知道了北京的书店的人去买了不少书，就说："不许动，我们自己要买的。"他们到底买不买呢，其实只是"禁止出口"而已，他们自己未必买。但当地古书店的收书的积极性，就受到很大的打击了。

我建议：凡到各地收古旧书刊的人，都应该受到当地文化部门的协助和鼓励。凡收得好书、好资料的，就应该加以表扬。当地如果的确有需要，可以转向他们购买下自己所需要的那一部分，完全不必要摆出那一副"禁止""不许动"的官僚架子。凡是能够发现好书、好资料的人，就是对国家的科学研究事业有功劳，就应该加以协助和鼓励。我们没有力量、没有时间去发掘出好书、好资料来，而那些古旧书店的收书的专家们，却能发挥其特长，为科学研究事业作出有效、有益的贡献，怎能不加以表扬呢？自从提倡科学研究和古旧书店公私合营以来，书店的营业顿时兴旺起来，好书、奇书，有用、有益的书，从前轻易看不到的，如今竟不时地出现了。像《石仓文选》（明曹学佺辑）就是新出现的一部好书。最全的一部《石仓诗选》，已被我们不肖的子孙卖到海外去了。我着意搜集此书，将近三十年，已有三大箱，所缺尚多。北京图书馆藏的那部《石仓诗选》，也不全。而这部《石仓文选》却很少有人知其名（李之鼎《丛书举要》著录）。虽只二十卷，而其中好资料不少。这只是举一个例子而已。近来好书的确是像山间的清泉似的涌流不息。明刻本的《西游记》和《封神传》也已出现了。北京的古旧书店的收书专家们都已深入江南、湖、广的乡间去了。我们相信，他们将会有更多更好的收获的。

访书之道，亦不限于收书专家们的四出访购。还有更重要的一条大路，我们正要走而未走。二千年前，汉成帝就曾使谒者陈农，求遗书于天下。我们今天为什么不能派遣若干的"访书"工作团呢？在土改里，在接收各个机构的藏书时，有不少是被保存在各地文化馆里，乡、区、镇的人民委员会里，县的财政科里，其中，有的糊里糊涂地被当作废纸卖出去了；有的是被废物利用，反折过来，当作习学簿或账簿去了。最好的运命是被封存起来，以待处理。那些被封存的图书，究竟数量多少，很难估量。但为数极多，是可想象得到的。我亲自见到的被封存在莆田文化馆里的书，就有四万多册。最近，据江西省的文化干部报告，他的省里有万册以上图书的文化馆就不在少数。假如，全国有二千个文化馆或其他保存书籍的地方，每一处以一万册计，则已有二千万册的图书可以得到了。这二千万册图书的获得，对于科学研究工作的进行将有多么大的作用啊！而这些被保存的图书，如果不及时地加以集中，加以整理，加以使用，则必将于短时期内有散失或霉烂之虞。举一个例：苏州同里镇的人民委员会的财政科（？）里就保存了很多的古书、古画，全堆在地上，有的已经开始霉烂了。立刻就得开始工作！我建议：由中央组织十个或十个以上的"访书工作团"，每团只要一二个干部，组织古旧书店里的三四个收书专家们，一同到各省、市去，再加入各省、市的文化部门的工作同志们或专家们，就可以成为若干的分团了。他们分头工作，不出几个月，至少收集和整理的工作一定可以告成的。我们，包括我自己在内，老是"议而不决，决而不行"。这不是十足的官僚主义是什么！应该起而立行，克服一切困难而立即开始！何况这个工作并不会有什么不能克服的困难呢。

谈整书

最苦恼的是找书。我常常说，如果有书而找不到，还不如到图书馆去借更方便些。但说起图书馆里的"书"来，实在是千头万绪，不知从何谈起好。图书馆里的"书"，找起来又何尝是容易的事！有些朋友把图书捐给北京图书馆之后，自己要用，再去借，却再也"找"不到了。有一位管普通书的人对赵万里先生说：你们尽量把书挑选到善本部去吧，算是救出了它们。在我们这里是"冤沉海底，不知何年何月才得重见天日"。的确，一箱箱，一捆捆，一包包的书，东藏一批，西放一批，有时还要像老鼠搬家似的被赶到东，或被迁到西。足足有一百八十万册的图书，没法整理、编目，与读者们见面，供研究者们使用。其中，不完全是中文古书，也不完全是复本的"朱批谕旨"之类，尽有很重要的，现在正在需要的图书，甚至包括若干新的俄文书籍在内。有一位外国专家到北京图书馆参观，问道：

"你们馆里藏了多少册书？"

"有四百万册上下。"馆长答道。

"有多少册已经上架了呢？有多少册已经整理、编目，可供读者们阅读的呢？"

馆长答道："有二百二十多万册已经上架，已经整理、编目，可供读者们的借阅，其余一百八十万册还没法整理。"

"那么，"那位专家说道，"你馆的藏书数量，只能说是二百二十万册，不能说是四百万册。"

这是很尖锐的批评，也是很正确的意见。不能流通使用的书，的确难于统计到图书馆的藏书数里去的。更惨的是，有的书，因为长久搁在箱里，十多年不见天日，有一次偶然开出几箱出来看看，箱里的书却已经碎成纸屑，没法收拾的了。这是多么大的损失呢！

也曾作过几次的努力："要整理！"就是现在，也正在努力整理！前几年，为了整理十万册不到的俄文书，还曾动员了不少人。但那些努力只是断断续续的，有时松时紧之感。总之是，劲头不大，没有彻底解决的办法。主要的原因是没有地方供给他们整理，即使陆续整理出来了，也没法上架。

是不是永远没法解决这个困难？不是的！应该可以解决，而且本来已经可以解决的了，而突然的阻碍横生，忽有变卦，致使可以解决的困难，又成了不可解决的。原来在北京市政规划里，文津街一带是划作北京图书馆区的，这是我亲自和北京市几位市长们谈定的。首先说定的是，北海里的肺病疗养院迁出后，即归北京图书馆使用。这个疗养院面积不少，有二百多间房子，虽不能全部解决北京图书馆的问题，但对于目前的困难，得此二百多间房子是可以解决的。不知什么时候，据说是，经过一次市长办公会议的决定，这个疗养院的房子便划归北海公园自用了。我不知道北海公园要这二百多间房子何用。市长办公会议的决定未必便是"法律"，尽可以再议再变的。北京图书馆如能发挥更大的作用，能够更好地、更多地为科学家们服务，也便是北京市的一个光荣，其间并无矛盾之处。我希望他们能够维持原定计划才好。我国第二个五年计划，其关键性所在是科学研究的进展。而科学研究工作的进行，其基础之一是图书馆。北京图书馆乃是中国唯一的最大的国立图书馆，必须克服一切困难，使库藏的四百多万册书都能为科学家们和其他专家们使用才好。

以上多谈了些北京图书馆的事，那是因为我对它比较熟悉，且特别有感情之故。"天下老鸦一般黑。"我们看看天下的图书馆，能够充分地发挥其应有的作用的，能够尽了为科学服务的责任的到底有几个？死气沉沉，暗无天日（指没有阳光而言）的不在少数。西安市是一个那么重要的地方，但其图书馆是何等样子呢！他们和我谈过，新书少极了，外文书更少，购书的费用少得可怜。如何能够尽其为新的大西安市的科学研究服务呢？即旧有的尘封的古书，也有许多还没有整理出来。我曾经把他们的意见反映过，不知这一年来有没有改进。

就在北京，把书堆在那里没有整理的有多少？有图书馆的单位，自己去检查一下吧。每一万册里已经编目上架，可供使用的有多少册？从科学院图书馆、北京大学图书馆开始，把束之高阁的未编目上架的书籍，全部陈列出来，群策群力地做一番彻底的整理工作吧。有书而不加整理，不给人使用，不使其发挥应有的作用，不让它们为科学研究服务，那就是把持资料、垄断学术的霸道行为。也许，这句话说得分量太重了些，主要的原因，还是为了种种的客观条件所限制，特别是，房子问题，不能全怪主持的人们没有诚意，没有计划。

有一个外省的大学的图书馆，曾经向北京大学图书馆提意见道："两年之内，你们的图书馆如果还没有整理好，那么，我们就要来分了。"

"不激不发。"我相信，有一百万册或数十万册书还没有整理的图书馆，应该尽量发挥主动的力量，做好整理编目的工作，使之在两年之内，把那么许多不见天日的有用的图书，从箱子里，从堆在黑房的一包包一捆捆里解放出来，给想使用、十分需要使用它们的读者们阅读。

有一个督促加速整理的办法，凡新书没有整理好的，暂时停止买新书，古旧书没有整理好的，暂时停止买古旧书，外文书刊没有整理好的，暂时停止买外文书刊。等到把旧的整理好了，才能买新的。否则越积越多，何年何月才能清理完毕呢？再者旧的没有整理好，特别像古旧书之类，也没有法子再去购买，因为不知究竟已经有了没有这些书。这虽是"因噎废食"，但未尝不是一个好办法。新书、外文书待用迫切，也许不适用这个办法，但像古旧书，就完全可以用之了。

关于整理编目的方法，应该是"卑之无甚高论"，不要高谈什么式的"分类法"，只要能找到书就行。一本排架目录，比没有目录总强得多。书按整理的先后上架，目录就照此写下去。这个工作就是没有学过任何分类法的人也都可以做。然后，再写"著者索引"和"书名索引"，那便更方便读者们的检书了。"行有余力"，然后才再从事于"分类索引"的编制。现在的整理工作，进行得十分缓慢之故，其原因之一，就是要先行分类编目，然后再分类上架。这是最笨的方法。应该学习别的国家的大图书馆的排书上架的办法。小型的图书馆当然应该分类编目，但大型的图书馆则不妨先行按大类上架，甚至全不分类即行上架，然后再编"著者""书目""分类"三个索引。

古书的分类编目，大可不必"中外统一"，那是王云五的坏方法。《史记》《汉书》固然应该归到"历史类"去，但像占古书里分量很大的《梦溪笔谈》《西溪丛话》《紫桃轩杂缀》《分甘余话》等等，应该归到哪一类去？我的想法，古书的分类，还是不要多生枝节，老老实实地照"四库"编目，先行编出，供给需要使用这些书的人应用为是。不必老在"分类法"上兜圈子，想主意，而总编不出"书目"来。

谈分书

书是要读、要用的。从前的藏书楼，像宁波范氏天一阁，只是藏书而已。不要说外边的人，即范氏的子孙们也只许每一年在晒书时候和书见面一次。清初，钱谦益藏有奇书，常常"讳莫如深"，不肯给人知道，更不肯借给人看。但现在却大为不同了。私人的大藏书家，已经一天天地少了。即有若干小藏书家，即有些珍罕的好书，也藏不住，总得借给需要它的人使用。许许多多的大大小小的图书馆，更是彼此互通有无，谁也没有"保密"的必要和可能的了。书是天下之公物，谁也不能拥而私之。古语所谓："坐拥百城，虽南面王不易也"的"私诸个人"的时代，早已过去了。专家们的书房里，多多少少地总会有些书，那是自己使用的东西，像家具、茶杯似的，用惯了的。总不能老去借用别人的。也可能，在其间有些光彩焕发的好书，甚至仅仅对于他，那个专搞这一行业的专家，十分有用的书。除了他和他的徒弟们，是不必引人人为"同行、同道"的，那么，似乎也不必要大事宣传。

在把"不见天日"的许多大图书馆里的未编目上架的书整理出来之后，一定会有许多复本。据我所知，北京图书馆就有不少部雍正的朱批谕旨，不过没有多大用处而已。故宫博物院图书馆里也有不少部铅印的清代各帝御制文集，听说，也都分配到各个图书馆去了。

把复本书，把自己所不需要的或不合用的书，分配给了别的图书馆，那是"功德无量"的事，那是使"书"发挥了更大的更广泛的作用的事，那是毫无私心的光明磊落的事。我在《谈访书》一文里所说的广州图书馆把宋版《杨诚斋集》送给了北京图书馆的事，就是典型的一个好例子。

也有出了偏差的，像北京院校调整的时候，原来也预备分书的，因为争夺得太厉害，甚至有一个音乐机构，要把北京大学图书馆里所有的音乐书籍，包括许多要从整套丛书里拆散出来的本子在内，全都提了走。结果是不欢而散，一部书也没有分成。

像那样枝枝节节地"分"书，当然会发生问题。应该有一个通盘的计划，先把各地集中的初步整理好的书籍，根据中央及各地的需要，分别先后缓急，一批批地调拨出去。绝对地不应该有地方观念或"肥小公而忘记大公"的思想。各个大图书馆的复本书或待分配的书，也应该先行编个草目，以待统一分配，不宜自作主张，先行分配出去。那是会造成混乱现象的。全国有多少个图书馆需要朱批谕旨或御制文集的呢？

有不少大图书馆还存在着本位主义。自己不用，也不许别人用。像一个工业学校图书馆，收藏着十分丰富而重要的关于西洋文学的图书，就是不肯调拨出去，给十分需要这些书籍的研究机构或学校使用。不明白其"道理"何在！这也是属于把持或积压研究资料的一类行为，对于我国科学研究工作的进行是有害的。

在各省、市集中了的图书，当然首先要供应各省、市的本身的需要。从前说，"宰相要用读书人"。我们现在深切地感觉到，专署的专员或县里的县长应该要用些有文化的读书人才好。每个县长，至少要了解他那个县的一切事情才是，换一句话说，他首先必须翻翻那一个县的"县志"——即那一个县的"百科全书"——才能明白那个县的古往今来的事，那个县的地下、地上的资源，各种土产特产，以至地理知识和古迹名胜之区。否则，就会做错了事，连他自己也还不知道。像绍兴市的某些负责同志，连陆放翁和绍兴的关系也还不知道，宁波市的负责文化部门的干部，连天一阁在哪里也还茫无所知（这是1950年〔？〕我到宁波去的事，现在当然是已经很熟悉的了）。所以我建议，各个地方的各种版本的"县志""府志"，或其他有关的地方文献资料，应该留在各该地方的专署、县人民委员会里或图书馆、文化馆里，作为"学习"资料的一种，而且是一部干部必须学习的一种读物。不过，像明刻本的或康熙刻本的"方志"，已成了"珍本"、"古本"而不切实用的东西，则仍应该集中起来，分配给其他重要的图书馆保存起来，作为参考资料。

我初步估计一下，在各省、市的集中、整理工作的进行中，一定会有大量的、有用的图书，包括不在少数的"古本"、"珍本"的图书在内，被我们发现的。这样彻底地做一番合情、合理，并且切合实际需要的调拨、分配工作，对于中国的科学研究事业的发展是会有很大的作用的。

这就是说，应"分"者，我们必须使之"分"，使之分配得"得当"。然后，书才能发挥其应有的作用，能够使需要读它的人看得到，而不至埋没于灰尘寸重的黑漆漆的屋角里。

同时，也还应该说明一下，不应该"分"的书，是绝对地不能使之"分"的。有的古代的藏书楼或图书馆，原是十分完整地，自有其历史的意义与作用的，保存在一起，那么，就会发挥其应有的很大的作用。一旦分散开了，就会碎割零切，不成片段，起不了什么作用，除了毁灭了一个古老的好的图书馆之外别无其他的好处。且举几个实际的例子。像宁波天一阁、上海徐家汇图书馆、上海中华书局图书馆、上海亚洲文会图书馆等等，都有相当悠久的历史（天一阁的历史是四百五十年，徐家汇图书馆的历史是四百年）。其藏书的性质也是各树一帜的。把他们完整地保存了下来，是有其必要的，也有其需要的。像徐家汇图书馆，其庋藏各省方志的书库，是一省一省地做好了的书架的，检阅起来十分方便。何必加以更变，徒增纷乱呢？我们不应该做这种"吃力不讨好"的，甚至有害的事。又像中华书局图书馆，搜罗清末以来的各级各种的教科书最多，是研究近百年的教育史的和从事教育工作的同志们所最需要的一个大的丰富的宝库。如果"分"散了，有何意义呢？又像亚洲文会图书馆里的藏书，以整套的有关东方学的书刊为主。如果中国科学院一旦成立"东方学研究所"（？）之类的机构。将它作为一个图书馆的基础，乃是一个十分合乎理想的，也是十分切合需要的事。如果把它"分"散了之后，再要建立起像那样规模的一个图书馆来，便非十年、八年不为功了。学术研究的"甘苦"，在图书馆需要方面最能表现出来。国家对于科学研究事业是以大力发展之的，对于像这种有关整个科学研究事业发展前途的图书分配、调拨工作，是应该细致地、慎重地、合理地，而且还应该十分迅速地进行的。

谈印书

古书常是孤本传世，难于广泛地流通。有些是原稿本，那么，更是天壤间只此一帙了。数量少而欲读之者多，那么，势非出于重"印"之一途不可。仅仅只印它百部、千部吧，已经是化身为百、为千，能够供给千百个人或更多的人便用的了。有些旧报纸，极为珍贵的"孤本"，为了找材料的人太多，已经被翻阅得字迹都磨消了，纸张都松脆了，已经到了不可再阅的地步，然而还有人在翻阅。为什么不赶紧地重"印"它若干份呢？有些旧杂志，从第一号起，已经将近几十年或百年了，全份的不可再得，特别是外文的、专门性的杂志，那么，翻印个五六百份乃至千份，也是完全必要的。这实在可算是直接地为科学研究服务了。

但那些外文的整套的旧杂志的翻印方法，却大大地值得考虑。北京大学图书馆主任向达先生向我诉苦，他那里藏有外文的全套数学杂志等等，翻印者们向他借出重印。怎能不借给他们呢？等到印毕归还，原书已经松脆得不能再读了。原来是用了"龙门"式的影印方法，将原书拆散了，一页页地直接上版印出的。这个方法，可谓鲁莽灭裂之极。对于新出版的书的重印，或者可以如此做，因为原书还不难得，糟蹋一部、两部的，还不会怎么心痛。对于宝贵的图书馆的珍藏品，也用如此的方法处理之，实在未免只顾眼前，不问后果了。如何对得住国家的宝贵财产呢！为什么不多花些工夫，多用些费用，改用石版或胶版的照相影印的方法呢？原书既可不受损伤，版面也格外显得清晰，预约者所要花的钱也并不会增得太多的。何乐而不为呢？这样地粗暴地对待国家所有的珍贵的图书的态度和办法是不能再容许继续下去的了。

说起照相影印业，对待原本古书的态度岂是更谨慎、更仔细注意于保护原书些？一般说来，爱护原本古书的基本思想是建立起来了，但有的出版社态度还不免粗暴。原书是被拆散了照相的，等到还原时，式样就有些更变了。有的装订得四不像，十分地狼狈。我有一册《水浒传》的插图，被一个出版社借去照相制版。等到若干月之后还给我时，许多页上都贴满了白纸，写了不少说明，要一撕下，原书的页子，就会随之而破裂了，只好随它那样满身披挂了碎纸条下去。怎不令人气愤呢？

不过尽管有些重"印"的办法不对头，重"印"还是一件好事，而且是一件必要的事。

印书的办法多矣。这里只谈谈古书的重印。按重"印"古书的办法，有照原书影印的，有用铅字排印的，有加以标点的，更有加以新的注解的。

在过去，总爱经史子集一道印，所谓《四部丛刊》《四部备要》之类，流行甚广，恰好配合所谓"国学必读书目"之类的风行于世，大是无聊，只不过让有钱人的客厅里有一套新颖的陈设而已。在其间，《四部丛刊》是采用善本加以影印的，《四部备要》则是采取通行本加以排印的。《四部备要》里的若干照"古本"排印的书，其实只是窃之于《四部丛刊》的，像唐《孟浩然集》，就是一个证据。还有《国学基本丛书》则是加以标点的，《学生国学丛书》则是新的选本，并加以新的注解的。他们都是用"国学"或"四部"的大招牌，包罗了不少东西。但所有那些东西，给专家们使用是万万不够的，给初学者们使用却又嫌其太艰深，同时，没有用的东西也太多。还不能像从前世界书店出版的"四书五经"、《诸子集成》、《文选》等，反而大有用处，廉价而使用方便。开明书店出版的《二十五史补编》则是供给专家们使用的。

　　现在如果重"印"古书，应该取过去之所长，而弃去其所短，换一句话，就是说，包罗万有的东西不应该再有了，除非说明是专门供给中、小型的图书馆用的。其实，连中、小型图书馆，对于那一类的"四部""国学"也是不会欢迎的。其中有多少是"废物"！但比较专门化的东西却是必要的，且无论对于专家们或初学者们都是需要的。

　　所谓专门化的东西，指的是，凡"印"书一定要成"类"成"门"，像《二十五史补编》或《诸子集成》那样。现代的读者们，专家们，需要的是自己本行的东西和应该参考的东西，而不是"包罗万有"的"丛刊""备要""文库"之类。我们悬想：应该重印的专门书有多少？医药卫生的书不是很需要么？不仅给中医看，也要给学习中医、中药的医生和药剂师看。但这一类的书，印错了一个字，排错了药品的分量，就会出大毛病，甚至会死人；所以，必须慎之又慎地重印，而且对于古本医书，应该用原著或最好的、最可靠的本子影印。其整理、排印的一部分更必须三校、五校，以至尽善尽美为止。人命关天，岂同儿戏！农业科学的书，也是今日所急需的。那么重要的一部《农政全书》（明徐光启著），今天还没有新版子呢。我们古代的农业科学的知识多么丰富，且是切合于本国、本地的需要的；它们乃是千万年的农事经验的总结。怎能不搜集起来，作为一部乃至若干部的"中国农业丛书""中国花木种植丛书"等等，陆续出版呢？这是有关于国计民生的事。乃至小说、戏曲、历史、地理等部门，也都是亟须有一套套的大大小小的丛书出版的。单就历史而言，关于《史记》的注解与考证就可以出一部大丛书。宋代、元代、明代的史料书，更是汗牛充栋，绝不是一两部丛书所能包括得了的。其他，前代学者们未刊的著作，更不知有多少。今天把它们搜集起来，为它们延千百年的寿命，且化身千百，各地乃至各国都有机会读到，岂不是盛事！像宋代写本的《洪范政鉴》，孤帙单传，至今将近千年，不仅未有刻本，亦且未有其他传钞本。这书乃是"双鉴楼"傅增湘氏的"双鉴"之一"鉴"，由其后人捐献给政府的。作为一部"政治学"的参考书看，它是很重要的。为什么不急急地付印呢？

像这一类重"印"书，范围要广、要多，每类每门，各自成一丛书，只供专家们的参考，完全不必要推广，只是研究的或参考的资料而已。如古代的戏曲，重"印"成《古本戏曲丛刊》，如出齐了，就有一千六百多种。那些还只是以南北曲写成的戏本呢，如果包括地方戏的剧本在内数量要更多，更大了。不是搞中国戏曲史的，不是搞"戏改"或搞戏曲创作的人，要它何用。一般的中国文艺研究者不必要完全读或看那么多的戏曲的。其他影印的大部丛书，其供给的对象也是如此的有限度。这只是把一部部地抄写，或者十部或几十部地打字或抄写油印，改为照相石印而已。不仅可以留真，省下繁重的校对力量，且也比较美观、省费，百部、二百部即可以印，三千、五千部也可以印，伸缩性很大。所以我主张，凡小量印行的内部参考资料式的专门性古书，都可以用这种办法重"印"，如果嫌每页照相重印纸张太费，则对于纯粹参考性质的书，像《皇明献征录》《皇明经世文编》之类，可以用缩本《四部丛刊》或中华书局重印《图书集成》的办法，每四页或六页缩成一页印出，则大可以省功、省料。不过，要精读的书，像《农政全书》之类，或版本十分精良的书，像明弘治刻本《西厢记》，宋蜀刻本《陈后山集》之类，就不能用这个办法，而应该用《古本戏曲丛刊》或《四部丛刊》的式样重"印"了。

凡需要量比较大，而且应该加以重新整理，甚至必须加以新注、新解的古书，像《十三经》《二十四史》之类，则我们得集中些专家们组织专门的编辑委员会，分别进行整理工作，俾能于几年或十几年之内，有面貌全新、校勘精良的中华人民共和国版的《十三经》《二十四史》出版。在这方面，说来话长，拟写专文论之，这里不多谈了。

也还有不少重要的古书，需要有一种或一种以上的新版本的。所谓"新版本"，必须具备的条件是：（一）最近于原本的面貌，校勘精确，力求没有错字。（二）加以分段及标点。远在汉代，"章句"之学就是很重要的了。（三）附索引及其他必要的附录；还有比较详明的序言，这序言，的确是出于专家的手笔，不是草率敷衍的。如果有新的注解，那么，更是一部专门的新著了。

重"印"的专门化的内部参考资料，搜罗得要广、要备。重要的必需的一般参考书，校印得要精审，要使读者们检阅便利。主要的"读本"一类的书或最常被阅读的文艺书，更要有精良的"新版本"。总之，专门的丛书要多种多样，以完备不漏为主。重要的一般的古书，选择得要精，要严，以版本精良为主。又，"选本"的作用最大。用新的眼光来选古诗文，是有必要的，对于一般读者们是最有益处的。新的"选本"和新的"版本"的印行，同是今日当务之急。

第二章

诗词之美

何 谓 诗

我们试读下面的几句文字：

"庭院深深深几许？杨柳堆烟，帘幕无重数。玉勒雕鞍游冶处，楼高不见章台路。雨横风狂三月暮，门掩黄昏，无计留春住。泪眼向花花不语，乱红飞过秋千去。"

——欧阳修《蝶恋花》

试再读下面的几句文字：

"宝玉默默不对。自此深悟人生情缘，各有分定，只是每每暗伤，不知将来葬我洒泪者为谁？"

——曹雪芹《红楼梦》

如果我们把这两段文字拿去，无论问什么人，只要他是识字的，他便会立刻毫不假思索地回答道："欧阳修的几句话是'诗'，曹雪芹的几句话不是'诗'。"但如果我们再进一步而问他们道："何以欧阳修的是诗而曹雪芹的不是诗？"或是"什么叫作诗？"那么，便无论是怎样有学问的人，都很难有圆满的解释或确切的定义给我们了——即使他们经过许多时间的思索。奥古斯丁（Aurelius Augustinus）[①]论别一件事时曾说道："如果不问，我知道，如果你问我，我不知道。"这个话用在这个场合是非常确切的。

不过诗歌的确切意义，也不是绝对不能得到。诗歌之于一般读者，如一颗红润可爱的苹果，如一泓清渟的绿湖，他们只要赏赞它的美，它的味，与它的幽穆的景色便够了，本来不必像植物学家或地理学家之必须研究到苹果树的种类与花的形状，与生长的历程，研究到绿湖的来源与去路，其他的对于那个地方人民生活的影响。但它对于文学研究者，则其色彩完全不同。文学研究者也赏赞诗歌的美，也饮啜诗歌的甘露，但同时，他却要如植物学家或地理学家研究苹果或湖水似的去研究诗歌，研究它的性质以及一切。

底下先举诸家的对于诗歌所下的定义，然后再一一加以批评，综合起来作一个较确当的"何谓诗"的答案。

华特莱（Wheatley）[②]说"无论什么有韵的文字，都常称之为

---

① 即奥古斯特（354—430），罗马基督教作家、思想家。
② 即惠特利（1753—1784），英国女诗人。

诗。"这个定义是大错的，因为诗歌的意义绝不是这样简单。如果华特莱的话是确的，那么：

Thirty days has September 是有韵的，它是诗么？

"天地玄黄，宇宙洪荒，日月盈昃，晨宿列张"，也是有韵的，它是诗么？

文齐斯德（Winchester）说："诗歌是那样的一种文学，它的主旨是在诉诸情绪，而且是用韵文写的。"

史特曼（Stedman）说："诗歌是有韵的想象文字，表白人类灵魂的创见趣味、思想、感情与观察的。"

这两个人的定义较华特莱已进步得多；他们知道诗歌的唯一元素绝不在有韵与否，而尚须加以别的更重要的元素。他们以为他们的定义是很周密的，因为用"有韵的"几个字，可以把诗歌从小说等文学作品分开来，同时又用"诉诸情绪"或"想象的"几个字，把诗歌从别的非文学的韵文分开来。但他们始终坚持"诗必有韵"的主张，都使他们失败了。因为，第一，在实际上，现在的"诗歌"与"韵文"两个名字，已不能联合在一起；近代散文诗的韵的成绩已被"诗必有韵"的主张翻倒。第二，文齐斯德他自己也知道，"诉诸情绪"几个字不能分别诗与小说，如果可以，那么把小说用韵文写了起来，也可以成为一篇诗了，而在实际上则绝无此事。无论用什么样的韵文来写小说之不能变为诗歌正如火之不能变为水一样的显明。第三，在别一方面，有韵的诗歌，则可译成散文，如 Uyers 与 Lang 等之译荷马史诗，虽把韵文译为散文却并不丧失他的原来的诗的气息。

阿里斯多德以为诗人是一个创作者。

华兹华士（Wordswhorth）以为诗是"被热情活泼地带入心理的真理"；是"一切知识的呼吸与更优美的精神"；是"强烈的感情的流泛，源于情绪，而重集于宁定之时的"。

席莱（Shelley）以为"诗是想象的表白"。

爱摩生（Emerson）以为"诗是表白事物精神的永存的努力"。

安诺尔特（Matthew Arnold）以为"诗是人生的批评，在用诗的真实与诗的美的规律来形成这样的一个批评的情形底下的。"

他们的定义，似乎也都有些含混，不能使人一见即明白诗的性质，如安诺尔特所说的"诗的真实与诗的美"，更是奇怪，因为我们在没有明白"诗的定义"以前，所谓"诗的真实与诗的美"，我们是更不能知道的。

旧的定义还有许多，但大都不出前面所举的意思以外；他们既都不甚妥切，于是我们便不能不另定一个，现在且综合他们的意思，加以补充，定一个较周密较切当的诗的定义如下：

诗歌是最美丽的情绪文学的一种。它常以暗示的文句，表白人类的情思。使读者能立即引起共鸣的情绪。它的文字也许是散文的，也许是韵文的。

在这个地方，有必须加以说明的数端：

一、这个定义已把历来诗歌研究者所坚持的诗必有韵"非事实的"见解打破。

二、诗歌是最美丽的情绪文学（Emotional Literature）这"最美丽的"四个字为诗歌与别的情绪文学分别开来的一个要点。所谓"最美丽的"不必限于形式上的；文学的秀美，句法的精炼，因为诗的美的一端，而内容上的想象的美，尤为必要，使我们读了，如展布了一幅湖山明媚的好景；任它是浴于光海中，或是蒙了薄雾，或是忧郁地带着雨丝风片，我们总觉得它的美。

三、"常"以"暗示的"文句表白人类的情思，这"暗示的"与"常"的几个字都有注意的必要。所谓"暗示的"便是说诗歌较之其他情绪文学更为"蕴藉"，更为"涵蓄"；它的意思并不显著地说尽，却如美女之幕了一层轻纱，红楼之挂了几重帘幕，使人于想象中捉到它的美与它的内在的情思。那个"常"字，则表示并不是一切诗歌都如此！有时，有许多诗歌是直捷地以熊熊的情绪的火烛照一切，而并不用"暗示"的表白的。

四、诗歌所以能立刻引起读者的情绪，是因为它"是在无论哪一个地方都是情绪的文字……"它把所有的不能存留情绪的事实与文句都删落了，所以比其他情绪的文学能更捷速地捉住读者的同情。

我想我的这个解释，似乎可使诗歌的性质比较容易为一般人所明了些。

诗 歌 之 力

　　谁要同诗歌接触一次，仅仅的一次，他便能立刻感到诗歌的力量的伟大了。

　　诗歌的国是一个平常人所永未曾踏到过的；她里边有无穷的美景；任是泰山的初日，太平洋的落晖，阿尔卑斯山的戴雪的高峰，长江的流滚的水，乃至一切淙淙的奏乐于圆石间的流泉，灼灼的衬染于园林中的春花，轻轻的飞掠过静碧的湖面的燕子，辞枝而落于溪水上的小白花，一切，一切，无不被其罗致着。她里面有不可测量的深邃的情绪；任是醉在菊篱下的陶潜，临刑奏《广陵散》的嵇康，独坐于泉边的逸士，悲歌"风萧萧兮易水寒"的壮者，围炉听奏荷马（Homer）古歌的快乐人，战瑟于北风飘雪的街头的失意者，凭吊于古宫废堡的游人，伏泣于爱者墓石上的孤客，绿荫下缓步密谈的挚友，新月中天，并坐微光中，执手无言的情侣，乃至一切劳人的微喟，思妇的低叹，现于天真的儿童唇边的微笑，一切，一切，无不被其蕴蓄着。虽然诗歌并不是女巫的咒书，诗人并不是超绝世间的神人，但他们却打开了人的严闭着的情绪的门，送进微细至于黄叶落地的声息，隐密至于爱者相恋的冥思，嘈乱至于被压抑的千百人的愤怒与悲叹声，清幽至于乐园中群星相和而歌的天乐。诗人实是一个伟大的创造者与发现者！

小说、戏剧与评论固未尝无伟大的感化力，固未尝无发现与创造的能力，但诗歌的力量却特别伟大。

诗人的感觉，特别锐敏，他们能充分而深切地感觉到平常人所永未曾感觉到的痛苦与快乐。诗人的同情心，特别邃博，他们能同情于无告的被压迫者，而与之同哭；他们能同情于失恋的情人，而与之凄然默坐；他们且能同情于扑灯的飞蛾，红眼白衣的怯善的兔子，以及一切。诗人的眼光特别尖利，他们也许是远视的，能看到远远的山景的田野的春色；也许是近视的，仅能见到他的周围一丈以内的人与物。但他们却都是同样的尖利，同样的能深深地看入一切事物的内部与灵魂的，他们能见花的微笑，叶的低语，泉水的歌声，他们能见夜的秘密，灵魂的变幻，及至飘荡于心中的一缕微思。诗人的想象力，特别丰富，他们能把彭倍（Pompeii）①的故宫，一一复现他们盛时的景况；他们能把未来的乐园，建筑得十成完备；他们能使已失的童年，一一在回忆的心幕上，点头走过去；他们能使山鸟说话，能使熊与狮为人群的挚友。诗人的表现力，特别活泼

---

① 今译为庞贝，意大利古城，公元79年因威苏威火山爆发全城湮没。现遗址尚存。

有力，他们能把时时逃过平常人心上的情绪捉住在纸上；他们能把平常人所感到而不能说出的感想，所见到而不能写出的景色，所提到而不能表现出来的想象，——有力地真切动人地说出来，写出来，表现出来。这就是诗歌感化力所以特别伟大的原因了。而诗歌并不是女巫的咒书，诗人并不是超绝世间的神人而所以能够打开一切神秘的门者，也就是这个原因。

诗 歌 的 分 类

　　诗歌的国里，包含着不少的省区。我们中国的诗歌，最初以四言诗为最盛行，如集古代诗歌的大成的《诗经》，自"关关雎鸠，在河之洲，窈窕淑女，君子好逑"起，至于《商颂》的《殷武》止，共有一百零五篇，若干句，差不多百句之中有九十七八句是四言的。自汉以后，则五言诗兴，同时又有乐府。诗与乐府，分途并进。至唐而律诗大盛，有五言，有七言，有五七言绝句，有排律。中唐以后，又有长短句（词）的一体。及元，词又变而为曲，诗因之大盛。明以后，则乐府古诗，律诗，词及曲，作者所在都有，而俱不敢出古人范围以外，别创一种新体。直至最近，才有新体的有韵的白话诗及纯粹的散文诗出现。中国的诗歌的种类，大约如是。欧洲的诗歌，则其进化的过程，尤为复杂，且每一国都各有其变迁的经过，现在不能在此详说。大概他们的诗体，总不出三种：

　　（一）抒情诗（Lyrical Poetry）

（二）史诗（Epic Poetry）

（三）剧诗（Dramatic Poetry）

在这三种里面，史诗的发达最先；希腊的荷马（Homer）作《依里亚特》（《Iliad》）及《奥特赛》（《Odyssey》）二大史诗，为欧洲一切诗歌的鼻祖。此后则剧诗亦有作者。抒情诗之兴起在最后。为什么抒情诗的发达会在史诗及剧诗之后？这个问题很难回答。简单地说一句即是：史诗及剧诗，都为叙事的，抒情诗则为反省的；故事的喜欢，为初民时代即具有的特性，至于反省的感觉，则非人类已进步至某程度不能具有；因此，抒情诗发达，遂自然地较史诗及剧诗为后了。

史诗为长篇的叙事诗歌；在古代时，它是由游行的歌者背诵出来的。它的注重点在叙述事实。但在叙事之中，却带了不少的抒情分子在内。如中国的《孔雀东南飞》《长恨歌》《卖炭翁》之类的短史诗，不仅叙事，且带有不少的作者的浓挚的情感在内；有的地方，差不多完全染有抒情诗的颜色。

"抒情诗"这个名词的希腊文，是从 Lyre 字变化出来的。Lyre 是一种琴。抒情诗在古代是唱的。希腊人所谓"抒情诗"，即指一种非叙事的诗歌，用琴和起来唱的。但至后来，抒情诗却非必要和琴而唱。现在的抒情诗，且变至不必唱，不必音律，离它的本义已远。

剧诗和史诗、抒情诗所不同的地方，在于：它既不像史诗之须背诵出来，又不像抒情诗之须用琴来和唱，而是于二者之外，另有一种表现法的，即是，以言语与动作的联合，来表示出它的内容。

　　有许多批评家都以为抒情诗与剧诗都是个人的，都是表现个人的性格与情绪的，至于史诗，则为表现一个民族的精神与历史的。白超（Butcher）[1]也说，史诗是"叙到关于一个民族的幸福或人类的命运的一个大而完全的动作，且聚集起一个时代的生活的"。实则这种观察，似乎太偏重于古代的事实了。古代的史诗，诚然是与抒情诗、剧诗不同，诚然是表现一个民族的兴衰，一个时代的生活，但近代的史诗则并不如此，尤其是短的史诗，差不多都是表现个人的事迹与情感的。所以白超他们提出的这个史诗与抒情诗、剧诗的区别点，并不能适合于一般的事实。

　　关于剧诗的一切问题，拟放在《戏曲论》里叙述，下一期只说到抒情诗与史诗。

----

① 今译布彻尔（1850—1910），英国学者。

抒 情 诗

　　抒情诗（Lyric Poetry）是诗歌中的优美者。它是完全从人的情绪中写出来的。当人愉乐时，它便奏着如山泉流下溪石间淙淙的情调，当人微思时，它便奏着如轻风拂过松林之低而静和的声音，当人笑时，它便也格格的如带笑声，当人低泣时，它便也呜咽的如带着哭声，当人做着他童年之梦时，它便能把读者导入蔚蓝色的天真的儿童国里去，当人默默地坐对着湖光山色心与自然俱化时，它便也如现出重叠的青山，镜也似的平的碧湖在我们的眼前，当人恋爱时，它便如山泉之映照爱者，为他们低唱着春之歌，当人忧抑悲闷时，它便也如雨中的山峰，紧蹙着双眉，当人慷慨赴义时，它便也如战之阵鼓，响着宏大而凄凉的乐音。——它实是人的最沉挚、最内在、最亲戚的情绪的最直接的表白者。

　　它的文字，在一切文学形式中算是最纯洁者，因为人的情绪原是最短促而最纯洁者，它又是一切文学形式中的最足以感动读者的，因为它所含蓄的人的情绪是最丰富、最显著的。

抒情诗在一切文学形式中，又是最近于音乐的，因为它和音乐都是完全地从感情的泉里喷流出来的。在最初的时候，它是必须和琴而唱的；后来虽然去了乐器，而音律却仍存在着；最近的散文诗，则已把它的音乐完全驱出于情绪之外。但虽然如此，抒情诗之音乐的性质，却到处都还流露着。我们如到田间，便可见太阳炎炎地照着，肤色如酱的农夫，或俯伛在种秧，或立在水车上两足不停地在引水；他们的口中，则在自然而然地唱着歌。或我们到了绿草茸茸的山坡，见三五牧童，在斜阳微弱的光中，缓缓地唱着，驱着牛回家；或看见黄昏的时候，姊弟坐在石阶上，互相拍着手，旋回地唱着儿歌。这都可以证明最初的抒情诗与音乐是不能脱离的。

在中国以及在无论哪一国诗歌中最发达的一种，总是抒情诗。近代以来，剧诗已经渐渐地消灭了，戏曲里所用的已都是散文而非剧诗。史诗也已渐渐地衰微了；民族的史诗已不再见，个人的史诗，则长篇巨制，作者也几于绝无仅有，独抒情诗则盛况犹昔。现代所有的诗人，差不多已都是抒情诗。现代所有的诗集，差不多已都是抒情诗集。抒情诗的种类极多，如挽歌，如颂歌，如儿歌，以及民间流行的歌谣的大部分都可以算是抒情诗。在中国则词之全部分为抒情诗，五七言的古律诗与乐府除了长篇以外，其最大部分也都可算是抒情诗。

抒情诗之所以能遗留到现在而日益光大，且能在诗歌的国，占着最大的领土者，其原因极为简单。诗歌本是最丰富于情绪的，如史诗，如剧诗，如教训诗之类，他们之所以能成为诗歌者，完全因其同时并带有抒情的分子在内之故；如把他们这种抒情的分子取出，便如从美酒中把酒精取出，从蜂房中把甜蜜取出，简直不能成其为诗了。

所以抒情诗在一切诗歌之中，虽然算是后起者，却是占着诗歌国里的正统皇座。说不定抒情诗也许竟要成为诗国中唯一的居民呢！

在抒情诗中，作家的个性是最为显明的；有的诗人固然受时代的影响，反映着民族的兴衰与人间的音乐之感；有的诗人却完全离了一切环境的拘束，放志于山巅水涯，酒雍菊篱之间；"商女不知亡国恨，隔江犹唱后庭花"，正是抒情诗人的本色。不过在最大多数的抒情诗人中，人间的感情总是极浓挚的；当国破家亡之日，而犹酣歌醉舞，这种人究竟是最少数中之最少数者。

抒情诗的形式，在一切诗歌中算是最自由者。民间的歌谣冲口而出，都有极佳妙的音节。其他如古代的各种"诗式"，也无一不足表现抒情诗的情绪。即近代的散文诗，他们与音乐虽相离极远，而"抒情诗"的情绪仍能充分地在里面含蓄着。——而且表现得更为活泼真挚。这是因为人的情绪绝不能被范围于一种小区域内，正如江河之流，绝难被拘于方池之中一样。形式愈是自由，则人的情绪愈能自由地充分地倾注在里面，近代自由诗与散文诗之勃兴，原因即在于此。

有人误会，抒情诗即"情诗"，这是完全不对的。

论 散 文 诗

一

　　散文诗在现在的根基，已经是很稳固的了。在一世纪以前，说散文诗不是诗，也许还有许多人赞成。但是立在现在而说这句话，不惟"无征"，而且是太不合理。因为许多散文诗家的作品已经把"不韵则非诗"的信条打得粉碎了。

　　即以古代而论，诗也不一定必用韵。"日出而作，日入而息，凿井而饮，耕田而食，帝力于我何有哉"的歌，与所有各国古代的诗歌，都是没有固定的 rhythm[①]，没有固定的"平仄"或 metre[②] 的。

　　如果必以有韵的辞句始得名为诗，则惠得曼（Walt Whit

---

① 英文，节奏。
② 英文，韵律。

man）①、卡本脱（E.Carpenter）②、亨莱（Henley）③、屠格涅夫
（Turglnef）、王尔德（O.Wilde）④、阿梅朗威尔（Amy Lowell）⑤诸
诗人的作品不能算作诗么？执"这种见解，则必要把全部的
希伯莱的诗，全部的条顿民族（包括古代德国，古代英国及
冰岛）的诗，与许多近代所谓自由诗，都排斥在诗的范围以
外了"。

所以我们说无韵的文辞都不是诗，正如同说有韵的文辞都
不是诗一样的不合理。因为诗的主要条件，绝不是韵不韵的问
题。有韵的文辞不一定就是诗；印度的医经或关于科学的书或
中国的《汤头歌》《舆地歌》《三字经》《烧饼歌》之类，它们是
有韵的，但是绝不能算作诗。

二

在这一层，我愿意更详细地研究一下。

诗的特质何在呢？固然有许多人说，诗的特质在于韵：如
Johnson⑥以为诗是"有韵的文章"，卡莱尔（Garlyle）⑦以为诗

---

① 英国诗人（1810—1892）。
② 美国小说家（1872—1950）。
③ 英国作家，报人，编过诗选（1849—1903）。
④ 英国唯美主义作家（1856—1900）。
⑤ 今译洛威尔（1874—1925），美国女诗人。
⑥ 即英国作家约翰生（1709—1784）。
⑦ 英国作家、历史学家、哲学家（1795—1881）。

即"我们所称为音乐的思想的"。阿伦坡（E.Allan Poe）[1] 以为诗是"有韵的美的创作"。Couithope[2] 以为诗是"产生愉感的艺术，用有韵的文句来适当地表现想象的思想与情感的"。Waths Dunton[3] 以为诗是"用情绪的，有韵的文辞，来具体地，艺术地表现人类的心灵的。"Winchester 以为"诗可以定义为情绪的文学的分枝，用有韵的形式写出来的"。Stedman[4] 在他的著名的《诗的性质与要素》一书里也把诗的定义定为"诗是有韵的想象的文辞，表现人类灵魂的发明，趣味，思想，热情与内在的"。但是另外还有许多人却把诗的有韵与否的问题完全忽视了：最初做《诗学》的阿里史多德[5] 就是如此。他定义"诗人"为一个"作者"，就是"发明"或是"想象"的人。华资活斯（Wordsworth）[6] 则以诗为"被热情活泼泼地引入心中的真理"；"一切知识的最初与最终者"；是"一切知识的呼吸与更优美的精神"，是"从情绪上发生出来的强有力的情感的自然流溢，而在平静里重集弄来的"。逾史金[7]（Ruskin）则以诗为"用想象来代表高尚情绪的高尚景地的"，席勒[8]（Shelley）在他的《诗的保

---

① 今译为爱伦·坡（1809—1849），美国作家，文艺批评家。
② 不详。
③ 不详。
④ 即史特曼（1833—1908），美国诗人。
⑤ 今译亚里士多德（前384—前322），古希腊哲学家
⑥ 今译为华兹华斯（1770—1850），英国诗人，"湖畔派"代表。
⑦ 今译为罗斯金（1819—1900），英国政论家、艺术批评家。
⑧ 即英国著名诗人雪莱。

护》则以诗为"想象的表现"。Hazlitt[①] 则以诗为"想象与热情的文字"。麦加莱（Macaulay）则以为诗是"在想象上发生出一种幻象的用字的艺术，就是同画家用颜色一样的用字的艺术"。马太·阿诺尔（Mathew Arnold）[②] 以为诗是"人类文字所能发达出的最愉快，最完全的写下的形式"；是人生的批评，是"在为诗的真与诗的美的定律所规定的适于这种批评的状态底下的人生的批评"。Keble[③] 以为诗是"过度的感情或是充溢的想象的泄出口"。Toyle[④] 以为诗所表现的是我们"对于现在及现实的不满足"。他们都没有讲到诗是否有韵。

在这两种诗的定义中，第二种固然有许多嫌于过于空泛，或是可以称为文学的定义，而不可称为诗的定义的，但在第一种中，他们都以诗的要素之一，或最重的，是韵（包括 metre 与 rhythm），这也未免过于忽视散文诗及自由诗的成绩了。

我们要晓得诗的要素，绝不在有韵无韵。——就是有韵，也不一定是必须有韵脚，或是有什么固定的平仄——因为在诗里面，所包含的元素是：

（一）情绪　这是最重要的；抒情诗尤完全以此为主要的元素。就是史诗，也必须杂了不少的情绪要素在内。

（二）想象　许多人都定义诗为"想象的文字"。

---

① 赫兹里特（1778—1830），英国散文家。

② 即阿诺德。

③ 英国诗人（1792—1866）。

④ 不详。

（三）思想　诗中也是含有理性的分子的。

（四）形式　诗是用最能传达，最美丽的形式，来做传达诗的情绪与诗的想象与诗的思想的。

在形式方面，许多人都以为不大重要；因为由历史上观察，诗的形式是常常的变更；如中国的诗，最初的古诗，有的有韵，有的无韵；字数也不一定。后来一变而为五言；后来一变而为七言；再后来，又变为"律""绝"，必须是五言，或七言，并且必须是对偶；音节的平仄必须"二四六分明"；又后来，又变为"诗余"——词——又另有一种规定的 merre。又如英国的诗 Beowulf[①] 用的是"顶韵"，Chaucer[②] 的诗所用的韵也与以后的不同；自 Henley 受惠得曼的影响创作自由诗，诗的形式，更是变更了。

但无论他们的形式怎么变更，诗的情绪与诗的想象总丝毫没有消失掉。绝不能说用五言来表现的是诗，用七言律来表现的就不是诗；或是用有规律的韵文来表现的是诗，用"自由诗"体来表现的不是诗。

只管他有没有诗的情绪与情的想象，不必管他用什么形式来表现。有诗的本质——诗的情绪与诗的想象——而用散文来表现的是"诗"：没有诗的本质，而用韵文来表现的，绝不是诗。如谓凡"有韵的文章"都是诗，那么，就是主张诗是有韵

---

① 盎格鲁—撒克逊民族史诗。

② 即英国诗人乔叟（1340—1400）。

的情绪文学的 Winchester 也以为是绝不能算为诗的定义了。

Spingarn① 在他的 Creative Criricism② 一书里，论到"散文与韵文"，有一段话说得很好：

"希腊人的话的重点在于：诗的试验，不在于用散文或韵文，而在于想象力，因为如果以韵之有无为真实的试验方法，那么，有韵的法律书与医书变成诗，而散文的悲剧不是诗了。这是阿里史多德的话，二千年来的批评家与思想家没有人能够举出理由把他废除。但是无论是阿里史多德或是他的继起者，在许多世纪中，他们都对于诗与韵文的分立没有疑惑；也无论是承认阿里史多德的话的，或是反对他的话的，都一致地承认散文与韵文是分离、分立的二元，各有各的特质与他自己的生命。诗与韵文也许是合一的另辞，也许不是；但是他们却都以为散文与韵文是不同的。但是散文与韵文果是不同么？"

Spingarn 说到这个地方，又举出了好几个例，证明：

"不仅只散文与韵文没有划定的界线，并且，如果说起有韵的字句与无韵的字句之间有差别的存在，那么，就是

①　美国作家，出版家（1875—1939）。
②　《创造性的评论》。

在同'平仄'的韵文中，也是同样的有差别的。"

照此看来，可知散文与韵文，在形式上本来是没有什么很清楚的分别的。散文与韵文既没有什么分别，那么，诗的精神，在韵文的形式中表现出来，与在散文的形式中表现出来又有什么两样呢？

而且散文诗的成绩也已足证明散文绝非不能为表现诗的情绪与情的想象的工具。——也许表现得比韵文还活泼，还完全呢！

所以我们固不必坚执地说，诗非用散文做不可，但我们也绝不敢附和地以诗为"有韵的文章"，"非韵不为诗"。诗的要素，在于诗的情绪与诗的想象的有无，而绝不在于韵的有无。

"诗与韵可以不必为同一的名词"，这是我们十分确信的话。

三

但又有许多人疑惑：诗可以用散文写出来，那么，同其他的散文，如小说、论文，有什么分别呢？并且 Wincheste 说，凡是文学都包含有情绪与想象与思想几个要素，这绝不是诗的特质。如果诗没有韵，那么，不是同别的文学一样么？

在这一层，我也愿意略略地再说一下。

凡是文学作品都包含情绪的元素在内。这句话，我是非常相信的。因为文学与哲学或一切科学的区别就在于此。不过在诗里面，包含情绪更为丰富而感人。论文——文学化的——所含的情绪的元素较少，而智慧的元素较多。戏曲则是"表现的"作品（Moulton[1] 的话），不如诗之含有最多量的情绪的元素。小说本是史诗的变化；他是叙述的，大部分的诗则多是直接引起读者的情绪。并且，诗的想象，另外有一种感化力，使我们看了，就知道他是诗，绝不是小说，或论文或戏曲。有一种论文或叙述文，偶然带了些诗意，我们就称他作"诗的散文"。在用字方面，诗中所用的字句也有特别的选择。泰戈尔说："诗使想选择那些有生命的字眼，——那些不是为纯粹报告之用，但能融化于我们心中，不以在市场中常用而损坏了他们的形式的字眼。"

　　总之诗与散文的分别在精神而不在有韵与否的形式。诗有"诗的"情绪，与"诗的"想象，我们一看，就知道，绝不会与散文混杂的。

　　更具体地讲来，据 Rannie[2] 的《文体纲要》所说，诗与散文、小说、论文等的分别，约有五端：

　　（一）诗比散文更相宜于智慧的创造。许多人都有一种强烈的创造冲动，想创造出以前没有创造过的东西，而使之不朽；诗是他们更相当的创造物；因诗的形式较整齐，且诗中更容易

———————

① 美国女诗人（1835—1908）。

② 不详。

传达出自己的情感。

（二）诗是偏于文学的个人主义，就是适宜于表现自己，或自己的感情，散文偏于文学的实用主义。

（三）诗是偏于暗示的；散文则多为解释的。

（四）诗的感动力比散文更甚。这因为诗是纯粹的感情文学之故。

（五）诗比散文更适宜于美的表现。

这些与韵不韵无关的。只有第一节，形式较整齐，大半是因为有韵的缘故，但这一节与诗文的分别无大关系——由此更可知：

诗之所以为诗，与形式的韵毫无关系了。

四

所以在理论上，散文诗的立足点，也是万分的稳固价。并且"我们固不坚执地说，诗非用散文做不可"，然而在实际上，诗确已有由"韵"趋"散"的形势了。

古代的文学，或科学大体都是用韵文写的。——也有不用韵文的——这大约是因为古代印刷或纸笔没有发明，思想或情绪之传达极为不易，故不得不用韵文，以期便于上口，便于传诵。但后来传写的工具，日益发达，许多做智慧的与情绪的文章的人，都嫌音韵之束缚，因而群趋于做更易自由表现自己的思想与感情的散文。小说就是由史诗蜕变出来的；现代的戏曲，也摒除"剧诗"，而改用散文来写。抒情诗也多已用散文来写。

除了英国、美国的许多散文之作家以外，法国的鲍多莱耳（Baudelaire）也很早地用散文来做诗。俄国的屠格涅夫也做了五十篇的散文诗。印度的泰戈尔译他自己的著作为英文，也用的是散文诗体。中国近来做散文诗的人也极多，虽然近来的新诗（白话诗），不都是散文诗。Moulton 说：

"古代的诗歌大部分是韵文，
近代的诗歌大部分是散文。"

这确是极辩显现象。

许多人怀抱着"非韵不为诗"的主见，以为"散文不可名诗"，实是不合理而且无知。

本文用五点钟的工夫做成。因为不能有再多的工夫去写他了。并且手边也没有什么参考书。所以仍是很简单地略说了一下。这是对于读者非常抱歉的。有机会时还想重写一过。但是无论如何，读者看了这篇文章以后，似乎不至再对"散文诗"的存在，发生疑问了。

中国的诗歌总集

这里所谓的诗歌总集，系专指古诗及古乐府与五七言古律诗的总集而言，关于"词"及"剧诗（戏曲）"二体，并未牵及。

（一）《诗经》 通行本 这是一部极重要的古代诗选。不见于《诗经》的古逸诗，王应麟及丁晏俱有纂辑，冯惟讷的《古诗纪》亦曾采录不少。

（二）《乐府诗集》一百卷 宋郭茂倩编，武昌书局本，商务印书馆影印汲古阁本。此书极重要，汉以后最好的诗歌被其包括不少。明梅鼎祚曾编《古乐苑》五十二卷补郭选之遗，惜不见。

（三）《玉台新咏》十卷 陈徐陵编，通行本。

（四）《古诗纪》一百五十六卷 明冯惟讷、方天眷编，原刻本。此书现不易得。又《知不足斋丛书》里，有冯舒的《诗纪匡谬》一卷。

（五）《全汉三国晋南北朝诗》　丁福保编，医学书局铅印本。

（六）《古诗选》　清王士祯选，闻人倓笺，金陵书局刊本。与此书同性质的选本极多，如沈德潜的《古诗源》之类皆是，今只举这一种为例。

（七）《全唐诗》九百卷　清曹寅等编，扬州诗局刊本，石印本。

（八）《唐百家诗选》　宋王安石选，医学书局影印本。唐诗选极多，兹仅举一二种。

（九）《全五代诗》一百卷　清李调元编，《函海》本。

（一〇）《宋诗钞》　清吴之振、吕留良编，商务印书馆影印本。原刻本的缺字，商务本补了不少。

（一一）《宋诗钞补》　清蒋光煦编，商务印书馆铅印本。

（一二）《全金诗》七十四卷　清郭元釪等编，扬州诗局本。

（一三）《元诗选》一百十一卷　清顾嗣立编，家刻本。

（一四）《明诗综》一百卷　清朱彝尊编，原刻本。

（一五）《明末四百家遗民诗》　清卓尔堪编，有正书局铅印本。

（一六）《感旧集》十六卷　清王士祯编，雅雨堂刻本，录其朋旧之诗。

（一七）《湖海诗传》四十六卷　清王昶编，原刻本。

（一八）《列朝诗集》　清钱谦益编，绛云楼刊本，国学扶轮社铅印本。

（一九）《五朝诗别裁》 清沈德潜编，原刻本，经纶堂袖珍本，石印本。此书分唐、宋、元、明及清五部，各自为编。

（二〇）《十八家诗钞》 清曾国藩编，原刻本，商务印书馆铅印本。

（二一）《八代诗选》 王闿运编，章氏经济堂刊本。

（二二）《唐诗纪事》 宋计有功编，医学书局铅印本。此书与以下四书，各种书目均列入"诗文评类"，实则为诗歌总集一类的书，所以现在列于此。

（二三）《宋诗纪事》 清厉鹗编，原刻本。

（二四）《宋诗纪事补》 清陆心源编，原刻本。

（二五）《元诗纪事》 清陈衍编，商务印书馆铅印本。

（二六）《明诗纪事》 陈田编，家刊本，尚有壬癸二签未出。

以上所举，虽缺漏太多，似尚不至于太滥，或可供研究及好读中国古诗者之参考。

词 与 词 话

一　五代到宋末的时代

　　唐经过比较安定繁荣力量强大的时期之后，到末年逐渐衰落下来。安史乱后，变乱频繁，中央政权日趋堕落，藩镇割据，拥兵自重，自行留后承继，可达数代。诸藩镇间又互相吞并，得胜者皇帝加封，权势日大。黄巢起义进攻唐中原地区，占领长安称帝。这时藩镇甚至外族借口勤王起兵，黄巢则内部分化，到公元九〇七年，部将朱温叛变，杀帝自立，称"梁"，于是五代开始。朱温残暴不堪，专横无道，投自称清流的知识分子于浊流，知识分子分奔各地。同时各处割地自立，成十国。朱温死，传子。梁先后共十七年，至九二三年为外族李克用灭。李克用称"唐"（后唐），克用死，其子存勖继立。李存勖文雅风流，爱音乐宠伶官，政权移伶官手，终为伶官所杀。明宗在公元九三六年为部将石敬瑭所篡，称

"晋"。石敬瑭起兵时借契丹兵，敬瑭死后，其子即位，欲反抗，于九四六年被契丹所灭，晋前后十一年。九四七年刘知远起兵，入长安称帝，为后汉。四年后，公元九五一年被部将郭威篡，为后周，至九六〇年灭亡。接着是柴世宗称帝，他死后，其子小，将士拥赵匡胤为帝，称"宋"。这时中央政府虽屡经更替，但地方割据仍然，石敬瑭时且曾将燕云十六州割与契丹。

赵即位后，杯酒释兵权，兵权全归中央，由近亲掌握。政权巩固后更逐渐消灭藩镇，最后灭南唐，统一中国，从公元九六〇年至一一二七年间史称北宋。此时北方的少数民族，除契丹外又有金族兴起。宋本常败于辽，到真宗时，想恢复燕云十六州，攻辽，但大败。至徽宗时，野心很大，雄才大略，有很好制度，首创养老院、官医院、药房等等。文章艺术修养亦高，曾编《宣和博古图》《宣和书谱》《画谱》等。当时力量渐强，天下尚丰足，思报世仇，遂与金联系共同灭辽，收回了燕云十六州。但金要求极高，终于又逐渐南侵，占燕云十六州。徽宗退位让于子，钦宗立。金兵入开封俘徽、钦二帝，此时有很多起义兵，北方汉人亦大批南下，这时徽宗子高宗南渡，公元一一二七年在杭州（临安）称帝，史称南宋，至一二七九年灭亡。经一百五十二年的休整，力量渐强，又思恢复中原。金背后有银（蒙古），宋连银灭金。但是蒙古却又借此南下，公元一二七九年元兵打到广州南山，宋亡。元统一中国。南北宋共三百二十年。这三百二十年是不大太平的时期，国力弱，政策坏，经常受北方少数民族的侵扰，宋采取远交近攻的手段，结果前门去狼，后门进虎。全宋一代没出什么大政治家，而争夺政权极甚。当时对武官控制非常严，对文官则宽，在文学方面遂出现一种新的文体——词。词一向被认为离现实最远，实际上却也是能够表现现实的。

二 词的起源

词就是诗的一种体裁。有人说词是诗余，是余兴，实际不然。作词称填词，这是有道理的，因词原是唱的，带音乐，音律极广，有谱，因此词必须按谱填写。诗需吟，朗诵即可，不用配音乐，这是两者不同的地方。词来源很早，唐初武则天时即有。之后凡能入乐能唱者皆称词。词曲调极多，其来源主要由四部分合成：（一）旧调，由六朝传留下来的五、七言诗；（二）民间歌谣，如刘禹锡、白居易的《杨柳枝》《竹枝词》；（三）胡夷之曲，即外来曲调，如新疆、印度、维吾尔的歌曲，最有名的甘州、梁州的歌曲，当时流传得非常广，是与中国不同的新曲；（四）文人创作的新调。这四者结合起来称词。词至唐明皇时已很发达，传说李白的词写得很多又很好，最有名的是《菩萨蛮》《忆秦娥》各一首，但是不是李白所作现不可确定。因为那种情调是要更晚些时候（五六十年）才能产生，是属于晚唐温、李系统的。

三 "花间"词人们

唐末到五代的词人统称花间词派，当时集最好作品而成的《花间集》，于九四○年由四川文人编成。共收十八家词近五百首。这中间第一个奠定词的基础，从原始到成熟的最大作家即温庭筠。《花间集》的作风脱离不了他的作风范围之外。他诗风同李商隐相像，有些朦胧似可解似不可解，是黄昏时的景象。这种作风后来遂变成词中很流行的作风。从这一点上说，他是可以代表花间词人的。

韦庄非四川人，但四川的词却应说是由他开始，他在中原之乱时逃到四川。他的词相当重要，作风属温派。此外和凝、孙光宪亦皆非四川人。《花间集》中还有外族，即波斯人李珣。

不在《花间集》内的大词人有李存勖（后唐庄宗），他的词情绪缠绵，潇洒漂亮，虽然收集起来只十几首，但写得都非常好。另一派最重要的词人是南唐二主（中主李璟、后主李煜），比《花间集》稍晚。当时文人为了避乱都逃到南方。生活渐渐安定，经济比较繁荣，南京除为政治中心外，同时也成为文艺中心。李璟和李煜的词收集起称南唐二主词，李后主雄才大略，字写得好，画画得好，词填得好，诗做得好，他成为当时的一个文学保护人。中主的宰相冯延巳亦大词人，有《阳春集》。这些词中多是借题发挥个人感情，采取象征比喻的方式，反映了当时社会的情况。《花间集》作品表面看好像离现实太远，但仔细看起来其中也有许多是现实主义的。

四　北宋的词人们

北宋词在体裁和曲调方面有很大的变化和发展。花间词多小令，唐人及五代词也都是短的，到了宋初新的音乐家、新的词人都不满意于小令，遂创慢词，后又转成大曲，集数套于一首，唱法与以前不同，重复七八遍到十遍。这在《琵琶记》中曾保存下来，在日本、朝鲜也有保存。此时词拘束少、内容广、体裁自由，很多作家都喜欢作词，故词风气很盛。由于宴会时常唱词，故词调多别离之感、伤悲之调，又唱者多为歌妓，而那时有官妓，由官管，常和官恋爱，因此词中又有恋爱情歌的发生。写这类词最著名者为柳永，他编歌极多，他的词最流行，当时有"凡有井水处，皆唱柳词"的说法。他的词不再是朦胧象征，而是直抒感情，是首先脱离花间影响的人。欧阳修在散文和诗作上虽道学气十足，在他的词中却表现出他真正的赤裸裸的感情，是充满了人情味的。苏轼作词很多，他不会唱曲，所以他的词也是不能唱的。他作风雄壮、豪爽、明朗，说尽人意，他不受曲子的限制，甚至在词中发表议论，他写景咏物词亦极佳，另外他也作政治词。他虽也学柳词，但终不掩本色。苏柳之后集北宋词之大成的为大音乐家周邦彦，他的词称《清真词》，音律精深，词律最严。北宋末期有三个不受苏柳影响不在此范围内的词人，即朱敦儒、宋徽宗和李清照。朱敦儒作《樵歌》描写田园生活。徽宗赵佶的词是言中有物的现实主义的作品，词中流露真正的深刻的亡国后的沉痛感情，但可惜留传的很少。李清照是中国文学史上最伟大的一位女诗人，词作得很好，不受任何人的影响，以女主人翁的立场在词中流露出真实的情感，她的词与欧柳情调不同，写别离之情调很多，但少颠沛流离之意。

五 南宋词人们

南宋词分三期：（一）变乱时候，北方为金兵侵占，文人南迁，喘息未定，一心恢复中原，因此词中民族意识非常浓厚。岳飞的《满江红》可为代表。其次张元干、张孝祥情感也非常激烈。其中最大词人辛弃疾，他属苏东坡豪放一派，他在词中发表政治议论，慷慨激昂，完全没有太平盛世的柔美作风。当时仿辛而夸夸其谈的为刘过，而可与辛相比的是陆游。陆词分量最多，诗亦多，词中多表现了他的沉痛生活，他生活中变化多，是南逃人共有的沉痛感情，始终念念不忘中原，他感到自己是"心在天山，身老沧洲"，词中充满了热烈的民族意识。临死还留有"王师北定中原日，家祭无忘告乃翁"的诗句。同时他的家庭生活也是很悲惨的，母亲专制，因而他的婚姻生活不圆满，被迫与妻子分离。这一方面他也写了不少的词。但到后来生活逐渐安定，许多作家忘记过去的艰难困苦的生活，于是他们的词中也就有了流连宴会之乐的作品。（二）安于偏安，习惯了江南生活，在词上还注意格律，在字句上做功夫，因此格律严整。词人们专门描写小东西，句子要求新奇漂亮，出人头地。其中最主要有两人，即姜夔（白石）和吴文英（梦窗）。姜有《白石词》，格律非常严，随时可以唱。吴词亦然，有《梦窗词》，由于他专求文字漂亮，有时就不免庸俗，有人说吴文英的词为"七宝楼台，眩人眼目，碎拆下来，不成片段"。他曾有"何处合成愁，离人心上秋"的词句，是唐代很流行的格式，完全是一种文字游戏。另一个喜欢把句子雅饰得更精炼的是史达祖，他把情景融而为一，把自然人格化了，有"做冷欺花，将烟困柳"的句子。（三）宋将亡时四大词家可作代表，即张炎（玉田）、周密（草窗）、王沂孙（碧山）、蒋捷（竹山）。他们有同一作风是工于咏物，借以寄寓忠君爱国的感情。南宋最后作家是文天祥，他的词很朴素有感情，老老实实地说出自己的痛苦，表现了国破家亡无处投身沉痛的感觉，他不仅描写了个人的情感，而且是蒙民族压迫下整个南宋的情况。

六　鼓子词与诸宫调

大曲仍较严格，离不开调曲，鼓子词则比较短，用统一的调子唱一个故事，说唱并用，完全是变文的子孙，但没有变文的气魄。鼓子词再发展成诸宫调，即由各种宫调结合起来表演讲唱一个故事。唱期长短少者十天半月，多者半年一年，分男班女班，魄力最大、组织能力很强的孔三传即诸宫调名家。《董西厢》也是主要的诸宫调。此外如《刘知远诸宫调》则是描写个人生活，甚至唐宋五代民间贫苦农民的生活，俗语应用得非常纯熟，写得很深刻。中国现在的诸宫调只有两部，一部全的是《董西厢》，一部不全的是《刘知远诸宫调》。诸宫调也是从变文中来的，神宗时即有。

七 词话（话本）

所谓话本即说话人的底本，唱的地方用词，说的地方用话，故称词话。词话也是从变文中来的，是讲唱文学的一种，诸宫调是以唱为主，而词话则是以讲为主，以唱为副。他的特点有四：（一）是讲唱的，以讲为主。（二）讲的时候用第一身称或第二身称，以对话或讲演方式讲的。（三）夹叙夹议，有很多现成人的话。（四）首有"入话"，像弹词的开篇，这是根据实际情况产生的特殊体裁，因为说书人是依靠听众的，所以他必须想尽办法吸引听众，但听众有来早晚的不齐，他不能讲正文，同时又避免冷场，所以便想出两全其美的办法，温习一遍旧故事称入话。入话写得较漂亮的如《天雨花弹词》。这四个特点一直保存到现在，宋说唱人分四家，主要有两家，现在还存在。

八 小说

小说要求短小精炼，一两次就可以讲完，要能层出不穷，才能抓住听众，因此故事内容非常丰富有趣味，说新闻、时事，有声有色。《简帖和尚》《快嘴李翠莲》等都是写得很好的民间故事。新闻时事的材料有限，小说遂又讲鬼讲神。这类故事在《醒世恒言》《警世通言》等书中记载很好。据考证出于宋人之手者有二十七篇，如《闹樊楼》《沈小官》《二郎神》等。

九　讲史

讲史即讲长篇故事，其中三国最引人注意，所谓"说三分"。当时霍四究专门说三分，说得最好。五代虽只五十五年历史，但换了很多皇帝，而且去宋不远，因此讲朱温、石敬瑭、刘知远的故事也是应时的。尹常卖《五代史》，当时还有讲抗战故事的，如王六大夫说韩世忠、岳飞抗金兵的故事，名《复华篇》，长篇的有《中兴名将传》等。《大宋宣和遗事》及《五代史平话》，虽号称宋版，实则恐为元人精刻修改而成。总起来说，这时短篇小说已很发达，长篇刚刚开始。当时讲史的人最怕说小说的人，因为小说是短小的故事，很快就可以讲完，而讲史往往都需一年半载，而且必须有很好的口才才能讲长篇的东西，否则没人听，因此长篇东西发展得比较慢一些，也晚一些。

几 部 词 集

    五七言的古律诗，在唐以后，便衰落了下去，现在虽还有人崇拜所谓宋诗，然而为宋代文学的骄傲的，乃非诗而为词。正如为元、明二代的骄傲的，乃非诗、词而为杂剧、传奇一样。

    词是从乐府蜕变出来的，在五七的古律诗外别启一新的文体。当诗的一体，已成为陈言腐调，不复有真率活泼之气时，词的作家，便如经过蒙蒙春雨后的春笋一般，纷纷地，拔地而出；在倦极欲眠的文坛里，射进一道新鲜的曙光。我们只要把五代、宋时的诗与词拿来比较一下，便可知二者精神的相差了。

    所以我们欲了解五代及宋的文学的真精神，便非对于他们的词集，加以十二分的注意不可。

    现在就我所知道的，把较为重要的几部词集写在下面。

    （一）《词律》 清万树撰。原刻本，石印本。这部书很重要，对于历来的错误，校正不少。

（二）《词综》　清朱彝尊编，王昶补。原刻本，光绪间金匮浦氏重刻本。

（三）《词苑英华》　汲古阁刊本。这部书汇刊《花庵词选》《中兴绝妙词选》《草堂诗余》《花间集》《尊前集》《词林万选》及《诗余图谱》，极为重要。惜不易得。

（四）《六十家词》　汲古阁刊本，石印本。

（五）《名家词集》《粟香室丛书》本。

（六）《词学丛书》　原刊本。这部书汇刊《乐府杂词》《阳春白雪》等六种。

（七）《四印斋词丛》　光绪间王鹏运刊本。

（八）《历代诗余》　乾隆间原刊本。

（九）《古今名家词刻》　原刊本。

（十）《郋村丛书》　现代朱祖谋刊本。此书搜罗最为宏富，校刊亦精，计有总集四种，唐词别集一家，宋词别集一百十二家，金词别集五家，元词别集五十家。

第三章

小说述评

清初到中叶的长篇小说的发展

一

中国长篇小说的黄金时代，不在宋、元。宋、元二代只是短篇话本的发展期；他们也有讲史，却是那样无精彩的野生的东西，这就今日所见的《五代史平话》《全相平话五种》等书而可知的。罗贯中的《三国志演义》不见得高明，其完成时期也不在明代。四大奇书中最好的"两奇"，《西游记》《金瓶梅》，虽然产生于明，其一"奇"，《水浒传》，虽然也完成于明，却都有其很大的缺憾。除了《金瓶梅》外，《水浒》《西游》都只是英雄历险的故事，都只是一件"百衲衣"，分之可成为许多短篇，合之——只是以一条线串之！例如《水浒》以梁山泊的聚义为线串，《西游》以唐三藏取经为线串之类——则成为一个长篇，其结构是幼稚而松懈的，还脱离不了原始期的式样。《三宝太监下西洋记》《封神传》以及《韩湘子传》《云合奇踪》等等，也都陷于同一的型式里，只有《金瓶梅》是一朵太可怪的奇葩，仿佛是放在暖室里被烘烤开的牡丹花一样，令人有怪不相称的先期长成的感觉。叙写社会家庭的日常生活，描状市井无赖的口吻、行动，都是极为逼真的，大有近代的写实小说的作风。以《水浒》的潘金莲和《金瓶梅》的潘金莲相较，则前者只是一具无灵魂的骷髅，后者却是那样地有血有肉，有声有色的风骚的妇人！想不到的一个长足的进步！但《金瓶梅》究竟也还是一部杂凑的书，只是把宋、元话本的描写放大了的，还能够将她像蚯蚓似的，割成一片片而不伤害其本身的发展。甚至，在其中，我们还可以找到作者把一部分宋、元话本全盘地抄袭过来的痕迹，例如《新桥市韩五卖春情》便是整个的被引用了进去，只是改换了人物的姓名而已。而那千篇一律的春情的描写，也令人生厌。所以，这朵奇葩，虽先期而生长，而开放，却不是很成熟的。

到了清代的中叶，长篇小说方才放出万丈的光芒来。

二

清初的小说，都还是被拘束于明代小说的作风之中的。许许多多的短篇平话集（创作的），都只是"三言""二拍"的应声虫，而没有什么重要的发展。佳人才子的小说，又只是"吃不到葡萄"的人的"过屠门而大嚼"的著作。穷酸的态度可掬！

长篇小说，在其间，还算是有"出息"的东西。但也脱离不了明人的规模。

董说的《西游补》，陈忱的《水浒后传》，丁耀亢的《续金瓶梅》，西周生的《醒世姻缘传》，钱彩的《精忠传》都是颇可注意的长篇。他们都是"有所为"而作的，不是为写小说而写小说的。他们都是要以"古人的酒杯浇自己的块垒"的。所以在"遗民文学"的这个特殊意义上是有了很光荣的收获的。而就小说而论小说，却也只是明人的"余声"而已。

《西游补》最可注意，以其风格最为特别；名曰"西游"补，却是那样地不与《西游》同调。只是迷离恍惚，一气呵成，五彩斑斓，不可逼视，一般人是不会欣赏的。因之，也颇缺乏小说的趣味。作者原不是在做小说！只是像写《万古愁》的人似的在倾吐自己的悲愤，自己的国破家亡的痛苦！

《西游补》凡十六回，是薄薄的一册。插入《西游记》"三调芭蕉扇"之后，叙孙悟空化斋，为鲭鱼精所迷，见诸幻境，要寻秦始皇，借驱山铎，以徙去火焰山。而梦中醒来，原是手执饭钵。大似威尔士（H.G.Wells）的小说《时间车》。所叙多《西游》作者屡齿所未经。嬉笑怒骂，皆成文章。鲁迅先生谓："于讥弹明季世风之意多，于宗社之痛之迹少。因疑成书之日，尚当在明亡以前。"（《中国小说史略》第十八篇）但细读全书，纯是一团悲愤。如不作于清初，似不必如此躲躲藏藏。明末小说，其作风类皆质直裸露写情之作，像汤若士《还魂记》、支少白《小青传》，皆已极缠绵悱恻。固无需更托以幻觉也。说字若雨，乌程人。明亡，祝发于灵岩，名南潜，一字宝云，号月涵，三十余年不履城市。有《丰草庵》等十八集。

陈忱的《水浒后传》续于一百二十回《水浒传》之后，凡四十回，气象颇阔大，有田横义不帝刘的意志。一开头，便写宋江死后，梁山泊的荒凉、寂寞，与阮小七的郁郁无聊，感怀往事，正可和《水浒传》的"魂聚蓼儿洼"的局面相搭配。继述为了权臣的压迫，梁山好汉的余存者，又不得不铤而走险，仍占山为寇。而一部分则奋其勇力，为宋御金。然大势已去，不能有功，好汉们遂以李俊为领袖，分了几批，浮海而去。俊为王于暹罗，自成一个局面。作者"避地之意"，跃然可见。但为了恐触时忌，作者只署着古宋遗民的笔名。卷首论略云："不知何许人，以时考之，当去施、罗未远，或与之同时，不相上下，亦未可知。"又原刊本有万历的序，版心刻"元人遗本"四字，皆有意表示其为"古本"。忱也是乌程人，明的遗民。盖明亡之后，遗民们是以浙地为独多的。

丁耀亢是山东诸城人，字西生，号野鹤。顺治四年入京，由顺天籍拔贡，充镶白旗教习。后为容城教谕。著传奇四种，传文集若干卷。其《续金瓶梅》则别署紫阳道人编。卷首弁以《太上感应篇阴阳无字解》。《续金瓶梅》凡六十四回，继于《金瓶梅》后，叙述西门庆、潘金莲等第二世的故事；孽报重重，大类谈说因果的书，而淫秽不逊于本书。但笔墨尚横恣。所叙在异族铁骑的侵略下的人民的生活情况，尤翩翩欲活。盖缘作者是身经此痛，故写来便格外真切可怕。

　　《醒世姻缘传》在这时代是最足以表现那种染了明末作风的小说的。无疑的，它在技巧上是相当成功的，特别一部分的对话是很流利真切的。但也有其重大的缺点。全书以因果报应之说为始终，以晁、狄二家的故事为主体，其中主人翁是晁大舍（即后来的狄希周）。应该用九牛二虎之力以写之，然其性格却极不明显，像是纸糊的，又像是泥做的，没有灵魂和血肉，更没有鲜明的个性。写薛素姐的泼悍以及厨子的窃盗，都嫌过火。在结构上，也殊松懈。第一回到二十二回，写的是晁家故事；二十三回到二十九回则写狄家故事。以后则晁、狄二家故事互相错综着。自五十八回到八十九回则又全写狄家故事。以后又是晁、狄二家的事相错综着。直到第一百回，方才把今世的狄希周和他的前生的兄弟晁梁相见，而告结束。其中发挥议论之处太多，完全是明末作家的流毒；又一部分的故事和笑谈，也都是掇拾陈言，以充篇幅。未免令人有"才尽"之叹。但其描状人情世态，特别是黑暗的大家族的生活，却很可注意；虽仍不免夸大，但却是最好的社会史料。有人说，书中的狐，便指的是"胡"，则便更有了遗民文学的意味了。

　　《醒世姻缘传》的作者自署西周生，胡适之以为即作《聊斋志异》的蒲松龄。一则以此故事即《志异》里的《江城》一篇的放大，再则，据传说，以为此书是松龄作。依据了这个前提，遂找了许多旁证以附会之。但可疑的一点是，《聊斋》里的文字是很洁净的，很少"夹叙夹议"之处。而此书则随处大发议论，很浓厚地染着凌濛初、李渔的作风。不仅文言白话的不同，即作风也大殊。大约山东人对于蒲氏的传说是很多的，故往往将他成为"集体的"文人，鼓词、小剧乃至小说，无往而非托名他作。

钱彩的《精忠演义说岳全传》是较为驽下的。彩，字锦文，仁和人，尽力表彰岳飞的忠勇，别有深意。清代尝列其书于"禁书目录"。今所传者，当必大有为后人所删改之处。他此书是取了熊大木的《精忠传》而加以放大的，凡八十回，插入大鹏鸟转世、铁背虬报冤的神话，这是熊作所无的。钱氏书，极类《说唐传》《杨家将》《飞龙传》诸书，把这有名的英雄传说，更为鄙野化了。但较原作，实更活泼，更动人。虽多不经之谈，可笑之处，而其粗枝大叶的创作气魄，却大可注意。第二回到第六回，叙岳飞与周先生的始末，最足令人感泣。其后写张宪、写岳云、写王佐等等，也都不坏。像牛皋，也殊可爱。

三

《西游记》故事，在清初，最为流行，而续之者也最多。董氏《西游补》外，别有《后西游记》《续西游记》等。而《东游记》的创作也可以说是对于《西游》的反动。

《后西游记》不知作者为谁，有天花才子的评点，当为清初人。作者序云："曲借麻姑指爪，遍搔俗肠之痛痒，高悬秦台业镜，细消矮腹之猜疑。悲世遭古今盲，毒加天眼之针，忧灵根旦暮死，硬着佛头之粪。"可见他并不是漫然而作的。其中像"文笔压人，金钱捉将"（二十三回）、"造化弄人，平心脱套"（三十回）等，都是愤世嫉俗之意极深的。唯较浅露，没有《西游》那么婉曲含蓄。《西游》写三藏取经，这书却叙大颠求解。又平空添出小行者、猪一戒、沙弥的三众，有意地步悟空、悟能、悟净的后尘，连性格也都极相仿佛，殊嫌过于拟仿尽态。

《续西游记》凡一百回，传本颇罕见。全脱《西游》的窠臼，别展二境。原是将无作有，故竖空中楼阁，却也头头是道，可证作者设想之奇，真复居士序云："作者犹以荒唐秽亵为忧……继撰是编，一归铲削，俾去来各有根因，真幻等诸正觉。"是仿佛作者也是吴承恩。其实，当便是真复居士的假托。续书的主要点在说明："起魔摄魔，近在方寸，不烦剿打扑灭，不用彼法劳叨。"而以三藏、悟空等四众，在取经的归途里所遇到的诸难为题材，处处指点出诸魔近在方寸。为了较浅率明白，又过于回回一律，颇令人生单调的厌倦之感。

《扫魅敦伦东游记》，一名《续证道书》，显然也是续于《西游》之后的。虽然故事截然不同，却是由《西游》变化而出的。"昔人撰《西游》，借金公木母、意马心猿之义，而此记借酒色财气、逞邪弄怪之谈。一魅恣，则以一伦扫，扫魅还伦，尽归实理。"（序）"一切旁门外道，离我圣教旨虚。莫言释道事同迁，功德匡扶最著。"说是提倡儒教，却又杂以释道之说。

全书凡百回，多腐语凡境，实在并不高明。以南印度不如密多尊者的东来度世为引端，而其背景则放在晋、魏时代。写崔皓的灭佛招致恶报，正是提倡佛教，却又以五伦的正道来扑灭群魅。殆是万历以来三教合一运动的余波。

《东游记》的作者，自署清溪道人，卷首有康熙己酉（八年，公元 1669 年）世裕堂主人的序。按清溪道人即在明末作《禅真逸史》《后史》二书者，盖至康熙初犹生存于世。《东游》的作风也正和《禅真》相类。清溪道人又尝以冲和居士的别名，刊行戏曲选集《缠头百练》初二集。他姓夏，名履先，又号爽爽主人，杭州人。似为一风雅之书店主人，故多编刊通俗的通行的书籍。

四

褚人获的《隋唐演义》一百回，刊于康熙十四年，是一部杂凑的小说，集合了各方面的不同的材料而成的，故全书殊为庞杂。其最重要的根据是：（一）《隋炀艳史》，（二）《隋唐志传》，（三）《说唐传》。关于瓦岗寨集义，秦叔宝出身的一部分，几全袭《说唐传》，不过略加以修正而已。但只叙到明皇、杨妃事为止，不像《隋唐志传》之直写到唐末，和《五代残唐》相衔接。其间剪裁修正，是颇费了些心力的；凭空添出了炀帝、朱贵儿的二世姻缘（即转生为明皇及杨贵妃），全是要作为前后的联络的线索之用的。只是，头绪过繁，忽写柔情，又及金戈铁马，全书的情节是极不统一的。反不若简略粗率的《志传》的前后一贯。人获，长洲人，著《坚瓠集》，又尝刊行《封神传》。

吕熊的《女仙外史》一百回，也作于康熙间，自负不浅。熊，字文兆，号逸田叟，所作甚富，有《诗经六义辨》《明史断》《续广舆志》及诗文集等。熊尝读明史，至逊国靖难之际，不禁泫然流涕。因以唐赛儿事为中心，而写赛儿的忠勇，"建行阙，取中原，访故主，迎复辟，旧臣遗老，先后来归"事，全是空中楼阁，尤多斗法摆阵的变幻，盖杂取《封神》《三国》《平妖》《西游记》诸书的意境而成之的。原多淫亵语，刘廷玑劝其删去，熊从之，故传本较为洁净。

五

但以上诸长篇，还很浓厚地染着明末的作风与型式；有的本是续书，除极力追摹原作的风格外，是别无所长的；有的则杂采诸书的旧套，拼合以成之；有的则只是把旧书改作或放大了的。能够见出其为独创一格，自具弘伟的创造力的殆极罕有。遗民之作，若董、陈之《西游》《水浒》，则又意别有在，不尽以写小说为其着力之点。

表现了特殊的作风与有了很雄大的成就的，当始于乾隆的一代。那一代才真实是黄金时代的开始。

在那一代，为了社会秩序的安宁，"十全"武功的胜利，《四库全书》的告成，民间孕蓄着多量的财力，地主阶级和商人士子都是生活很优裕的。在戏曲上，既有了弘伟无比的《昇平宝筏》《昭代箫韶》《劝善金科》一类的皇家歌曲，小说里自然也便表现出世家贵族的豪华的气概来。

这世家贵族的豪华的气概，直接地打破了清初时代的佳人才子书作者的穷酸们的可望而不可及的迷梦；间接地脱出了明末小说的陈套，不复自安于杂凑与模拟。他们是要写出自己的经验与生活的，他们是要写出自己那一个阶级的理想与现实的。因此，便远远地脱离了空虚的战争与历险的想象，远远地抛却了无聊的佳人才子的迷梦。他们的书里，有的是真实的人，有血有肉的人；真实的事，有灵魂的人物的真实的行动与对话。这是第一次，文人们把自己阶级的理想与丑相向读者们披露出来。他们不复以娱乐他人或慰安自己的游戏的态度去写什么；他们开始以"一把辛酸泪"，以自己的血，以自己的心，以自己的情感与回忆来写。于是，在我们的小说坛上便现出了一个新的境界。虽然这新境界的出现时，已不是蓬勃的贵家世族的光荣时代，而只是凄凉没落的哀音；不是得时行道、发挥理想以统治天下的时代，而只是退婴自守，徒寄其最高理想于空虚的独语；但究竟那回忆、那理想、那真实的自传式的描写，已足够使之不朽，使之永远地保有那时代的最好的纪录的了。

在这些崭新的小说里，第一本使人想到的大名作，自然是《红楼梦》。《红楼梦》之为作者曹霑的自传，经胡适的"考证"，俞平伯的"辨"的详证之后，殆无可疑。向来以为这部书是政治小说，是寓有民族意识的等等的话，都该一扫而空（王梦阮、沈瓶庵的《红楼梦索隐》，以为系写清世祖与董鄂妃的故事；鄂妃即董小宛，顺治的出家，即贾宝玉的出家。孙渠父的《红楼梦微言》则以为系叙明、清易代事，——此书未刊，稿在余处——蔡元培的《石头记索隐》略用其说。一为系康熙朝政治小说，金陵十二钗皆为江南诸名士，如朱彝尊、陈维崧即为林黛玉、史湘云等。又有以为系刺和珅，——见《谭瀛室笔记》——或写纳兰成德事，——见《燕下乡脞录》——或藏谶纬，——见《寄蜗残赘》——或明《易》象，——《金玉缘》评语——的。但皆一无是处）。把这些尘雾扫清了时，《红楼梦》的真像，方才看得出，《红楼梦》的伟大处，方才能够领略得出。要是永远地猜谜下去，则恐怕《红楼梦》将成了一部政治史而不是一部小说了。

以《红楼梦》为作者自传之说，当始于袁枚。他说："雪芹撰《红楼梦》一书，备记风月繁华之盛，中有所谓大观园者，即余之随园也。"（《随园诗话》）及胡适之考证出，始以大观园中的生活，和作者的家世、生平相对照，而确切不移地知其为"自传"。作者曹霑，字雪芹，一字芹圃，镶黄旗汉军。祖寅，字子清，号楝亭，康熙中为江宁织造。圣祖南巡时，尝数以织造署为行宫。《红楼梦》写元妃省亲事，殆根据幼时的记忆或家中人的传说。寅著书颇多，有《楝亭诗钞词钞》，又刻《楝亭十二种》，为世所重。寅子颙，亦为江宁织造。雪芹为颙子。幼时盖亲历富贵繁华之境。然其后，颇卸任归北京。似经大变家乃中落（也许是抄家）。雪芹中年后，遂饱尝贫困的味儿。居西郊，啜饘粥。但时复纵酒赋诗。《红楼梦》之作，当在其时。《红楼梦》既是饱经世变的一位没落的贵族之所作，故对于过去的繁华，是显示着充分的凄惋的留恋与回忆的。他写"色情狂"的贾宝玉还不大好；写贾雨村，写贾政、贾琏，写薛蟠、柳湘莲、蒋玉函等，也都没有什么生气。他是一个纨绔子弟，终日被供养在金丝笼里的，故对于社会上的一般现象，一般的人情世故，都是不大通达的。但在大观园里，他却是一个锐敏的考察者。一花一木，一桥一水，乃至园中丫头的一颦一笑，他都不曾忽略过去。他是终日追逐于"姊姊妹妹"群中的"色情狂"，故遂成了一个"女性崇拜者"。而家庭的日常生活，女性的琐屑心理，便成了他要最擅长描写的目标。为了对于女性有了那么精密的注意，故写来便活活泼泼，口吻如生。不像《水浒传》，那作者大约是一个女性厌恶者，故提起便没有好感；也不像《金瓶梅》，那作者要写的女性，个个都是个性极强，环境不同的女英雄，写来也容易出色。独《红楼梦》写的是同一的环境里长成的许多类似的女性，一个不小心，便要成"百美图"式的描写，百人面目不殊，个个死气沉沉的。然而作者却能逃避了这一点，在同里显出异来，把个个人的性格，都极深刻地表现出来。一谈一吐，一颦一笑，没有一个人是相同的。史湘云的尖利爽直，林黛玉的峻急多愁，薛宝钗的老练温柔，贾探春的精明要强，个个都写得好，笔力几乎是直透到纸背后去。即遮掩了说话者的人名，那句话也会辨得出是谁说的。难怪立刻便会有那么广大的读者。高鹗初用活字版印出第一版。但第二年便不得不再版。高本的第一版和第二版，其间是颇有不同的，可见出高氏笔削的地方；由此推之，第一版里，也许已有了他的笔痕在内。今所见的较早的钞本，都只有八十回。高本始补足后四十回，或者首尾完善之书。那后四十回，许多人相信是高鹗写的。但在一般"续书"里，那后四十回确还算是高人一等。其他续书，若《后梦》《复梦》《再梦》《圆梦》《幻梦》等，都是恶劣之极，只是"续貂"之作耳。

<h1 style="text-align:center">六</h1>

《儒林外史》也是一位没落的世家子弟之所作，但他的态度却不是凄惋，不是留恋，而是愤激与讽刺。《红楼梦》是绮丽若蜀锦瓯缎的，精致而漂亮；但《儒林外史》却有点像泼妇骂街，虽粗豪而少含蓄，虽痛快而欠深入。这是一位不得意的满腹经纶的文士的所作，满望着有用世的机会，而那机会却终不到他那里去。于是乃不得不以崇祠泰伯的一件小事，夸张地写来，成为他的"制礼作乐"的大本领的尝试之举。他对于世事，几无当意者；凡诗人、文豪、达官、显宦、富绅、地主，殆无不是"丑恶"的自身。而可谈的人，却反在市井屠沽之辈。甚至为隶胥的，为优伶的，为武士的，其可尊敬反过于士

大夫万万。即八股文专家的酸儒的马二先生也比舞文弄墨的诗人们更可爱些。"礼失而求诸野"，故作者此书始于王冕的不求闻达，而终结于写几个市井里的文人们，像卖火纸筒的王太，开当铺的盖宽，做裁缝的荆元等。并不是作者便以为他们是最高的范式，却为了愤激不平，才舍彼而取此。

作者吴敬梓，字敏轩，安徽全椒人。补官学弟子员。雍正乙卯，巡抚赵国麟举以应博学鸿词科，不赴。至金陵，建先贤祠，祀泰伯以下诸高士。晚客扬州，号文木老人。乾隆十九年卒，年五十四（1701—1754 年）。有《文木山房集》。《儒林外史》则刊于嘉庆间，天目山樵（张文虎）为之表章于世。全书凡五十五回，后人别加"幽榜"一回，凡五十六回。又有六十回本，则为齐省堂本所加入的。《外史》也是一部作者的回忆录、自叙传；不过不详于家庭的日常生活，而详于社会的种种人物。书中的杜少卿，就是作者他自己。他若权勿用即是镜，杜慎卿即杜檠（作者之兄），虞博士即吴蒙泉，庄尚志即程绵庄，牛布衣即朱草衣，凤鸣歧即甘凤池等等，皆可考知。唯或以匡超人为汪中，则非。中生于乾隆九年，敬梓卒时，中才是十龄童子。《儒林外史》里当然不会写到他的。但康、乾时代的整个"儒林"，已毕集于此了。就是那时代的一般社会的生活，也都已很活泼地被表现出来。我们文学史上很少文人自写丑态的东西，这里却很坦白地恣意地攻击着"俗学"与"名士"，又是那么地富于风趣，要捉住一位中国的"君子"的最纯洁高尚的人生观，这里便是最好的渊泉。从这位中国最清高的"君子"

眼中所见出的社会，是那样的龌龊与不平等。但也不是全然的绝望与谩骂，其中是尽有可爱可留恋处的。评者谓"无往而非《儒林外史》"，这是的确的。因为科举制度下的士人阶级的全般面目，已都被摄入这灵活的镜头上了。无疑的，这是一部漂亮的写实的小说。但也有可议之处：（一）引用"老故事"太多，像人头会便全窃之于唐张祜的故事；而老少同年月日生者而异福，及郭孝子等事，也都是明代小说里的东西。这也许可见作者创造故事力的薄弱。（二）结构过于松懈，几乎全书没有布局，没有中心人物，像片断的回忆，又像个人的感想录，其故事随引随放，随插入随抛开；尽管割成几段，也是无妨的。（三）人物皆有所本，描写则带些夸张，虽是公正的讥嘲，却总不免有些道听途说的褒贬。

《儒林外史》对于后来的影响却更大。她是有了一大堆的跟踪者，且成了不很小的一群的。清末的许多谴责小说，几乎连作风、作法以至态度都是从吴敬梓那里来的。

七

把小说纯然作为骂世的工具的，在这时还有《绿野仙踪》；把小说纯然作为发挥自己的才学与理想的著作的，在这时还有《野叟曝言》。这两部书都是旁门左道，同具着荒唐无比的故事，淫秽下流的描写；但也不无可取，有一部分的比较活泼生动的片段，是很可爱的。在那里，我们仍可看出经济的"书生”，在倾吐他们的胸臆时，是怎样地把他们的悲愤、他们的理想、他们的咒骂、他们的热情具体地写出来。而《绿野仙踪》给我们的是那么沉痛的一幅“百鬼图”，除了冷讽、热骂之外无别语。《野叟曝言》则给我们以一个穷老著书的书生，其心胸所能想象得到的经国大业的理想，美满生活的图画。假如《绿野仙踪》所给的是咒骂，则《野叟曝言》所给的便是企望。其实是从同一根源发出的。《绿野仙踪》的故事是极为荒唐的。全书凡一百回，今日要见的通行本则仅有八十回。书里主人翁是冷于冰，写他的身世，写他的求名不遂，愤而去学道；写他的得道成仙，普度众生，而要度者却只是大盗、市侩、猿、狐之流，头脑复杂，情欲未断的平常人却是度不成的。他收了一群弟子，造了一座丹鼎，令他们守护丹药的告成。他们全都坠在幻境之中，各有不同的回忆。丹成，便都成了仙。其中独有温如玉的，虽饱经世变，却顽劣如故，遂终于不能得道。书中写温如玉的地方最多，也最好；一个不通世故的纨绔子弟，被骗、被诱、被囚诈，到处都是陷阱，而他却不能自脱。虽然后来是觉悟了，但仍是不能彻底觉悟的。故只有他成不了仙。这部小说，比《儒林外史》涉及的范围更广大，描写社会的黑暗面，比《外史》也更深刻，而其技巧与笔力也更是泼辣；几乎是纵横如意，无孔不入。但因为故事的本身太荒唐了，有时也太秽亵了，故便没有《外史》那么可登“大雅之堂”，且也减低了许多的崇高的价值。

作者李百川，不知其名。书中写出山东事最为亲切，当是山东泰安左近的人。《仙踪》的钞本，有自序（刻本无之），自叙著书的经过甚详："余彼时亦欲破空捣虚，做一百鬼记。因思一鬼定须一事。若事事相连，鬼鬼相异，描神画吻，较施耐庵《水浒》更费经营。"其后，他经过了许多的人世痛苦，辄思著作此书。"余书中若男若妇，已尢时无刻，不目有所见，不耳有所闻于饮食魂梦间矣。"他的题材是极成熟地蓄在胸中的。到了乾隆癸酉（十八年，公元 1753 年），始草创《绿野仙踪》三十回。丙子（1756 年）又增益二十一回。直到壬午（1762 年），才在豫完成了全书的一百回，整整地作了十年，写作不可谓不谨慎。作者也是"穷愁著书"的一人，思想多愤慨，以"人"为"鬼"，不歌颂常人的生活，而去歌颂大盗、猿狐。他早年生活很富裕，是世家富族，至中年而大败，以作幕为生。故于人情世故的苦味是尝够了的。书中的温如玉，难保没有作者自己的小影在其中。第二、第三回写冷于冰充严嵩的幕客事，抵得过一部《官场现形记》。而第九十一、九十二回的写严嵩失败事，更远胜于《鸣凤记》的无生气的对话。而最好的地方，尤在第三十六到第六十回的写温如玉事。苗秃、萧麻、金姐，那些市井无赖和娼妓，写来比《金瓶梅》更为入骨三分。写周琏事的若干回，也不坏。第九十三回以下，写"入幻境四子走旁门"，凡浩浩荡荡的六大回，才回顾到前文。那么一兜转，笔力直有千钧之重。唯这一段，明显地窃之于《杜子春传》；又写朱文魁、文炜事也显是取材于沈璟的《博笑记》和明末平话集的欲卖弟妇而错卖己妻的故事的。这便和《外史》犯了同样的

"故事创作力"的薄弱的大病了。

《野叟曝言》便没有这病。《曝言》的作者是处处要蹊径独辟的。在那一百五十二回的极冗长的故事里，几乎回回都求立异，求新奇；也许为了过于求立异之故，有的地方，实在是太不近人情，太怪诞了。把书中英雄的文素臣写得是那样的文武全才，无所不能，而又享尽了人间艳福，世上繁荣。集一般佳人才子书的大成，是落魄的文士们想象中所能描画的最快意的、最称心如意的一个局面，一个生活。凡才子心目中所求的种种式样的佳人们，这里已具备之；凡佳人心目中所求的最伟大最有福的才子，这里也已具备之。铁中玉已是才子中的铮铮者，但较之文素臣却邈乎其小！《儒林外史》写着一个儒生的理想，但比较起《曝言》来，彼是那样的穷酸气，而此却是这样的显显赫赫。彼还是不得意者的轻喟，此则是穷人在梦境中的呓语与狂欢。这梦境是如此的辉煌可爱，醒来时也还带有余欣。全书分为"奋武揆文，天下无双正士，熔经铸史，人间第一奇书"的二十卷；也正可以此二十字浑括全书大旨。凡"叙事说理，谈经论史，教孝劝忠，运筹决策，艺之兵、诗、医、算，情之喜怒哀惧，讲道学，辟邪说，描春态，纵谐谑，无一不臻顶壁一层"。（《凡例》）但其实是，无一不乔模作态，无一不是"不近人情"的。从来不曾有过比这更迂腐，更以"肉麻当有趣"的书。其打僧骂道之言，危崖勒马之举，往往有使人浑身皮肤起细粒的。经了许多次的艰危，成就了多少样大功大业之后，主人翁的文素臣遂成了一人之下、万人之上的人物，诸妾皆独擅绝艺，或知医，或善天算，或能兵，或能诗；诸子皆夺魁元，诸女皆得贵婿；还有无数的孙男、外孙，围绕于其膝下，至不能呼其名。乃至"九万里外塑生祠，百寿堂前开总宴"。一部无聊的"狂言""谵语"，但于这里，可充分地看出士大夫阶级的可怜的面相与想象来。

作者夏敬渠，字懋修，又字二铭，江阴人，诸生。通史经，旁及诸子百家礼乐兵刑天文算数之学，靡不淹贯。生平足迹几遍天下。著有《纲目举正》《全史约编》《唐诗臆解》及诗文集等。他为乾隆时人。乾隆丙午南巡，他赴苏迎銮。拟以《纲目举正》献上。遇阻而止。今所传二铭拟献《曝言》，为其女设谋以素纸易之者，当系由此误传。但二铭生平所学，实尽萃于《曝言》，似亦有"献曝"之意。明清人的佳人才子书，已开始以所作诗词入小说，但像二铭之无所不谈者，实为小说中之创作。此后，则《镜花缘》诸作，纷纷效颦矣。

屠绅的《蟫史》是比《野叟曝言》更为荒唐古怪的，《曝言》迂腐，《蟫史》则怪诞；《曝言》尚写人间，《蟫史》则旅行鬼域。即就文辞而论，《曝言》也还近情入理，《蟫史》则一味好奇，务为怪诞不经之言以自快。我们说罗懋登的《三宝太监下西洋记》的文章古怪，《蟫史》则效之而入魔更深的。全书皆是生硬的文言。令人如读卢仝《月蚀歌》，作者过于卖弄文情，反而弄巧成拙。绅字贤书，号笏岩，江阴人，年二十，即成进士，授云南知县。后为广西同知。嘉庆六年卒于北平。别有笔记《六台内外琐言》，文体也怪诞如《蟫史》。《蟫史》里的桑蝎生即为作者自况。其怪诞无所不至的故事，则大抵就亲历蛮荒所见所闻之所得，而更益以想象的结果。

<h1 style="text-align:center">八</h1>

正像《红楼梦》《儒林外史》的作者们，把三家村学究写佳人才子书的秃笔夺了下来一样，《镜花缘》和《品花宝鉴》的作者们也将夏二铭的腐语迂谈，从小说里扫荡了开去，而易以清新的隽语小言。

《镜花缘》出现于嘉庆间，《品花宝鉴》则较晚。《镜花缘》也是一部明目张胆的说谎的书，也是一部在大白天说梦话的书，但究竟和《野叟曝言》的正襟危坐，以谎为真，非要人相信他不可的态度两样。作者李松石只是在说故事，只是借故事以开玩笑，说冷话；他明明地告诉你，这是谎，这是小说。正像《西游记》之"满纸荒唐言"一样，读者为其生动活泼的想象所沉醉，反而忘其为谎。作者也未尝不夸耀其才学，特别是，将其绝学的"音韵"摆列出来。但他的充满风趣的，他的冷嘲热骂的笔锋，把他从论学的沉闷里救出。全书一百回，至少可分为三个不同的故事，至少可发生三种不同的印象。第一个故事是唐敖和他的女儿小山的海外历险记，这两次的海外遨游，是全书最足迷人的地方。虽然多半取材于《山海经》，但作者是那样地善于运用旧材料，竟使最枯燥无味的《山海经》的记载，也有了新的生气与活路。在其间，以他的诙谐，他的新颖大胆的见解，博得更大的喝彩。第二个故事是从五十五回到九十四回；这是一幅"百美图"，写诸女考生的怪现状的；也免不了有多少的讥讽，但似不能振作一种新的气氛，左右不过宴会、娱乐、打双陆、行酒令而已；也有新奇的，但还不及《红楼梦》。第三个故事是从九十五回到结果。这是金戈铁马，大锣大鼓的场面，与前面二大段绝不相称。唯布置着酒、色、才、气的四阵，也殊见匠心；在一般魔阵仙阵，像《封神》《七国》之所写着，尚为别出蹊径。但把这三大段的故事冶为一书，实破坏了故事的统一，读后常有不足之感；特别因为第一段故事过于迷人了，对于后半便不免有些失望。作者李松石，名汝珍，北京大兴人。不乐为时文，从凌廷堪学，故于音韵最有所长；后以诸生终老海州。著《李氏景鉴》，《镜花缘》似为其晚年所作。

《品花宝鉴》，陈森书作。森书号少逸，道光中寓居北京，出入梨园，因采诸伶和诸名士的故事，著为此书，先为三十回。己酉（1849 年）自广西复至平，始补成后半，凡六十回。这部书并不是羌无故实的，明显的是《儒林外史》的同类。乾隆以来的"儒林"的诸相，于此可见之。但作者并没有什么理想，而所写的对象也至为狭窄，只是以男伶为中心的一部变态的恋史而已。明人写此种同性恋的小说不少，但俱丑恶不堪言状。此尚温雅含蓄。然伶人杜琴言辈的行动，已绝类女性，不是男人。清代严禁官吏挟娼，而我们的古老的家庭，又是那样的毫无情趣；一般的情无所寄的士大夫们，遂不得不横决而以男伶为追求的恋爱的对象。此风到清末而未已，是具有很严重的社会的原因的。读者常常会忘记了杜琴言辈为男人；但一觉到其乔模作态的"男妓"，则又充满了不舒服的感觉。其缠绵悱恻的温情软语，乃胥成为极不堪的滑稽的笑谈。

这一部"情史"遂成为一部进退失据的可笑的书！

清朝末年的小说

一　时代

从鸦片战争到五四运动八十年间，在中国历史上起了根本的变化，整个连根动摇了中国两千多年长期的封建社会。这是外国帝国主义不断侵入、包围圈日紧一日的时期，是从封建社会想发展为资本主义社会而又不能的时期。这中间有许多次大的变动，但从农民革命到资产阶级的民主革命都失败了，始终没找出一条路来。这一个时期内，经历了一八五一年至一八六四年的太平天国起义。一八六〇年的英、法联军攻进北京。一八六四年的太平天国被镇压。一八八五年的中法战争。一八九四年的中日战争。一八九七年的德国攻占青岛、胶州湾。一八九八年的戊戌政变。一九〇〇年的义和团起义。一九〇五年的日俄战争（对中国影响很大）。一九一一年的辛亥革命。一九一三年的二次革命。一九一五年的袁世凯称帝，与日本签订"二十一条"。一九一七年的张勋复辟和一九一九年的五四运动。总计起来，这八十年中，每隔一两年在社会上就有一次大变动，这些空前的大变动，使中国社会在经济、政治、文化、艺术方面都受到极大的影响。

鸦片战争后，英帝势力首先侵入中国，开五口通商，卡住中国咽喉。不久以后，太平天国起义，规模比明末李自成起义大得多，影响极大，整个南方都处在革命势力范围之内。与此同时，英、法联军因为很小的事情攻占了北京，烧毁圆明园，结果中国赔款，他们才退了兵。此后各帝国主义者更看透了清朝政府的腐败无能。一八八五年法占安南，中法战争中，中国并未战败，但仍签订了丧权辱国的条约。德国看法国不费吹灰之力占去安南，他便占胶州湾；英占威海卫。到一八九四年中日战争中，屡遭失败后，更改变了一般人的心理。从前只知中国枪炮不好，所以提倡坚甲利兵，声、光、化、电之说，所谓"中学为体，西学为用"。到一八九四年后才认识到：中国不但科学不如人家，而更重要的是政治腐败。这时就产生了要求改进政治的两派：一是孙中山，主张民主革命；一是康有为、梁启超，主张君主立宪。当时翁同龢为光绪太傅，常讲些各帝国主义侵略中国及订屈辱条约的事情，光绪受了很大的影响，产生了反帝的决心。康、梁又屡屡上书，要求变法，上海、长沙、汉口、广州各地进步知识分子也都有新的气象产生，于是光绪下令变法，进行了废科举、办学校等一系列的措施。但当谭嗣同密谋取得袁世凯的同情和帮助时，袁世凯却告密于慈禧，慈禧大怒，遂囚光绪，杀新党（谭嗣同等六人死难，后称"戊戌六君子"）。康有为逃到英国，梁启超逃到日本去。戊戌政变失败，清朝又恢复了残酷的统治。

这时帝国主义的宗教、文化侵略非常猖獗，传教士深入内地，只要信教就可以为所欲为，不受中国法律制裁。教会形成堡垒，教民之间时有冲突，当时真正爱国有民族意识的老百姓，异常愤慨，倡出了"扶清灭洋"的口号，有了义和团活动，但结果被反动政权所利用，引起一九〇〇年的八国联军攻陷北京的事。从此清朝的威望日低，统治的力量更为削弱，各省纷纷独立自保，保守势力一天一天的反动，革命的势力也一天一天的强盛起来。这时人民不相信康、梁的立宪，一般的却相信欲国家富强必先革命，孙中山是资产阶级革命，章太炎是民族革命，一九一一年十月十日在武汉登高一呼就起义了。一九一二年元旦孙中山到南京成立革命政权，后革命果实为袁世凯所篡夺，在北京做了大总统，杀害革命党人，并在一九一三年使特务暗杀了宋教仁，江南李烈钧等遂又起来进行二次革命，但不久就失败了。一九一四年欧战开始，日本乘机和袁世凯互相勾结，订立交换条件，出卖中国，签订二十一条。一九一五年袁世凯想做皇帝，称中华帝国，改元洪宪，准备登基，但各地都反对，四处纷纷起义，袁不久死去。袁世凯虽死，北洋军阀的势力更加广泛，而形成北洋军阀统治时期，从一九一五年到一九二七年，也是最黑暗的时期。一九一七年张勋复辟，不过是回光返照，为期很短。倒是在这时期进行的苏联革命给了中国极大的影响，有了苏联的十月革命，才有一九一九年的五四运动，才有了新的民主革命的开始。

　　总之，这一时期是中国革命变动最大的时期，国土日缩，封建社会动摇，帝国主义势力的日渐深入，使中国变成半封建、半殖民地的社会。一九一四年时，民族资产阶级在经济上虽松一口气，但政治上仍毫无力量，因此一般人都产生了彷徨、幻灭的感觉，直到十月革命，有人才看到真理，一般年轻人开始追求真理，这样才产生五四运动。这一连串的大变动使得中国自给自足的小农经济整个崩溃，影响到文学上的都多多少少的留下一些痕迹。

二　鸦片战争时期

　　这个时期的文学没留下一部小说、戏曲，而留下反帝的诗歌却很多。林则徐作了许多咒骂英帝的诗，后经其同乡林昌彝收集起来编为《射鹰（英）楼诗话》。

三　太平天国时期

　　太平天国是一次大的人民革命，但留下的文献却非常之少，大部分都被统治阶级焚毁，即使剩下的也被大加删改。

最近发现一部《太平天国诗文钞》，有石达开和洪秀全的诗，但据考证，只有一首石达开的诗，是比较可靠，其余多系捏造。另外据说早在太平天国即已出版的《太平天国演义》，是亲身经历太平天国的人写的，但无留传。还有一部一九一二年出版的《太平天国演义》，只出四集未完，写得也非常好，很真实。此外还有写得非常坏的反面文章《花月痕》，作者魏秀仁，是一部堕落、颓废的作品，其写法好像《野叟曝言》，把自己的理想化作两个人，一个是韦痴珠，一个是韩荷生，写得很坏。写到太平天国战争时，更加荒唐，完全是污蔑的口气，是用一种非现实主义的写法，集中了中国旧小说中所有的坏东西而写成的。

四　义和团事件

义和团事件后，产生了很多好的作品，如《黄帝之魂》《义和团与中国的关系》，都写得很好，内容充满了爱国的热忱，是反抗帝国主义侵略的作品。再有李宝嘉的《庚子国变弹词》及吴沃尧的《恨海》，也写得非常好。另外正面描写义和团的是忧患余生（笔名）的《邻女语》，在一九一二年出版，但并未写完。从反面描写义和团很凶恶的是林纾的《京华碧血录》，还有《蜀鹃啼传奇》也是站在唯心立场污蔑义和团的。

五 反对美帝禁工运动

这是一个时间最长、蔓延十年之久始终在发展着一次大的轰轰烈烈的反美运动，在一八六八年美帝刚刚兴起，与清政府订立通商条约，鼓励中国人到美国去做工，说给予优厚待遇，结果中国人被骗去二三十万。到美国去给他们进行修铁路（纽约到华盛顿）、开矿山（旧金山）、盖房子等等繁重的劳动，刚刚省吃俭用可以定居，但在一八七九年美国闹经济恐慌，工人大量失业，于是美国便猖獗地掀起排华活动来，对中国工人加以迫害，三 K 党则想尽一切办法压迫华工。中国工人反对，爆发了轰轰烈烈的大仑山革命，死了二万多人，后来遭到失败。吴沃尧原在汉口做《楚报》编辑，有浓厚的民族思想，因美国发生了禁工事件，他马上到上海大声疾呼，反对美帝的这一举动。当时梁启超从美回国，他亲眼看到华工遭虐待的情形，便把亲身经历所看到的美帝怎样迫害华工的情况写成《新大陆游记》。吴沃尧也写了《劫余灰》，是站在华工的立场，描写最初怎样受骗、后来又怎样遭到迫害的情形，写得非常沉痛。另如：《苦社会》《黄金世界》《拒约新谈》等等都是专门描写这个大运动的，写得很好。这时全国展开了轰轰烈烈的抵制美货的反美运动，吴沃尧在上海是这次运动的主要组织人物。这次轰轰烈烈的爱国运动不下于义和团及鸦片战争后的反帝爱国主义运动，这次运动不但时间长，而且范围也很广，但很可惜，在文学上没留下多少东西，只残留少许的散文、随笔等。

六　李宝嘉

李宝嘉是南京人，住在上海，以卖稿为生，替报纸写文章，同时也编了一些杂志和绣像小说，自称南亭亭长，写了很多小说，其中最主要的有二部：（一）《官场现形记》，在这部书里，他把清朝的腐败、黑暗，封建官僚统治内部的黑幕无耻情况，统统揭露出来，在政治上影响甚大，写得深刻而沉痛，使读者看过，对封建旧官僚切齿愤恨；但他仅仅是在揭露黑暗，攻击旧官僚，是站在保守派立场上来写的。他是尽力维护封建旧道德的，在政治上很模糊。（二）《文明小史（绣像小说）》，在这部书里，他主要揭露了帝国主义、传教士在中国作威作福的黑暗势力，写得很好，是一种现实主义的描写方法。因为他尚敢暴露，所以收的效果很大，影响很大，但他是出于不自觉暴露的。

七　吴沃尧

他原号茧人，又改趼人，自称"我佛山人"，因他是广东南海佛山镇人。他在政治上认识不够，但却有热情，对帝国主义的侵略，表现浓厚的反抗情绪，当美帝发生禁工事件时，他马上辞职不做编辑，而到上海大声疾呼，反对美帝，写了不

少好的东西。他以前曾和梁启超合作编《新小说》，后来写成
《二十年目睹之怪现状》，涉及范围非常广，他把商人、官僚知
识分子及各种古怪人物都写得非常深刻。在《二十年目睹之怪
现状》中，不仅暴露了封建官僚的黑暗，同时也暴露了商人和
官僚资产阶级的腐败。另外他的《恨海》《九命奇冤》等也都写
得很好。

八 刘鹗和曾朴

刘鹗号铁云，江苏丹徒人，人很古怪，艺才较高，会看
相、算命、行医、治河，还懂一些治国平天下的道理，他最早
发现甲骨文。在政治上勾结帝国主义，八国联军之后，被清廷
流放新疆而死。他留下的小说《老残游记》，曾被胡适之流大
为恭维，他的写法很神怪，完全是《野叟曝言》式的，把革命
运动骂得很厉害，称"北拳南革"。他在小说中尽量卖弄自己
的学问，对风景描写很好。曾朴的《孽海花》也是言过其实，
得名过胜的作品。《孽海花》未写完，又写《鲁男子》。曾是常
熟人，在军阀手下做财政厅长，赚钱开真善美书店。《孽海花》
有人称为《新儒林外史》，主人翁是赛金花，而主要的是写同
光时名士清流，如洪钧、张之洞等等的生活丑态。他原想以赛
金花为主角，描写近三十年的历史，并准备写义和团，但未写
成功。

九 一九一一年前的小说

一九一一年以前的小说有两种倾向：一是盛行一时的青楼小说，专门描写妓女、名士生活的；其特点是用苏州话写成，故又称吴语小说。主要的作品是《海上花列传》，但作者韩子云是松江人，故吴语用得并不太好。他描写光绪年间，以上海为中心的半封建半殖民地的社会情形，反映了一些帝国主义残酷压榨的情况。其语言是：对话用吴语，叙述用国语；上等人说官话，妓女说苏州话。以后的《九尾龟》《海上繁华梦》都是模仿这种写法。最不令人愉快的是陈森的《品花宝鉴》及俞达的《青楼梦》，描写的恶劣到了极点。《品花宝鉴》描写的是相公生活及不正常的同性爱。《青楼梦》是才子佳人小说中最坏的结束。李宝嘉也写了一部《海天鸿雪记》，类似《海上花列传》的写法，较好。

北方另有一派，是以北京为中心，盛行一时的武侠小说。同光年间有著名说书人石玉昆写《三侠五义》，后改成《七侠五义》，后来又有人接着作了《小五义》《小八义》《续小五义》等等。《三侠五义》中在人情世故上描写得还算好，但没有把个人特点、性格都描写出来，还不如《水浒传》。作者多写包公事，完全是空想的除暴安良，因当时横征暴敛的官僚遍天下，人民希望有一个所谓侠客出来替人民除害，故书中英雄人物多是半人半神的。这种理想是符合当时人心的，所以说书时轰动一时。《三侠五义》是石玉昆说，别人记下出版的。以后同样出了

《包公案》《施公案》等，而最坏的是《永庆升平》（写乾隆下江南）。在这一派较早的是《儿女英雄传》（又名《十三妹》）、《火烧红莲寺》等，写得很坏，完全是维护封建道德的，十三妹无性格，不近人情，没感情，无血肉，写成个死的人物，看起来令人很不愉快，好像《野叟曝言》中的文素臣。不过书中有一个特点，纯北京话，完全可以读，创造很多口头的新字眼。

十　一九一一年以后的小说

这时的小说也有两种倾向，武侠小说还流行，但最重要的是"黑幕小说"，它继承了南亭亭长、我佛山人的传统，和《官场现形记》及《海上花列传》的作风而成。如不肖生的《留东外史》，其中人物都有影射，书中主人翁即作者自己，描写的类似《野叟曝言》中的文素臣，大肆夸耀自己才学，不近人情，令人看过很不愉快。接着又有人写《留西外史》，描写留法学生的胡闹，不近情理。以后又推广到专写本地风光，在上海有黑幕小说家毕倚虹，写《黑暗上海》，随笔就写，无起伏，无结构，无组织，作为一种敲诈取财的工具，但是他不敢写帝国主义者、买办及流氓头子的事情，专门写上海有钱无势的大商人。在北京还有《艺林外史》，也是明目张胆的敲诈的小说。黑幕小说由《海上花列传》及《官场现形记》到《艺林外史》已经堕落得很厉害了。

武侠小说派到不肖生的《江湖奇侠传》时已经把人完全变

成了神。完全是脱离现实的古怪想象，如蛇吞象等等，尽量描写人间绝对没有的不近人情的事情，这些都是完全堕落、不名誉的。

再有非常流行的一派，鸳鸯蝴蝶派，以徐枕亚的《玉梨魂》和李涵秋的《广陵潮》为代表，都写得很悲惨，是专门骗取读者眼泪的。

总起来说，清末的小说除李宝嘉、吴沃尧的作品是反映现实的小说外，其他多是感伤的、颓废的、堕落的、幻灭的、彷徨的、供人消遣的，作者写作的态度也是不严肃的，是以文章为游戏的，无思想，无目的，以卖钱为业的。清末文学上的混乱，也正反映了清末社会政治上的混乱，思想上的动摇、彷徨、幻灭。

自一九一七年苏联十月革命胜利，指出了中国革命的方向，中国爆发了五四运动，才开始走向新民主主义革命的路。五四以后的文学与现实结合起来，成功了有生命的、健康的、活的文学。

谴责小说

大家似乎都以异样的怀疑的眼光去看小说家。"某人是做小说的",说这句话的人,对于这一位小说家至少总有些鄙夷他而又惊怕他的情绪。大家都以为小说家是一位侦探,似欲侦探人家的阴事而写之于纸上的;是一位轻薄的无赖,常以宣布人家闺阁中事及某某人的秘密,为唯一的任务的;是一位刻毒的下流人,常以造作有伤道德名誉的事,隐约地笔之于书的。当小说家静听人谈话时,或眼光射到某处时,大家便以为是在搜寻他的小说材料。

于是大部分的人,对于小说家都抱敬而远之的态度,都具有一种鄙夷他而又惊怕他的情绪。

为什么大家对于小说家会有这样的一种异样的态度呢,为什么他们会如此误会我们的小说家呢?

这有一个大原因在。

大家之所以看不起小说家,对小说家起这种误会,其责任的一大部分，应该由近数十年来在那里做流行一时的"谴责小说"的人担负。

原来我们中国人的做小说，一向很喜欢用真实的人物为书中的人物。所谓"演义"自然是以历史上的人物为书中的人物。其余小说，如《今古奇观》一类的东西，也有一部分是以当时盛传的实事为他们的题材的。《儒林外史》中所写的人物，差不多个个都是真的人，杜少卿、慎卿就是作者及他的哥哥，庄征君就是程绵庄，马纯上就是冯萃中，牛布衣就是朱草衣，权勿用就是是镜，其他诸人物也都可考。《品花宝鉴》是叙毕秋帆、袁子才、蒋苕生、张船山诸人的，《花月痕》亦有人谓是叙李次青、左宗棠诸人的。因此读小说的人，养成了每欲探按书中某某人物的背后是某某人的习惯。除了几十部历史小说，如《北宋杨家将》《粉妆楼》等，以及其他性质的小说，如《包公案》《镜花缘》《西游记》之类外，差不多没有一部小说不被读者如此地猜索着的。《金瓶梅》中的西门庆，有人猜以为是严世蕃。《红楼梦》中的贾宝玉，有人猜以为是纳兰容若，有人猜以为是清世祖，又有人猜以为是某一个人。其他林黛玉、薛宝钗，以至袭人、晴雯，也以为各暗指一个人。总之，由我们的读者看来，大部分的小说都是有所为而作的，都是以笔墨报仇的，不是谴责时人，便是嘲骂时人。其中的人物，大多数都是有所指的，都是实有其人的。到了近来，"谴责小说"的作者日益多，这种小说日益风行。于是益证实我们的读者的"小说中人物都是有所指的"这个主张的正确。

"谴责小说"大约是始于南亭亭长的《官场现形记》一书吧。此书之出，正当我们厌倦腐败的官僚政治，嫉恶当代的贪庸官吏之时。南亭亭长的严厉的责备，与痛快的揭发他们的丑恶，叙写他们的"暮夜乞怜，白昼骄人"之状，使时人的郁闷的情绪为之一舒，如在炎暑口渴之际，饮进了一杯凉的甜水，大家都觉得痛快爽畅。于是这一部书便大为流行。《二十年目睹之怪现状》及什么《新官场现形记》《续官场现形记》之类，都陆续地出来了。《留东外史》也为此著而出现，益张"谴责小说"的旗帜。这个时候，小说真成了谴责的工具，小说家真成为人家隐事的侦探者与揭发者了。其流风至于今而未衰。什么《人间地狱》《黑暗上海》，什么《上海水浒》等等，都是以真实的人物为书中的人物，以谴责的态度，为他们的叙写的态度的。于是大家对于所渭"小说家"便有一种异感，以他们为侦探、为轻薄的无赖，为好揭发或造作人的阴私的下流人。

这种的"谴责小说"，可算为伟人的或上等的小说么？这种的小说家可算为伟大的或可崇敬的小说家么？以我想，绝不能的。

我们要知道，小说的重要任务，本不在于揭发或布露人间的黑幕——至于揭发某某人的阴事，更是"自郐以下"的无聊而且卑下的举动了。小说家的态度，本不当为冷笑的，谴责的，嘲骂的。小说家要叙写实事，要以真实的人物为他们的人物，本也无妨。然以冷笑的，谴责的，嘲骂的态度对于他的人物，却是绝不可的。以揭发或布露某某人的阴私为目的，却更是万万不可以有的举动。这种举动，使小说的尊严，被污辱了，使尊荣的可爱的小说家，被人看得卑贱了。什么时候这种小说可以绝迹，什么时候我们的尊荣可爱的小说家便可以被大家以亲切的面目，崇敬的态度相待了，小说的尊严，便也可以恢复了。

"那么，"有人问，"小说的重要任务，该是什么呢？小说家的态度该是怎样的呢？"

把永在的忧郁与喜悦，把永在的恋爱与同情，写在小说中，使人喜，使人悲，使人如躬历其境，又且句句话是他们自己所欲说而未说，而不能说的。人的同情心因而扩大；人的劳苦，郁闷，牺牲，自己所未能告诉的，作者已为他告诉出，叙写出了。他给读者以理想的世界，以希望的火星，他把他自己的热情，自己的心腑，都捧献出，他有时表满腔的同情于他所创造的人物，有时完全以旁观的态度对待他。但止于旁观而已，却并不再进地谴责他，冷笑他，嘲骂他。柴霍甫写他的一个可爱的人，原想把她写得坏的，结果却把她写得异常地可赞颂，异常地可爱。西万提司写吉诃德先生，粗看之，好像他是在嘲笑他，看到后来，却什么人也会为这个愚而诚的武士所感动了。狄更司的《贼史》，写犹太人法金那样的可恶可恨，他的《滑稽外史》[①]，写英国某乡的教师那样的残忍下流，然他对他们所持的态度仍是极严肃的，不谴责，也不嘲骂。小说的任务便

---

① 《滑稽外史》为林纾译的 Nicholas Nicklcby 译名。

是如此，小说家的态度，便是如此。

　　没有一部伟大的上等的小说是专以揭发人的隐事，人间的黑幕为他的目的的。没有一个伟大的上流的小说家是持冷笑的、嘲骂的态度来叙写他的人物的。

　　"然而，"又有人为谴责小说辩护，"他们对于社会上的恶人，不是也可以给些惩戒么？"

　　不能的。小说本不是惩戒恶人的工具，恶人也未必因被写入小说而知所顾忌，我们中国的人本来有喜谈人隐事的习惯，本是最没有同情心的，对一切人，对一切事，都冷笑，谴责，嘲骂。而这种谴责小说恰正是投他们之所好，恰足以助长他们这种的恶习惯与恶态度。我们欲使中国前进，欲使中国人变为有同情心而恳切，严正的，便须先扑除这一类的谴责小说。

　　我们的小说家，为什么不移你们的笔端，移你们的眼光，向更远大，更可写的地方望去，写去呢？

　　永远地被人视为侦探，视为轻薄的无赖，视为刻毒的下流人，永远地不能得人亲切的同情，这是可以忍受的么？

　　我们要光复小说的尊严——要改正大家对于小说家的敌视态度——不可救药的职业小说家也许不足以语此。

论武侠小说

当今之事，足为"人心世道之隐忧"者至多，最使我们几位朋友谈起来便痛心的，乃是，黑幕派的小说的流行，及武侠小说的层出不穷。这两件事，向来是被视为无关紧要，不足轻重的小事，绝没有劳动"忧天下"的君子们的注意的价值。但我们却承认这种现象实在不是小事件。大一点说，关系我们民族的命运；近一点说，关系无量数第二代青年们的思想的轨辙。因为这两种东西的流行，乃充分地表现出我们民族的劣根性；更充分地足以麻醉了无数的最可爱的青年们的头脑。为了挽救在堕落中的民族性计，为了"救救我们的孩子"计，都有大声疾呼地唤起大众的注意的必要。

关于黑幕派小说的流行，我们将别有所论。现在且专论所谓武侠小说。

武侠小说的流行，并不是最近的事。很远的，在我们的唐代中叶之时，便已有了这种小说的萌芽在生长着。裴铏《传奇》中的几篇著名的记载，例如昆仑奴、聂隐娘等，便是这类小说的代表。（后来有人集合这一类小说多篇，名之为《剑侠传》，托名段成式撰。）宋初，吴淑作《江淮异人传》，也带有很深刻的唐人的剑侠小说的影响。此后，几乎没有一代没有这一类的作品出现。最后，便是林琴南氏的《技击余闻录》。当文学革命的初期，蔡、胡、陈他们在竭力提倡着国语文学的时候，林氏还写了一篇类乎武侠小说的文字以为口诛笔伐呢。较这些传奇更有影响的，乃是一些长篇小说，像《施公案》《彭公案》《三侠五义》（即《七侠五义》之原名）以及《七剑十三侠》《九剑十八侠》之类。他们曾在三十年前，掀动过一次轩然的大波，虽然这大波很快地便被近代的文明压平了下去——那便是义和团的事件。但直到最近，他们却仍在我们的北方几省，中原几省的民众中，兴妖作怪。红枪会等等的无数的奇怪的组织，便是他们的影响的具体的表现。

这种武侠小说的发达，当然不是没有他们的原因的。最重要的原因之一，便是一般民众，在受了极端的暴政的压迫之时，满肚子地填塞着不平与愤怒，却又因力量不足，不能反抗，于是在他们的幼稚的心理上，乃悬盼着有一类"超人"的侠客出来，来无踪，去无迹的，为他们雪不平，除强暴。这完全是一种根性鄙劣的幻想；欲以这种不可能的幻想，来宽慰了自己无希望的反抗的心理的。武侠小说之所以盛行于唐代藩镇跋扈之时，与乎西洋的武力侵入中国之时，都是原因于此。

但这一类"超人"的侠客，竟久盼而未至，徒然地见之于书册，却实在并未见之于现实的社会里。于是，民众中的强者们便天天在扼腕于自己的不能立地一变而成为一个侠客，为自己，为他人，一雪其不平；同时，黠者们便利用了这一股愤气与希望，造作了"降神""授术""祖师神祐""枪炮不入"等等的邪说以引诱着他们。于是，在不知不觉之间，便酿成了"无辜的"大祸。而这祸，却至今还在不断地蔓延着呢。不知有多少热血的青年，有为的壮士，在不知不识之中，断送于这样方式的"暴动"与"自卫"之中。呜呼，谁想得到武侠小说之为患有至于此的呢！

在五四时代的初期，所谓"新文化运动"初起之时，"新人们"是竭了全力来和这一类谬误的有毒的武侠思想作战的。当时，虽然收了一些效果，但可惜这些效果只在浮面上的，——所谓新文化运动至今似乎还只在浮面上的——并未深入民众的核心。所以一部分的青年学子，虽然受了新的影响，大部分的民众却仍然不曾受到。他们仍然是无知而幼稚的，仍然在做着神仙剑客的迷梦等等。

到了今日，"五四时代"似乎已成了过去的史迹了；"五四"的领袖人物，最重要的几个，也似乎已经告"老"了。——功成身退了——而并不曾彻底影响到民众的文化运动，便又顿时松懈了下去。于是"国"字号的东西，又蜂然地遭逢时会，一时并起，自国学以至国医，自国术以至武侠小说。猗欤盛哉，今日之为一个复古的时代也。

武侠小说的流行于复古时代的今日，又何足为奇呢！仅

在这三四年中，不知坊间究竟出版了多少部这一类的小说。自
《江湖奇侠传》以次，几乎每一部都有很普遍的影响。

普遍的影响于是乎来了！

《时报》的本埠新闻上，曾屡见不一见地刊载着少男少女们
弃家访道的故事。前年记着法租界某成衣铺学徒三名入山学道
之事；去年三月中，则有白克路之国华学校学生叶光源等五人
欲到峨嵋山学道之事。同年五月四日的报上，又载着西门唐湾
小学女生周霞珠等三人，联袂出门拟赴昆仑山访道事。《时报》
记者以为这些都是中了武侠小说及电影之迷。（我上文忘记了述
及电影；这乃是一个新式的"文明"利器，用来传播武侠思想
的力量，似较小说为尤直接、普遍、伟大！）

不必说小说及电影了，即小学教科书上，还不充满了这一
类的谬误思想么？（参看《小说月报》第二十三期从予君的《武
侠教科书介绍》一文，他在那篇文中，将世界书局的《新主义
教科书国语读本》第二册，统计了一下，在三十八课之中，竟
有七课是宣传飞剑之术的。我不知教育部何以会纵容或竟审查
通过这些教科书在小学校中流传的！）

小学生的受害，老实说，还是为害之最小者；其为害于无
知、幼稚、不平、热血的壮年人，那才不可限量呢！

他们使那些头脑简单的勇敢的壮年人，忘记了正当的出
路，正当的奋斗，唯知沉溺于"超人"的侠士思想之中，不仅
麻醉其思想，也贻害于他们的行为与命运。

他们使大多数的民众——老实说，我们大多数的民众还都

是幼稚而无知的——得了新的证据，更相信剑侠的传说，更坚决地陷入无知的阱中。

他们把大多数的民众更麻醉于乌有的"超人"的境界之中，不想去从事于正当的努力，唯知依赖着不可能的超自然力。

总之，他们乃是：使强者盲动以自戕，弱者不动以待变的。他们使本来落伍退化的民族，更退化了，更无知了，更宴安于意外的收获了。他们滋养着我们自五四时代以来便努力在打倒的一切鄙劣的民族性！

这可怕的反动，曾有人注意到它没有呢？

武侠小说的作者们，你们在想要收入并不甚高额的酬报，而躺在烟榻上，眯着欲睡的双眼，于弥漫的烟气里，冥构着剑客们的双剑，如何地成为一道两道白光，而由口中吐出，如何地在空中互斗不解之时，也曾想到过他们出版的影响么？

武侠小说的出版家们，你们在欣喜地一批一批印出、寄出、售出这些小说时，又曾想到他们的对于我们民族的将来的危害么？

武侠电影的编者、演者们，你们又曾注意到你们的勾心斗角的机关布景与乎明白欺人的空中飞行、飞剑杀人的举动，竟会在简单洁白的外省热血的青年中发生出可怖的谬误观念出来么？

在如今"三不管"的时候——政府不管，社会不管，"良知"不管——你们是在横行无忌着，诚然的。但总有一个时候，将会把你们这一切谬误行为与思想，整个地扫荡而去靡有孑遗的。而这一个时候，我们相信并不在远。

好些朋友们都说，"五四时代"如今是过去了。但我却相信，并不完全过去。我们正需要着一次真实的彻底的启蒙运动呢！而扫荡了一切倒流的谬误的武侠思想，便是这个新的启蒙运动所要第一件努力的事。

第四章

历史沉思

汤祷篇

古史的研究，于今为极盛：有完全捧着古书，无条件地屈服于往昔的记载之下的；也有凭着理智的辨解力，使用着考据的最有效的方法，对于古代的不近人情或不合理的史实，加以驳诘，加以辨正的。顾颉刚先生的《古史辨》便是属于后者的最有力的一部书。顾先生重新引起了人们对王充、郑樵、崔述、康有为诸人的怀疑的求真的精神。康氏往往有所蔽，好以己意强解古书，割裂古书。顾先生的态度，却是异常地恳挚的，他的"为真理而求真理"的热忱，是为我们友人们所共佩的。他的《古史辨》已出了三册，还未有已。在青年读者们间是有了相当的影响的。他告诉他们，古书是不可尽信的，同时须加以谨慎的拣择。他以为古代的圣人的以及其他的故事，都是累积而成的，即愈到后来，那故事附会的成分愈多。他的意见是很值得注意的。也有不少的跟从者曾做了同类的工作。据顾先生看来，古史的不真实的成分，实在是太多了。往往都是由于后代人的附会与添加的。——大约是汉朝人特别的附加的多吧。但我以为，顾先生的《古史辨》，乃是最后一部的表现中国式的怀疑精神与求真理的热忱的书，她是结束，不是开创，他把郑崔诸人的路线，给了一个总结束。但如果从今以后，要想走上另一条更近真理的路，那只有别去开辟门户。像郭沫若先生他们对于古代社会的研究便是一个好例。他们下手，他们便各有所得而去。老在旧书堆里翻筋斗，是绝对跳不出如来佛的手掌心以外的。此亦一是非，彼亦一是非，旧书堆里的纠纷，老是不会减少的。我以为古书固不可尽信为真实，但也不可单凭直觉的理智，去抹杀古代的事实。古人或不至像我们所相信的那么样的惯于作伪，惯于凭空捏造多多少少的故事出来；他们假使有什么附会，也必定有一个可以使他生出这种附会来的根据的。愈是今人以为大不近人情，大不合理，却愈有其至深且厚，至真且确的根据在着。自从人类学、人种志和民俗学的研究开始以来，我们对于古代的神话和传说，已不仅视之为原始人里的"假语村言"了；自从萧莱曼在特洛伊城废址进行发掘以来，我们对于古代的神话和传说，也已不复仅仅把他们当作是诗人们的想象的创作了。我们为什么还要常把许多古史上的重要的事实，当作后人的附会和假造呢？

　　我对于古史并不曾用过什么苦功；对于新的学问，也不曾下过一番好好的研究的功夫。但我却有一个愚见，我以为《古史辨》的时代是应该告一个结束了！为了使今人明了古代社会的真实的情形，似有另找一条路走的必要。如果有了《古史新辨》一类的东西，较《古史辨》似更有用。也许更可以证明《古史辨》所辨正的一部分的事实，是确切不移的真实可靠的。这似乎较之单以直觉的理智，或以古书考证，为更近于真理，且似也更有趣些。

在这里，我且在古史里拣选出几桩有趣的关系重大的传说，试试这个较新的研究方法。这只是一个引端，我自认我的研究是很粗率的。但如果因此而引起了学者们的注意，使他们有了更重要、更精密的成绩出来，我的愿望便满足了。

更有一点，也是我做这种工作的重要的原因，在文明社会里，往往是会看出许多的"蛮性的遗留"的痕迹来的；原始生活的古老的"精灵"常会不意地侵入现代人的生活之中；特别在我们中国，这古老的"精灵"更是胡闹得厉害。在这个探讨的进行中，我也要不客气地随时举出那些可笑的"蛮性的遗留"的痕迹出来。读者们或也将为之哑然一笑，或者要瞿然深思着的吧。

第一篇讨论的是汤祷于桑林的故事。

一　汤祷

一片的大平原，黄色的干土，晒在残酷的太阳光之下，裂开了无数的小口，在喘着气；远远地望过去，有极细的土尘，高高地飞扬在空中，仿佛是绵绵不断的春雨所织成的帘子。但春雨给人的是过度的润湿之感，这里却干燥得使人心焦意烦。

小河沟都干枯得见了底，成了天然的人马及大车的行走的大道；桥梁剩了几块石条，光光地支撑在路面的高处，有若枯骸的曝露，非常地不顺眼，除了使人回忆到这桥下曾经有过碧澄澄的腻滑的水流，安闲舒适地从那里流过。正如"画饼充饥"一样，看了画更觉得饿火上升得厉害；这样桥梁也使人益发地不舒服，一想起绿油油的晶莹可爱的水流来。许多树木在河床边上，如幽灵似的站立着，绿叶早已焦黄萎落了，秃枝上厚厚地蒙罩了一层土尘。平原上的芊芊绿草是早已不曾蔓生的了。稻田里的青青禾黍，都现出枯黄色，且有了黑斑点。田边潴水的小池塘，都将凹下的圆底，赤裸裸地现出在人们的眼前。这里农民们恃为主要的生产业的桑林，原是总总林林地遍田遍野地丛生着，那奇丑的矮树，主干老是虬结着的，曾经博得这里农民们的衷心的爱护与喜悦的，其茸茸的细叶也枯卷在树枝上。论理这时是该肥肥的浓绿蔽满了枝头的。没有一个人不着急。他们吁天祷神，他们祀祖求卜，家家都已用尽了可能的努力。然而"旱魃"仍是报冤的鬼似的，任怎样禳祷也不肯去。农民们的蚕事是无望的了，假如不再下几阵倾盆的大雨，连食粮也都成了严重的问题。秋收是眼看的不济事了。

没有下田或采桑的男妇，他们都愁闷地无事可做地聚集在村口，窃窃地私语着。人心惶惶然，有些激动。左近好几十村都是如此，村长们都已到了城里去。

该是那位汤有什么逆天的事吧？天帝所以降下了那么大的责罚，这该是由那位汤负全责的！

人心骚动着。到处都在不稳的情态之下。

来了，来了，村长们从城里拥了那位汤出来了。还有祭师们随之而来。人们骚然地立刻包围上了，密匝匝的如蜜蜂的归巢似的。人人眼睛里都有些不平常的诡怪的凶光在闪露着。

看那位汤穿着素服，披散了发，容色是戚戚的。如罩上了一层乌云，眼光有些惶惑。

太阳蒸得个个人气喘不定。天帝似在要求着牺牲的血。

要雨，我们要的是雨。要设法下几阵雨！

祷告！祷告！要设法使天帝满足！

该有什么逆天的事吧？该负责设法挽回！

农民们骚然地在吵着喊着，空气异然地不稳。

天帝要牺牲，要人的牺牲！要血的牺牲！我们要将他满足，要使他满足！——仿佛有人狂喊着。

要使他满足！——如雷似的呼声四应。

那位汤抬眼望了望，个个人眼中似都闪着诡异的凶光。他额际阵阵地滴落着豆大的黄汗。他的斑白的鬓边，还津津地在集聚汗珠。

诸位——他要开始喊叫，但没有一个听他。

抬祭桌——一人倡，千人和，立刻把该预备的东西都预备好了。

堆柴——又是一声绝叫，高高的柴堆不久便竖立在这大平原的地面上了。

那位汤要喊叫，但没有一个人理会他。他已重重密密地被包围在铁桶似的人城之中。额际及鬓上的汗珠尽望下滴。他眼光惶然的似注在空洞的空气中，活像一只待屠的羊。

有人把一件羊皮袄，披在那位汤的背身上。他机械地服从着，被村长们领到祭桌之前，又机械地匍匐在地。有人取了剪刀来。剪去了他的发，剪去了他的手指甲。

发和爪都抛在祭盆里烧着，一股的腥焦的气味。

四边的祷祈的密语，如雨点似的淅沥着。村长们、祭师们的咒语，高颂着。空气益发紧张了。人人眼中都闪着诡异的凶光。

黄澄澄的太阳光，睁开了大眼瞧望着这一幕的活剧的进行。还是一点雨意也没有。但最远的东北角的地平线上，已有些乌云在聚集。

祈祷咒诵的声音营营的在杂响着。那位汤耳朵里嗡嗡的一句话也听不进。他匍匐在那里，看见的只是祭桌的腿。燔盘的腿，以及臻臻密密的无量数的人腿，如桑林似的植立在那里。他知道他自己的命运，他明白这幕活剧要进行到什么地步。他无法抵抗，他不能躲避。无穷尽的祷语在念诵着，无数的礼仪的节目在进行着。燔盘里的火焰高高的升在半空，人的发爪的焦味儿还未全散。他额际和鬓边的汗珠还不断地在集合。

村长们、祭师们，护掖他立起身来。在群众的密围着向大柴堆而进。他如牵去屠杀的羊儿似的驯从着。

东北风吹着，乌云渐向天空漫布开来。人人脸上有些喜意。那位汤也有了一丝的自慰。但那幕活剧还在进行。人们拥了那位汤上了柴堆。他孤零零地跪于高高的柴堆之上。四面是密密层层的人。祭师们、村长们又在演奏着种种的仪式跪着，祷着，立着，行着。他也跪祷着，头仰向天；他只盼望着乌云聚集得更多，他只祷求雨点早些下来，以挽回这个不可救的局面。风更大了，吹拂得他身上有些凉起来。额际的汗珠也都被吹干。

祭师们、村长们又向燔火那边移动了。那位汤心上一冷，他知道他们第二步要做什么。他彷徨地想跳下柴堆来逃走。但望了望，那么密密匝匝的紧围着的人们，个个眼睛都是那么诡怪地露着凶光，他又不禁倒抽了一口冷气，他知道逃脱是不可能的。他只是盼望着雨点立刻便落下来，好救他出于这个危局。

祭师们、村长们又从燔火那边缓缓地走过来了，一个祭师的领袖手里执着一根火光熊熊的木柴。那位汤知道他的运命了，反而闭了眼，不敢向下看。

乌云布满了天空，有豆大的雨点从云罅里落了下来。人人仰首望天。一阵的欢呼！连严肃到像死神似的祭师们也忘形地仰起了头。冰冷的水点，接续地滴落在他们的颊上，眉间，如向日葵似的开放了心向夏雨迎接着。那位汤听见了欢呼，吓得机械地张开了眼。他觉得有湿漉漉的粗点，洒在他新被剪去了发的头皮上。雨是在继续地落下！他几乎也要欢呼起来，勉强地抑制了自己。

雨点更粗更密了，以至于组成了滂沱的大水流。个个人都淋得满身的湿水，但他们是那么喜悦！

空气完全不同了。空中是充满了清新的可喜的泥土的气息，使人们嗅到了便得意。个个人都跪倒在湿泥地上祷谢天帝。祭师的领袖手上的烧着的木柴也被淋熄了，燔火也熄了。

万岁，万岁！万岁！——他们是用尽了腔膛里的肺量那么欢呼着。

那位汤又在万目睽睽之下，被村长们、祭师们护掖下柴堆。他从心底松了一口气，暗暗地叫着惭愧。人们此刻是那么热烈地拥护着他！他立刻又恢复了庄严的自信的容色，大跨步地向城走去。人们紧围着走。

那位汤也许当真地以为天帝是的确站在他的一边了。

万岁，万岁！万岁的欢呼声渐远。

大雨如天河决了口似的还在落下，聚成了一道河流，又蠢蠢地在桥下奔驰而东去。小池塘也渐渐地积上了土黄色的混水。树林野草似乎也都舒适地吐了一口长气。桑林的萎枯的茸茸的细叶，似乎立刻便有了怒长的生气。

只有那位柴堆还傲然地植立在大雨当中，为这幕活剧的唯一存在的证人。

二　本事

以上所写的一幕活剧，并不是什么小说——也许有点附会，但并不是全然离开事实的。这幕活剧的产生时代，离现在大约有三千二百五十年，剧中的人物便是那位君王汤。这类的活剧，在我们的古代，演的绝不止一次两次，剧中的人物，也绝不止那位汤一人。但那位幸运儿的汤，却因了太好的一个幸运，得以保存了他的生命，也便保存了那次最可纪念的一幕活剧的经过。

汤祷的故事，最早见于《荀子》《尸子》《吕氏春秋》《淮南子》及《说苑》。《说苑》里记的是：

> 汤之时，大旱七年，雒圻川竭，煎沙烂石，于是使人持三足鼎祝山川，教之祝曰：政不节邪？使人疾邪？苞苴行邪？谗夫昌邪？宫室崇邪？女谒盛邪？何不雨之极也？言未已，而天大雨。

这里只是说，汤时大旱七年，他派人去祭山川，教之祝辞，"言未已，而天大雨"，并无汤自为牺牲以祷天之说。但《说苑》所根据的是《荀子》，《荀子》却道：

> 汤旱而祷曰：政不节与，使民疾与？何以不雨至斯极也！宫室荣与？妇谒盛与？何以不雨至斯极也！苞苴行与？谗夫兴与？何以不雨至斯极也！

《荀子》说的是汤旱而祷，并没有说"使人持三足鼎祝山川"。这一节话，或是刘向加上去的。但向书实较晚出。《吕氏春秋》记的是：

> 汤克夏而正天下。天大旱五年不收。汤乃以身祷于桑林曰：余一人有罪，无及万夫。万夫有罪，在余一人。无以一人之不敏，使上帝鬼神伤民之命。于是剪其发，磨其手，以身为牺牲，用祈福于上帝。民乃甚说，雨乃大至！

这是最重要的一个记载，其来源当是很古远的。绝不会是《吕氏春秋》作者的杜撰。《说苑》取《荀子》之言，而不取《吕氏春秋》，或者是不相信这传说的真实性吧？但汤祷于桑林的传说，实较"六事自责"之说为更有根据，旁证也更多。

《淮南子》：

> 汤之时，七年旱，以身祷于桑林之际，而四海之云凑，千里之雨至。

又李善《文选注》引《淮南子》：

> 汤时大旱七年，卜用人祀天。汤曰：我本卜祭为民，岂乎自当之。乃使人积薪，剪发及爪，自洁居柴上。将自焚以祭天。火将燃，即降大雨。（《思玄赋》注）

《尸子》：

> 汤之救旱也，乘素车白马，著布衣，婴白茅，以身为牲，祷于桑林之野。当此时也，弦歌鼓舞者禁之。

这都是说，汤自己以身为牺牲，而祷于桑林的。《淮南子》更有"自洁居柴上"之说。这也许更古。皇甫谧的《帝王世纪》，则袭用《淮南》《吕览》之说：

《帝王世纪》：

> 汤自伐桀后，大旱七年，殷史卜曰：当以人祷。汤曰：吾所为请雨者民也，若必以人祷，吾请自当。遂斋戒，剪发断爪，以身为牲，祷于桑林之社。言未已，而大雨，方数千里。

在离今三千二百五十余年的时候，这故事果曾发生过？我们以今日的眼光观之，实在只不过是一段荒唐不经的神话而已。这神话的本质，是那么粗野，那么富有野蛮性！但在古代的社会里，也和今日的野蛮人的社会相同，常是要发生着许多不可理解的古怪事的。愈是野蛮粗鄙的似若不可信的，倒愈是近于真实。自从原始社会的研究开始了之后，这个真理便益为明白。原始社会的生活是不能以今日的眼光去评衡的，原始的神话是并不如我们所意想的那么荒唐无稽的。

但在我们的学术界里，很早的时候，便已持着神话的排斥论，惯好以当代的文明人的眼光去评衡古代传说。汤祷的事，也是他们的辩论对象之一。底下且举几个有力的主张。

三 曲解

《史记》在《殷本纪》里详载汤放网的故事,对于这件祷于桑林的大事,却一个字也不提起。以后,号为谨慎的历史学者,对此也纷纷致其驳诘,不信其为实在的故事。崔述的《商考信录》尝引宋南轩张氏、明九我李氏的话以证明此事的不会有:

> 张南轩曰:史载成汤祷雨,乃有剪发断爪,身为牺牲之说。夫以汤之圣,当极旱之时,反躬自责,祷于林野,此其为民吁天之诚,自能格天致雨,何必如史所云。且人祷之占,理所不通。圣人岂信其说而毁伤父母遗体哉!此野史谬谈,不可信者也。
>
> 李九我曰:大旱而以人祷,必无之理也。闻有杀不辜而致常旸之咎者矣,未有旱而可以人祷也!古有六畜不相为用,用人以祀,惟见于宋襄、楚灵二君。汤何如人哉!祝史设有是词,独不知以理裁,而乃以身为牺,开后世用人祭祀之原乎?天不信汤平日之诚,而信汤一日之祝,汤不能感天以自修之实,而徒感天以自责之文,使后世人主,一遇水旱,徒纷纷于史巫,则斯言作俑矣。

崔氏更加以案语道：

余按《公羊》桓五年，传云：大雩者，旱祭也。注云：君亲之南郊，以六事谢过自责曰：政不一与？民失职与？官室崇与？妇谒盛与？苞苴行与？谗夫倡与？使童男各八人舞而呼雩，故谓之雩。然则，以六事责，乃古雩祭常礼，非以为汤事也。僖三十一年传云：三望者何？望祭也。然则曷祭？祭泰山、河、海。注云：《韩诗传》曰：汤时大旱，使人祷于山川是也。然则，是汤但使人祷于山川，初未尝身祷，而以六事自责也。况有以身为牺者哉！且雩祭天，祷雨也，三望，祭山川也；本判然两事。虽今《诗传》已亡，然观注文所引，亦似绝不相涉者。不识传者何以误合为一，而复增以身为牺之事，以附会之也。张，李二子之辨当矣。又按诸子书，或云尧有九年之水，汤有七年之旱，或云尧时十年九水，汤时八年七旱。尧之水见于经传者多矣，汤之旱何以经传绝无言者？尧之水不始于尧，乃自古以来，积渐泛滥之水，至尧而后平耳。汤之德至矣，何以大旱至于七年？董子云：汤之旱，乃桀之余虐也。纣之余虐，当亦不减于桀；周克殷而年丰，何以汤克夏而反大旱哉？然则，汤之大旱且未必其有无，况以身为牺，乃不在情理之尤者乎！故今并不录。

张、李二氏不过是"空口说白话"，以直觉的理性来辩正。

崔氏却利害得多了，他善于使用考据家最有效的武器，他以《公羊注》所引的《韩诗传》的两则佚文，证明《荀子》《说苑》上的汤祷的故事，乃是"误合"二事为一的；而"以身为牺之事"则更是"附会"上去的。他很巧辩，根据于这个巧辩，便直捷地抹杀古史上的这一件大事。但古代所发生的这么重要的一件大事，实在不是"巧辩"所能一笔抹杀的。

他们的话，实在有点幼稚得可笑，全是以最浅率的直觉的见解，去解释古代的历史的。但以出于直觉的理解，来辩论古史实在是最危险的举动。从汉王充起到集大成的崔述为止，往往都好以个人的理性，来修改来辩正古史。勇于怀疑的精神果然是可以钦佩，却不知已陷于重大的错误之中。古史的解释绝不是那么简单的，更不能以最粗浅的，后人的常识去判断古代事实的有无。站在汉，站在宋，乃至站在清，以他们当代的文化已高的社会的情况作标准去推测古代的社会情况，殆是无往而不陷于错误的。汤祷的故事便是一个好例。他们根本上否认"人祷"。张南轩说："人祷之占，理所不通。"李九我说："大旱而以人祷，必无之理也。"崔东壁且更进一步而怀疑到汤时大旱的有无的问题。他还否认汤曾亲祷，只是"使人祷于山川"（至于"六事自责"的事，原是这个传说里不重要的一部分，即使是后来附会上去的，也无害于这传统的真实性，故这里不加辩正）。他们的受病之源，大约俱在受了传统的暗示，误认汤是圣人，又认为天是可以诚格的。故张氏有"此其为民吁灭之诚，自能格天致雨"之说，李氏有"汤何如人哉！——天不信汤平日之诚，而信汤一日之祝"之说。崔氏更有"纣之余虐，当亦不减于桀。周克殷而年丰，何以汤克夏而反大旱哉"之言。这些话都是幼稚到可以不必辨的。我们可以说，"人祷"的举动，是古代的野蛮社会里所常见的现象。"大旱而以人祷"，并不是"必无之理"。孔子尝云："始作俑者其无后乎！"也恰恰是倒果为因的话。最古的时候必以活的人殉葬，后世"圣人"，乃代之以俑（始作俑者，其必有后也！——我们该这么说才对）。这正如最古的时候，祷神必以活人为牺牲一样。后来乃代以发和爪——身体的一部分——或代以牛或羊。希腊往往为河神而养长了头发，到了发长时，乃剪下投之于河，用以酬答河神的恩惠（Pausanias 的 *The Description of Greece* 书里屡言及此）。这可见希腊古时是曾以"人"祷河的。后乃代之以发。我们古书里所说的"秦灵公八年，初以君主妻河"（见《史记·六国表》）及魏文侯时邺人为河伯娶妇的事（见《史记·滑稽列传》）皆与此合。希腊神话里更有不少以人为牺牲的传说。最有名的一篇悲剧 *Iphigenia*（Euripides 作）便是描写希腊人竟将妙龄的女郎 Iphigenia（主帅 Agamanon 之女）作为牺牲以求悦于 Artemis 女神的。所以，祈雨而以"人"为牺牲的事，乃是古代所必有的。汤的故事恰好遗留给我们一幅古代最真确的生活的图画。汤之将他自己当作牺牲，而剪发断爪，祷于桑林，并不足以表现他的忠心百姓的幸福，却正是以表现他的万不得已的苦衷。这乃是他的义务，这乃是他被逼着不能不去而为牲的——或竟将真的成了牺牲品，如果他运气不好，像希腊神话里的国王

Athamas：这位 Athamas 也是因了国内的大饥荒而被国民们杀了祭神的。所以，那位汤，他并不是格外地要求讨好于百姓们，而自告奋勇地说道："若以人祷，请自当！"他是君，他是该负起这个祈雨的严重的责任的！除了他，别人也不该去。他却不去不成！虽然"旱"未必是"七年"，时代未必便是殷商的初期，活剧里主人公也许未必便真的是汤，然而中国古代之曾有这幕活剧的出现，却是无可置疑的事。——也许不止十次百次！

四　"蛮性的遗留"

我们看《诗经·大雅》里的一篇《云汉》，那还不是极恐怖的一幕大旱的写照么？"倬彼云汉，昭回于天。王曰：於乎！何辜今之人！天降丧乱，饥馑荐臻。靡神不举，靡爱斯牲。圭璧既卒，宁莫我听？"这祷辞是那么样的迫切。剧中人物也是一位王。为了大旱之故，而大饥馑，天上还是太阳光满晒着，一点雨意都没有。于是"王"不得不出来祷告了。向什么神都祷告过了，什么样的牺牲（肥牛白羊之类吧），都祭用过了；许多的圭璧也都陈列出来过了，难道神还不见听么？

"旱既大甚，蕴隆虫虫。不殄禋祀，自郊徂宫。上下奠瘗，靡神不宗。后稷不克，上帝不临。耗斁下土，宁丁我躬。"这是说，天还不下雨，什么都干枯尽了。"王"是从野外到庙宇，什么地方都祷求遍了，什么神都祭祀过了，却后稷不听，上帝不临。仍然是没有一点雨意。宁愿把"王"自己独当这灾害之冲吧，不要再以旱来耗苦天下了。这正如汤之祷辞："余一人有罪，无及万夫；万夫有罪，在余一人。无以一人之不敏，使上帝鬼神，伤民之命"，是相合的。古代社会之立"君"或正是要为这种"挡箭牌"之用吧。

"旱既大甚，则不可推，兢兢业业，如霆如雷。周余黎民，靡有孑遗。昊天上帝，则不我遗。胡不相畏，先祖于摧。"大旱是那么可怕，一切都枯焦尽了，人民们恐怕也要没有孑遗了。上帝怎么不相顾呢？祖先怎么不相佑呢？

"旱既大甚，则不可沮。赫赫炎炎，云我无所。大命近止，靡瞻靡顾。群公先止，则不我助；父母先祖，胡宁忍予。"旱是那么赫赫炎炎的不可止。既逃避不了，和死亡也便邻近了。"群公先正"怎么会不我助呢？祖先们又怎么忍不我助呢？

"旱既大甚，涤涤山川；旱魃为虐，如惔如焚。我心惮暑，忧心如熏。群公先正，则不我闻，昊天上帝，宁俾我遯！"水涸了，山秃了，旱魃是如燎如焚地在肆虐。"王"心里是那么焦苦着，为什么上帝和祖先都还不曾听到他的呼号而一为援手呢？

"旱既大甚，黾勉畏去。胡宁瘨我以旱，憯不知其故。祈年孔夙，方社不莫。昊天上帝，则不我虞。敬恭明神，宜无悔怒。"不知什么缘故，天乃给这里的人们以大旱灾呢？王很早地便去祈年了；祭四方与社又是很克日不莫。上帝该不至为此而责备他；他那样地致敬恭于神，神该没有什么悔和怒吧？

"旱既大甚，散无友纪。鞠哉庶正，疚哉冢宰。趣马师氏，膳夫左右。靡人不周，无不能止。瞻昂昊天，云如何里！"大旱了那么久，什么法子都想遍了。什么人也都访问遍，却都没法可想，仰望着没有纤云的天空，到底是怎么一回事呢！

"瞻昂昊天，有嘒其星。大夫君子，昭假无赢。大命近止，无弃尔成。何求为我，以戾庶正！瞻昂昊天，曷惠其宁！"夜间是明星一粒粒的闪闪的天，一点雨意也没有。假如是为了王一人的缘故，便请不要降灾于天下而只降灾于一人吧！"何求为我，以戾庶正"的云云，和汤的"无以一人之不敏，使上帝鬼神伤民之命"的云云，口气是完全同一的。

在周的时代，为了一场旱灾的作祟，国王还是那么样地张皇失措，那么样地焦思苦虑，那么样地求神祷天，那么样地引咎自责，可见在商初的社会里，而发生了汤祷的那样的故事是并不足为怪的。

不仅此也，从殷、周以来的三千余年间，类乎汤祷的故事，在我们的历史上，不知发生了多少。天下有什么"风吹草动"的灾异，帝王们便须自起而负其全责；甚至天空上发现了什么变异，例如彗星出现等等的事，国王们也便都要引为自咎的下诏罪己，请求改过。底下姑引我们历史上的比较有趣的同类的故事若干则，以示其例。

在《尚书·金縢》及《史记》里，说是在周成王三年的秋天，大熟未获，天大雷电以风，禾尽偃，大木斯拔。王大恐，与大夫尽弁，以启金縢之匮，见周公请代武王之事，执书以泣，乃出郊迎周公。天乃雨，反风，禾尽起，岁则大熟。这段记载，未免有些夸大，但充分地可以表现出先民们对于天变的恐惧的心理，以及他们的相信改过便可格天的观念。

周敬王四十年夏，荧惑守心。心为宋的分野。宋景公忧之。司星子韦道：可移于相。公道：相，吾之股肱。子韦道：可移于民。公道：君者待民。子韦道：可移于岁。公道：岁饥民困，吾谁为君？子韦道：天高听卑，君有君人之言三，荧惑宜有动。于是候之，果徙三度。这还是以诚感天的观念。但荧惑守心，而司星者便戚戚然要把这场未来的灾祸移禳给相，给民或给岁，以求其不应在国王的身上，可见他们是相信，凡有天变，身当之者便是国王他自己。这种移祸之法，后来往往见于实行。汉代常以丞相当之，臣民们也往往借口于此以攻击权臣们。

秦始皇二十年，燕太子丹遣荆轲入秦，欲乘间刺始皇。轲行时，白虹贯日。在汉代的时候，一切的天变都成了皇帝的戒惧和自责的原因。破落户出身的刘邦，本来不懂这些"为君"的花样，所以他也不管这些"劳什子"。但到了文、景之时，便大不相同了。"汉家气象"，渐具规模。文帝二年的冬天，"日有食之"，他便诚惶诚恐地下诏求言道：

> 朕闻之，天生民，为之置君以养治之。人主不德，布政不均，则天示之灾，以戒不治。乃十一月晦，日有食之，适见于天。灾孰大焉！朕护保宗庙，以微渺之身，托于士民君王之上。天下治乱，在予一人。唯二三执政，犹

吾股肱也。朕下不能治育群生，上以累三光之明，其不德大矣！令至，其悉思朕之过失，及知见之所不及，匄以启告朕。乃举贤良方正能直言极谏者，以匡朕之不逮。

这还不宛然的汤的"余一人有罪"的口吻么？此后二千余年，凡是遇天变，殆无不下诏求言者，其口吻也便都是这一套。

过了不多时候，皇帝们又发明了一个减轻自己责任的巧妙的方法，便是把丞相拿来做替死鬼。凡遇天变的时候，便罢免一位丞相以禳之。汉成帝阳朔元年二月，晦，日食。京兆尹王章便乘机上封事，言日食之咎，皆王凤专权蔽主之过。最可惨者：当成帝绥和二年春二月，荧惑守心；郎贲丽善为星，言大臣宜当之。帝乃召见丞相翟方进，赐册责让，使尚书令赐上尊酒十石养牛一。方进即日自杀。这真是所谓"移祸于枯桑"了。

灵帝光和元年，秋七年，青虹见玉堂殿庭中。帝以灾异诏问消复之术。蔡邕对道："臣伏思诸异，皆亡国之怪也。天于大汉，殷勤不已，故屡出祅变，以当谴责。欲令人君感悟，改危即安。……宜高为堤防，明设禁令，深惟赵、霍，以为至戒……则天道亏满，鬼神福谦矣！"这话恰足以代表二千余年来儒者们对于灾异的解释。

晋孝武帝太元二十年夏五月，有长星见自须女，至于哭星。帝心恶之，于华林园举酒祝之曰："长星！劝汝一杯酒。自古何有万岁天子邪？"

晋安帝元兴十四年冬十一月，彗星出天津，入太微，经北斗，络紫微，八十余日而灭。魏崔浩谓魏主嗣道："晋室陵夷，危亡不远。彗之为异，其刘裕将篡之应乎？"

唐高祖武德九年六月，太白经天。李世民杀其兄建成，弟元吉。

唐太宗贞观二年春三月，关内旱饥，民多卖子。诏出御府金帛，赎以还之。尝谓侍臣道："使天下乂安，移灾朕身，是所愿也。"所在有雨，民大悦。

贞观十年秋七月，大雨，谷洛溢，入洛阳宫，坏官寺民居，溺死者六千余人。诏：水所毁宫，少加修缮，才令可居。废明德宫、云圃院，以其材给遭水者。令百官上封事，极言朕过。

唐高宗总章元年，夏四月，彗星见于五车。帝避正殿，减膳彻乐。许敬宗等道：彗星见东北，高丽将灭之兆也。帝道："朕之不德，谪见于天，岂可归罪小夷！且高丽之百姓，亦朕之百姓也。"

唐中宗景龙四年，夏六月，李隆基将起兵诛诸韦。微服和刘幽求等入苑中。逮夜，天星散落如雪。幽求道："天意若此，时不可失！"于是葛福顺直入羽林营，斩诸韦典兵者以徇。

唐德宗兴元元年，春正月，陆贽言于帝道："昔成汤以罪己勃兴，楚昭以善言复国。陛下诚能不吝改过以谢天下，则反侧之徒革心向化矣。"帝然之。乃下制道："致理兴化，必在推诚，忘己济人，不吝改过。小子长于深宫之中，暗于经国之务。……天谴于上，而朕不悟，人怨于下，而朕不知。驯至乱阶，变兴都邑。万品失序，九庙震惊。上累祖宗，下负烝庶。痛心腼貌，罪实在予。"

唐宣宗大中八年，春正月，日食，罢元会。

唐昭宗大顺二年，夏四月，彗星出三台，入太微，长十丈余。赦天下。

唐昭宣帝天祐二年，夏四月，彗星出西北，长竟天。朱全忠专政，诛杀唐宗室殆尽。

宋太宗端拱三年，彗星出东井。司天言，妖星为灭契丹之象。赵普立刻上疏，谓此邪佞之言，不足信。帝乃照惯例避殿减膳大赦。宋真宗咸平元年，春，正月。彗星出营室北。吕端言应在齐鲁分。帝道："朕以天下为忧，岂直一方邪？"诏求直言，避殿减膳。

宋仁宗景祐元年，八月，有星字于张翼。帝以星变，避殿减膳。

宋仁宗宝元元年，春正月，时有众星西北流，雷发不时，下诏，求直言。

宋哲宗元符三年三月，以四月朔，日当食，诏求直言。已预先知道要日食，推算之术可算已精，却更提早地先求直言。这殊为可笑！筠州推官崔鸥乃上书道："夫四月，阳极盛，阴极衰之时，而阴干阳，故其变为大，惟陛下畏天威，听明命，大运乾刚，大明邪正，则天意解矣。"

宋徽宗大观三年，有郭天信的，以方伎得亲幸，深以蔡京为非。每奏天文，必指陈以撼京。密白日中有黑子。帝为之恐，遂罢京。

宋高宗建炎三年六月，大霖雨。吕颐浩、张浚都因之谢罪求去。诏郎官以上言阙政。赵鼎乘机上疏道：“凡今日之患，始于安石，成于蔡京。今安石，犹配享神宗，而京之党未除，时政之缺，莫大于此。”帝从之，遂罢安石配享。寻下诏以四失罪己。

宋理宗宝祐三年，正月，迅雷。起居郎牟子才上书言元夕不应张灯，遂罢之。

元世祖至元三十年，冬十月，彗出紫微垣。帝忧之，夜召不忽术入禁中，问所以销天变之道。不忽术道：“风雨自天而至，人则栋宇以待之；江河为地之限，人则舟楫以通之；天地有所不能者，人则为之。此人所以与天地参也。且父母怒，人子不敢疾怨，起敬起孝。故《易》曰：君子以恐惧修省。《诗》曰：敬天之怒。三代圣王，克谨天戒，鲜有不终。汉文之世，同日山崩者二十有九；日食地震，频岁有之。善用此道，天亦悔祸，海内乂安。此前代之龟鉴也。愿陛下法之。”因诵文帝日食求言诏。帝悚然道：“此言深合朕意。”

元仁宗延祐四年，夏四月，不雨。帝尝夜坐，谓侍臣道：“雨旸不时，奈何？”萧拜佑道：“宰相之过也。”帝道：“卿不在中书邪？”拜佑惶愧。顷之，帝露香祷于天。既而大雨，左右以雨衣进。帝道：“朕为民祈雨，何避焉！”

明神宗万历九年，夏四月，帝问张居正道："淮、凤频年告灾，何也？"居正答道："此地从来多荒少熟。元末之乱，从起于此。今当破格赈之。"又言："江南北旱，河南风灾，畿内不雨，势将蠲赈。惟陛下量入为出，加意撙节，如宫费及服御，可减者减之，赏赉，可裁者裁之。"

明思宗崇祯十二年，二月，风霾，亢旱，诏求直言。

像这一类的故事和史实是举之不尽的。那些帝王们为什么要这样的"引咎自责"呢？那便是很值得研究的一个重要的问题。从汤祷起到近代的"下诏求言"止，他们是一条线下去的。又，不仅天变及水旱灾该由皇帝负责，就是京都墙圈子里，或宫苑里有什么大事变发生，皇帝也是必须引咎自责的。像宋宁宗嘉泰元年春三月，临安大火，四日乃灭。帝诏有司赈恤被灾居民，死者给钱瘗之。又下诏自责。避正殿减膳。命临安府察奸民纵火者，治以军法。内降钱十六万缗，米六万五千余石，赈被灾死亡之家。宋理宗嘉熙元年夏五月，临安又大火，烧民庐五十三万。士民上书，咸诉济王之冤。进士潘牥对策，亦以为言，并及史弥远。这可见连火灾也被视为是上天所降的谴罚，并被利用来当作"有作用"的诤谏之资的了。又像元英宗至治二年，夏六月，奉元行宫正殿灾。帝对群臣道："世皇建此宫室，而朕毁，实朕不能图治之故也。"连一国宫中殿宇的被毁，皇帝也是不自安的。

他们这些后代的帝王，虽然威权渐渐地重了，地位渐渐地崇高了，不至于再像汤那么地被迫地剪去发和爪，甚至卧在柴堆上，以身为牺牲，以祈祷于天，但这个远古的古老的习惯，仍然是保存在那里的。他们仍要担负了灾异或天变的责任。他们必须下诏罪己，必须避殿减膳，以及其他种种的"花样"。也有些皇帝们，正兴高采烈地在筹备封禅，想要自己奢夸地铺张一下，一逢小小的灾变，往往便把这个高兴如汤泼雪似的消灭了。像在雍熙元年的时候，赵光义本已下诏说，将以十一月，有事于泰山，并命翰林学士扈蒙等详定仪注。不料，在五月的时候，乾元、文明二殿灾。他遂不得不罢封禅，并诏求直言。

我们可以说，除了刚从流氓出身的皇帝，本来不大懂得做皇帝的大道理的（像刘邦之流），或是花花公子，养尊处优惯了，也不把那些"灾异"当作正经事看待（像宋理宗时，临安大火。士民皆上书诉济王之冤。侍御史蒋岘却说道：火灾天数，何预故王。请对言者严加治罪），之外，没有一个"为君""为王"的人，不是关心于那些灾异的；也许心里在暗笑，但表面上却非装出引咎自责的严肃的样子来不可的。天下的人民们，一见了皇帝的罪己求言诏，也像是宽了心似的；天大的灾患，是有皇帝在为他们做着"挡箭牌"的；皇帝一自谴，一改过，天灾便自可消灭了。这减轻了多少的焦虑和骚动！我们的几千年来的古老的社会，便是那样的一代一代的老在玩着那一套的把戏。

原始社会的"精灵"是那样地在我们的文明社会里播弄着种种的把戏！——虽然表面上是已戴上了比较漂亮的假面具。

真实的不被压倒于这种野蛮的习俗之下的，古来能有几个人？王安石的"天变不足畏"，恐怕要算是最大胆的政治改革者的最大胆的宣言！

五　"祭师王"

　　但我们的古代的帝王，还不仅要负起大灾异、大天变的责任，就在日常的社会生活里，他所领导的也不仅止"行政""司法""立法"等等的"政权"而已；超出于这一切以上的，他还是举国人民们的精神上的领袖——宗教上的领袖。他要担负着举国人民们的对神的责任；他要为了人民们而祈祷；他要领导了人民们向宗教面前致最崇敬的礼仪。在农业的社会里，最重要的无过于"民食"，所以他每年必须在祈年殿祷求一次，他必须"亲耕"，他的皇后，必须亲织。我们看北平城圈子里外的大神坛的组织，我们便明白在从前的社会里——这社会的没落，离今不过二十余年耳！——为万民之主的皇帝们所要做的是什么事。这里是一幅极简单的北平地图，凡无关此文的所在，皆已略去。于是我们见到的是这样：这里有天地日月四坛，有先农坛，有社稷坛，有先蚕坛，有太庙，有孔庙。一个皇帝所要管领的一国精神上的、宗教上的事务，于此图便完全明了。他要教育士子；他要对一国的"先师"——孔子——致敬礼，所以有国子监，有孔庙。他要祭献他的"先公列祖"，所以他有太庙。他所处的是一个农业的社会，一切均以农业的活动为中心，所以有先农坛；而天坛里，特别有祈年殿的设备。又在传说的习惯里，他所崇敬的最高的天神们，还脱离不了最原始的本土宗教的仪式（虽然佛、回、耶诸一神教皆早已输入了），所以他所列入正式的祀典的，除了"先师"孔子以外，便是天、地、日、月等的自然的神祇，而于天，尤为重视。这样的自然崇拜的礼仪，保存着的，恐怕不止在三千年以上的了。

最有趣味的是关于孔子的崇拜。在汉代，这几乎是"士大夫"们要维持他们的"衣食"的一种把戏吧，便把孔子硬生生抬高而成为一个宗教主。刘邦初恶儒生，但得了天下之后，既知不能以"马上治之"，便以太牢祠孔子。行伍出身的郭威，也知道怎样地致敬孔子。广顺二年，夏六月，他到了曲阜，谒孔子庙，将拜。左右道：孔子，陪臣也，不当以天子拜之。威道：孔子，百世帝王之师，敢不敬乎？遂拜；又拜孔子墓，禁樵采，访孔子、颜渊之后，以为曲阜令及主簿。以后，差不多每一新朝成立或每一新帝即位时，几乎都要向孔子致敬的。连还没有脱离游牧生活的蒙古人，也被中国的士大夫们教得乖巧了，知道诏中外崇奉孔子（元世祖至元三十一年事）。知道下制加孔子号曰大成。（元成宗元贞十一年事。制曰：先孔子而圣者，非孔子无以明，后孔子而圣者，非孔子无以法。所谓祖述尧、舜，宪章文、武，仪范百王，师表万世者也。可加大成至圣文宣王，遣使阙里，祀以太牢。於戏，父子之亲，君臣之义，永为圣教之遵；天地之大，日月之明，奚罄名言之妙！尚资神化，祚我皇元！）朱元璋是一个最狡猾的流氓，但到了得天下之后，便也知道敬孔拜圣。（洪武十五年，元璋诣国子学，行释菜礼。初，他将释菜，令诸儒议礼。议者道：孔子虽圣，人臣也，礼宜一奠再拜。他道：圣如孔子，岂可以职位论哉！然他对于孟子，却又是那样地不敬。这其间是很可以明白重要的消息的。他们那些狡猾的流氓，所以屈节拜孔子者，盖都是欲利用其明君臣之分的一点）在汉代，皇帝们还常常亲自讲学，像汉宣帝甘露三年，诏诸儒讲五经异同于石渠阁。萧望之等平奏，上亲称制临决。立梁邱《易》、夏侯《尚书》、穀梁《春秋》博士；又汉明帝承平十五年，帝到了山东曲阜，便诣孔子宅，亲御讲堂，命皇太子诸王说经；又汉章帝建初四年，诏太常将大夫博士郎官及诸儒，会白虎观，议五经同异。帝亲称制临决，作《白虎议奏》。是这些皇帝们竟也要和太常博士们争宗教上或学问上的领导权了。

总之，我们昔时的许多帝王们，他们实在不仅仅是行政的领袖，同时也还是宗教上的领袖；他们实在不仅仅是"君"，且也还是"师"；他们除了担负政治上的一切责任以外，还要担任一切宗教上的责任。汤祷的故事，便是表现出我们的原始社会里担负这两重大责任的"祭师王"，或"君师"所遇到的一个悲剧的最显然的例子。

六　金枝

为什么古代的行政领袖同时必须还要担负了宗教上的一切责任呢？英国的一位渊博的老学者 Sir James George Frazer 尝著了一部硕大深邃的《金枝》(*The Golden Bough，a Study in Magic and Religion*）专门来解释这个问题。单是说起"王的起源"（Origin of the King,《金枝》的第一部分）的一个题目，已有了两厚册。所以关于理论上的详细的探讨，只需参读那部书（当然还有别的同类的书）已可很明了的了。（《金枝》有节本，只一册，Mecmillan and Co. 出版）本文不能也不必很详细地去译述它。但我们须知道的，在古代社会里，"王"的名号与"祭师"的责任常是分不开的。在古代的意大利，一个小小的 Nemi 地方的林地里，有被称为"月神之镜"（Diana's Mirror）的湖，那风景，是梦境似的幽美。在那湖的北岸，有林中狄爱娜（Diana Nemorensis）的圣地在着。在这圣地里，长着一株某种的树，白日的时候，甚至夜间，常见有一个人在树下守望着，他手里执着一把白雪雪的刀。他是一位祭师，也是一个杀人者；他所防备的人便是迟早的要求来杀了他而代替他做祭师的那人。这便是那个圣庙所定的规律。候补的祭师，只有杀了现任的那位祭师，方才可以承继其位置。当他杀了那祭师时，他便登上了这个地位，直到他自己后来也被一位更强健或更机诈的人所杀死。他所保守着的祭师的地位，同时还带有"王"号（林中之王）。但所有的王冠，是没有比他戴得更不舒服。时时都有连头被失去的危险。凡是筋力的衰弱，技术的荒疏，都足以使他致命。然而这结果总有一天会来到的。他必须是一个逃奴，他的后继者也必须是一个逃奴。当一个逃奴到了这个所在时，他必须先在某树上折下一枝树枝——那是很不容易的事——然后方有权利和现任的祭师决斗。如果决斗而死，不必说，如果幸而

胜，他便继之而登上了林中之王的宝座。这致命的树枝，便是所谓"金枝"者是。这个惨剧的进行，直到罗马帝国还未已。后来罗马的皇帝因为要掠夺那庙里的富有的宝物，便毁了那个圣地，而中止了这个悲剧的再演。

这个"金枝"的故事，在古代是独一无二的。但在这里所应注意的只是：为什么一个祭师乃被称为林中之王呢？为什么他的地位乃被视为一个国王的呢？"在古代的意大利和希腊，一个王号和祭师的责任的联合，乃常见的事。"在罗马及在拉丁的别的城里，总有一位号为"祭王"或"祭仪之王"的祭师，而他的妻也被称为"祭仪之后"。在共和国的雅典，其第二位每年的主国事者，是被称为王的，其妻也被称为后，二者的作用都是宗教的。有许多别的希腊共和国也都有名义上的王，他们的责任都似祭师。有几邦，他们有几个这类的名号上的王，轮流服务。在罗马，"祭王"的产生，据说是在王制废止以后，为的是要执行从前国王所执行的祭礼。希腊诸邦之有祭师式的王，其起源也不外此。只有斯巴达，她是希腊有史时代的唯一的王国，在其国中，凡一切国家的大祭皆是为天之子的国王所执行的。而这种祭师的作用和国王的地位的联合，乃是每个人都知道的事。在小亚细亚，在古代的条顿民族，差不多都是如此的（以上就应用 J.G Frazer 的话）。而我们古昔的国王，如在上文所见者，其联合行政的与宗教的责任而为一的痕迹尤为显明。

国王的职责还不仅做个祭师而已。在野蛮社会里，他们还视国王为具有魔力的魔术家，或会给人间以风，以雨，以成熟的米谷的神。但也如古代宗教主的受难，或神的受难一样，国王也往往因人民们的愿望的不遂而受了苦难。民俗学者，及比较宗教学者，常称教堂里的"散福"（即散发面包于信徒们）为"吃耶稣"（在英国）。为了这曾引起宗教的信徒们的大冲动过。在我们的社会里，僧尼们也常散送祭过神道的馒头糕饼等物给施主家，以为吃了可以得福。而在古代的野蛮社会里，便有了极残酷的真实的"吃耶稣"一类的事实发生。国王身兼"教主"往往也免不了要遭这场难。又，野蛮人在祈祷无效，极端的失望之余，往往要迁怒于神道身上；求之不应，便鞭打之，折辱之，以求其发生灵应。至今我们的祈雨者还有打龙王一类的事发生。希腊古代神话里，曾有一个可怖的传说：Athamas做了 Achai 地方的国王。古代的 Achai 人在饥荒或瘟疫时，常要在 Laphystius 山的高处，把国王作为牺牲，祭献给 Zeus。因为他们的先人们告诉过他们，只有国王才能担负了百姓们的罪：只有他一个人能成为他们的替罪的，在他的身上，一切毒害本地的不洁都放在他们身上。所以，当国王 Athamas 年纪老了时，Achai 地方发生了一场大饥荒，那个地方的 Zeus 的祭师，便将他领到 Laphystius 山的高处而作为 Zeus 的牺牲（见《小说月报》二十一卷第一号，我编的《希腊罗马神话与传说中的英雄传说》）。我们的汤祷的故事和此是全然不殊的。汤的祷辞："余一人有罪，无及万夫，万夫有罪，在余一人"的云云，也可证其并不是什么虚言假语。

后来的帝王，无论在哪一国，也都还负有以一人替全民族的灾患的这种大责任。我们在希腊大悲剧家 Saphocles 的名剧 *Oedipus the King* 里，一开幕便见到 Thebes 城的长老们和少年人，妇人们，已嫁的未嫁的，都集合于王宫的门前，有的人是穿上了黑衣，群众中扬起哭喊之声，不时的有人大叫道："奥狄甫士！聪明的奥狄甫士！你不能救护我们么？我们的国王？"这城遭了大疫，然而他们却向国王去找救护！但在比较文化进步的社会里，这一类的现象已渐渐地成为"广陵散"。国王也渐渐地不再担负这一类的精神上的或宗教上的大责任了。然而我们的古老的社会，却还是保存了最古老的风尚，一个国王，往往同时还是一位"祭师"，且要替天下担负了一切罪过和不洁——这个不成文的法律到如今才消灭了不久！

七 尾声

最后，还要讲一件很有趣味的事：在我们中国，不仅是帝王，即负责的地方官，几千年来也都还负着"君""师"的两重大责任。他们都不仅是行政的首领，他们且兼是宗教的领袖。每一个县城，我们如果仔细考察一下，便可知其组织是极为简单的。在县衙的左近，便是土谷祠；和县长抗颜并行的便是城隍，也是幽冥的县官。还有文昌阁、文庙，那是关于士子的。此外，还有财神庙、龙王庙、关帝庙、观音阁等。差不多每一县都是如此地组织或排列着的。这还不和帝王之都的组织有些相同么？一县的县官，其责务便俨然是一位缩小的帝王。他初到任的时候，一定要到各庙上香。每一年元旦的时候他要祭天，要引导着打春牛。凡遇大火灾的时候，即使是半夜，他也必须从睡梦中醒来，穿起公服，坐在火场左近，等候到火光熄灭了方才回衙。如果有大旱、大水等灾，他便要领导着人民们去祈雨，去求晴，或请龙王，或迎土偶。他出示禁屠，他到各庙里行香。他首先减膳禁食。这并不因为他是一位好官，所以如此地为百姓们担忧，这乃是每一位亲民的官都要如此地办着的。他不仅要负起地方行政的责任，也要负起地方上的一切的灾祥的以及一切的宗教上的责任。每一县官如此，每一府的府官，推而上之，乃至每一省的省官也是如此。他们是具体而微的"帝王"；"帝王"是规模放大的"地方官"。他们两者在实质上是无甚殊异的。

韩愈是一代的大儒；他尝诋毁宗教，反对迷信，谏宪宗迎佛骨；然当他做了潮州刺史的时候，便写出像《祭鳄鱼文》一类的文章出来，立刻摆出了"为官""为师"的气味出来。

还有许多地方官闹着什么驱虎以及求神判案的种种花样的，总之，离不开"神"的意味，固不必说，简直像崔子玉、包拯般的日间审阳、夜里理阴的"半神"似的人物了。

直到了今日，我们在我们的这个社会里，还往往可发见许多可发笑的趣事。当张宗昌主持着山东的政务时，阴雨了好久。他便在泰山顶上架了两尊大炮，对天放射，用以求晴。这虽然未免对天太不客气，但据说，果然很有效，不久便雨止天晴。

好几个省的政务官至今还领导着大大小小的官去祭孔。他们是不甘放弃了"师"的责任的。

据说，当今年黄河决口时，某省的主席下了一道严令，凡沿河各县的县长，都要把铺盖搬到河堤上去防守，不准回衙，直到河防出险了为止。

有一次，某市发生了大火灾，某公安局长亲自出发去扑救，监守在那里不去，直到火熄了下去。

他们，据说，都还是"好官"！

至今，每逢旱灾的时候，还有许多的地方是禁屠的。

以上只是随手举出的几个例子。如果读者们看报留心些，不知道可以找到多少的怪事奇闻出来。

我们的社会，原来还是那么古老的一个社会！原始的野蛮的习惯，其"精灵"还是那么顽强地在我们这个当代社会里做祟着！打鬼运动的发生，于今或不可免。

玄鸟篇

—— 一名感生篇

天命玄鸟，

降而生商，

宅殷土芒芒。

—— 《诗经·商颂·玄鸟》

一

玄鸟的故事，比较详细的，见于《史记·殷本纪》。按《殷本纪》云：

殷契，母曰简狄，有娀氏之女，为帝喾次妃。三人行浴，见玄鸟堕其卵。简狄取吞之，因孕生契。

—— 《史记》三

《楚辞·天问》也有"简狄在台，喾何宜？玄鸟致贻，女何喜"的话。可见这个"玄鸟"的传说，是由来已久了。

又《史记·秦本纪》里，也以为秦之先是玄鸟所出：

> 秦之先，帝颛顼之苗裔。孙曰女修。女修织，玄鸟陨卵。女修吞之，生子大业。
>
> ——《史记》五

所谓玄鸟，便是我们所习见的燕子。吞燕卵而怀孕生子，成为一代的开国之祖，这传说，以今日的历史家直觉眼光看来，乃是一种胡说，一种无稽的神话，一种荒唐的不可靠的谵语。但事实并没有这样的简单，古代的传说并不全是荒唐无稽的，并不全是无根据的谵语，并不全是后人的作伪的结果。我们要知道，人类的文化是逐渐进步的。有许多野蛮社会的信仰和传说，绝不能以现代人的直觉的见解去纠止，去否定的。有许多野蛮的荒唐的传说，在当时是并不以为作伪的，他们确切地相信着那是不假的。

愈是荒唐无稽的传说，愈足见其确是在野蛮社会里产生出来的，换一句话，便是可确实相信其由来的古远。

这种野蛮社会的遗留和信仰在今日也还在文明社会里无意中保存着——虽然略略地换了样子。

玄鸟的传说便是如此。

二

玄鸟的传说，我们可以做两方面来分析。

第一玄鸟的传说是产生于一个确实相信"食物"和人类的产生有相关联的因果的。

一个女子有意地或无意地食了，或吞了某一种东西，而能怀了孕，这是野蛮社会的普遍的信仰。在野蛮社会里，怀孕生子的事是被视作超自然的神秘的。人的力量和怀孕关系很少。食了某种东西，可以怀孕。魔术也可以帮助怀孕。他们相信，怀孕的事实，人的力量是很少的。故处女往往会生子。鱼和果子，常被视作怀孕的工具。斯拉夫系的故事，以"鱼"为怀孕之因者甚多。Leskien 和 Brugman 在他们的 *Lirauische Narchen* 的附注里举了好几个例子。在一个故事里说，有一个渔夫，把一条鱼切成了三段，分给他的妻、他的牝马和他的母狗吃，而将鱼鳞挂在烟囱上。他的妻和动物们都各生了双生。在一个捷克的故事里说，一个国王，捕得一条金鳍的鱼和一条银鳍的鱼，他和他的王后各吃其一。她生了两个孩子。在其前额，各有一个金星和银星。Afanasief 的俄罗斯故事说，有一个无子的国王，建了一座桥以利行人。桥成时，他命一仆躲藏着听过往行人的话。有两个乞丐走过。一个赞颂着国王。一个说，我们应该祝他有子有孙。他便命在夜里鸡鸣以前织成一个丝的渔网。这网要是抛在海中，便会捕起一条金色的鱼。王后吃了这条金色鱼，便会产生一个王子。一个波兰的故事说，一个

及普赛 ① 的妇人劝一个无子的贵族妇人在海中捕一条满腹是鱼子的鱼。她在月半的黄昏吃了那鱼子，便产生了一个儿子。她的侍婢也吃了些这鱼子，也像她的主妇一样，也产了一子。

在 Eskimo 人里，也有一个传说，说，一个女人见到她丈夫。她在她的袋里取出两条小鱼干，一条雄的，一条雌的。如果需要一个男孩，那女人便吃了雄的；如果需要一个女孩，她便吃了那条雌的。男人不愿意要一个女孩，所以他自己便把雌鱼吃了，而不意他自己却生了一个女孩。

在越南，有一个故事流传着，说有一个懒人有一天躲在他的小划子上，一条鱼跃到划子里来。他捉住了这条鱼，去了它的鳞。他懒得把鱼在水里洗干净，便把它抛在划子上晒干。一只乌鸦把这条鱼衔到王宫里去。宫女把它煮熟了，送给公主吃。公主便怀了孕。她生了一个男孩子。国王召集了国中男子，要为她选一个驸马。那个懒人乘划子到了宫前，公主之子远远地见了他，便叫他为爸爸。国王命懒人到面前来，将公主嫁给他。

在印度，因吃了果子而怀孕生子的故事异常地多。在 Somadeva 所说的故事里，Indivarasena 和他的兄弟是因为他们母亲吃了两只仙果而出生的。在著名的《故事海》(Kathasarit-Sagara) 里说，有名的英雄 Vikramaditya 的出生，是因为他母亲在梦中见到 Siva；Siva 给他一个果子，她吞了下去，便生出 Vikramaditya 来的。

---

① 今译为吉普赛或吉卜赛，一个以游荡生活为特点的民族。

满族的祖先，也是由仙女吞食了朱果而生的：

> 山下有池，曰布尔湖里。相传有天女三：长恩古伦，次正古伦，季佛库伦。浴于池。浴毕，有神鹊衔朱果置季女衣。季女含口中，忽已入腹，遂有身。告二姐曰：吾身重，不能飞升，奈何？二姐曰：吾等列仙籍，无他虞也。此天授尔娠。俟免身，来未晚。言已，别去。佛库伦寻产一男。生而能言，体貌奇异。及长，母告以吞朱果有身之故，因命之曰：汝以爱新觉罗为姓。
>
> ——《东华录·天命》一

也有仅喝了泉水便能怀孕生子的。在一个 Tjame 的故事里，一个女郎经过了一座森林，觉得口渴，她看见岩石上有水流滴下来，成为一泉。她在泉中喝着水，沐浴了一会。但当她回到她在附近作工的父亲那里，他问她泉水在哪里，他也想去喝些水时，那道泉水却已经干了。她因此怀了孕，后来，她便生出一个男孩子来。

在匈牙利南部住的及普赛人，流传着一个故事，说，有一个无子的妇人，受一个女巫的指导，吞食了某一种流液，便怀了孕，生出一子。

在中国的古代流传的故事里，不仅吞了玄鸟的卵而能怀孕，禹母是吞珠而生禹的。

《路史》云："初鲧纳有莘氏，曰志，是为修己。年壮不字。获若后于石纽，服媚之而遂孕。"

《遁甲开山图》荣氏注云："女狄莫，及石纽山下泉中，得月精如鸡子，爱而吞之，遂孕，十四月生夏禹。"又《蜀本纪》云："禹生石纽。禹母吞珠，孕之，拆副而生。"

禹母所吞的到底是月精，是珠，在我们的研究上都没有关系。许多的传说，所吃的是卵，是鱼，是果子，乃至是泉水，也都没有关系。

但这些传说，却都有一个共同的信仰，就是相信怀孕这件事是可以用口上的服食方法得到的。在那野蛮的时代，野蛮人对于自然的现象，几无一不以为神奇，对于自身的生理变化也是一无所知的。他们受伤受病，从口里服药便可痊愈。他们便同样地相信着，从口中的服食里，也可以得到怀孕的结果。

这不是妄人的荒唐言，这是野蛮人的或半文化人的真实的信仰。不仅如此，即在今日文化社会里，也还有人抱着这种的信仰呢。以"服食"为生子的秘法，在中国，向来相信的人不在少数。

三

不仅实际上的服食会有怀孕的效果，就是在梦中吞了什么，也会如此。《明史·太祖本纪》记载朱元璋的出生，便因其母在梦中吞了一丸药：

> 母陈氏方娠，夜梦神授药一丸。置掌中，有光。吞
> 之，寤。口余香气。及产，红光满室。自是，夜数有光
> 起。邻里望见，惊以为火。辄奔救。至则无有。
>
> ——《明史》一

不仅服食会有怀孕的效果，就是仅仅的一种奇异的感应，也会产生同样的结果。

这一类"感生"的例子，在中国历史里实在太多了。最为人所知的便是后稷的故事：

> 周后稷，名弃。其母，有邰氏女，曰姜原。姜原为帝
> 喾元妃。姜原出野，见巨人迹。心忻然悦，欲践之。践之
> 而身动如孕者，居期而生子。
>
> ——《史记》四

《诗·大雅·生民》云："履帝武敏歆，攸介攸止，载震载夙，载生载育，时维后稷。"（武，迹也；敏，疾也。）即咏其事。

因母践巨人足迹而感生者，后稷不是唯一的人，还有庖牺氏，也是因母履巨人迹而生的：

> 太皞庖牺氏，风姓，代燧人氏继天而王。母曰华胥，
> 履大人迹于雷泽，而生庖牺于成纪。
>
> ——司马贞《补史记·三皇本纪》

此传说亦见于《帝王世纪》。《诗含神雾》云："巨迹出雷泽，华胥履之。"《孝经钩命决》云："华胥履迹，怪生皇羲。"

感神龙而生的故事在古史里很不少。

> 炎帝神农氏，姜姓。母曰女登，有娲氏之女，为少典妃。感神龙而生炎帝。
>
> ——司马贞《补史记·三皇本纪》

司马贞的话是根据《春秋元命苞》的：

《春秋元命苞》云："少典妃安登，游于华阳，有神龙首感之于常羊，生神子，人面龙颜，好耕，是为神农。"

尧的出生，其故事的经过和神农几乎同出一个模型。

《路史》引帝尧碑云："其先出自块隗，翼火之精。有神龙首出于常羊。庆都交之，生伊尧。不与凡等，龙颜日角。"

古人把龙颜作为神秘的高贵的帝王的象征，谶纬家宣传尤力。故感龙而生的故事，在帝王的感生里，几乎成为普遍的现象。感龙而生和"履帝武敏"是没有什么不同的。

在关于刘邦的许多传说里，他的出生，也有一个异迹：

> 刘媪尝息大泽之陂，梦与神遇。是时雷电晦冥，太公往视，则见蛟龙于其上。已而有身，遂产高祖。
>
> ——《史记》七

《汉书》的记载（卷一）与此相同。这和上述之神农、帝尧的出生故事也是完全不殊的。

> 赤龙感女媪，刘季兴。
>
> ——《诗含神雾》

这便是谶纬家的附会了。

但感龙而生的事实，到了后来，觉得实在说不大过去，且更有背于伦理。一个应天命而生的开国帝王，如何可以有母而无父呢？如何可以是异物——神龙——之所生呢？于是这一型式的感生的故事便被后人加以不止一次修正。

修正的结果是，帝王不复是龙与人交的儿子，而其本身都是龙的化身，或帝王出生的时候，必有神龙出现，悬示祥瑞。

最有趣的是《隋书·高祖本纪》所记杨坚的诞生的情形。这故事是属于修正的第一型的。杨坚自身是一条龙的转生：

> 妣吕氏以大统七年六月癸丑夜，生高祖于冯翊般若寺，紫气充庭。有尼自河东来，谓皇妣曰：此儿所从来甚异，不可于俗间处之。尼将高祖舍于别馆，躬自抚养。皇妣尝抱高祖，忽见头上角出，遍体鳞起。皇妣大骇，坠高祖于地。尼自外入，见曰：已惊我儿，致令晚得天下。
>
> ——《隋书》一

其子杨广的故事，恰好与此相应。他是不得其终的一个帝王，其预兆也早已先见：

> 炀帝生于仁寿二年。有红光竟天，宫中甚惊，是时牛
> 马皆鸣。帝母先是梦龙出身中，飞高十余里。龙堕地，尾
> 辄断。以其事奏于帝。帝沉吟默塞不答。
>
> ——《青琐高议·隋炀帝海山记》上

李世民出生时的灵奇，是属于修正的第二型的。并没有说
他是龙的转生，却说有二龙戏于馆门之外。

> 隋开皇十八年十二月戊午，生于武功之别馆。时有二
> 龙，戏于馆门之外。三日而去。
>
> ——《唐书》二

这些故事转变下去，便有了无数的虎或其他兽类的转生的
故事，这里不能一一地举例。

孔子出生的瑞应是属于修正的第二型的。

《家语》云："孔子母征在，祷于尼山而生孔子。"《孔圣全
书》引《家传》云："孔子未生时，有麒麟吐玉书于阙里，其文
曰：水精子继衰周而为素王。颜氏异之，以绣绂系麟角，信宿
而去。"《祖庭广记》云："先圣诞生之夕，有二龙绕室，五老降
庭，颜氏之房，闻钧天之乐。"

这里所谓"二龙绕室"，还不是和李世民故事里的"二龙戏

于馆门之外"相同么？

<h1 style="text-align:center">四</h1>

梦日出室中或堕怀中而怀孕的故事和受神感而生的故事是很相同的。这已比吞或吃某种食物而怀孕的故事进步多了。太阳是帝王的象征之一，故梦日而生也是帝王的瑞应之一。

在希腊神话里，太阳神爱坡罗[①]（Apollo）他自身的恋爱故事是很多的。但在中国，同类的故事却极少。我们只在《魏书》和《辽史》里见到二则梦日而生的故事。我们要知道魏和辽都是少数民族。这些传说在他们族里流传着是无足讶怪的。

魏太祖的出生是因为他母亲贺皇后寝息时，梦日出室中，有感而怀孕的：

> 太祖道武皇帝，讳珪，昭成皇帝之嫡孙，献明皇帝之子也。母曰献明贺皇后。初因迁徙，游于云泽。既而寝息，梦日出室内。寤而见光自牖属天，欻然有感。以建国三十四年七月七日生太祖于参合陂北。其夜，复有光明。
>
> ——《魏书》二

辽祖的出生，也是同样的神奇；他母亲是梦见日堕怀中而

---

① 今译为阿波罗。

有娠的。

> 初，母梦日堕怀中，有娠。及生，室有神光异香。
>
> ——《辽史》一

在《周书》便转变成"夜梦抱子升天"了。其意义和梦日是相同的：

> 太祖，德皇帝之少子也。母曰王氏。孕五月，夜梦抱子升天。才不至而止。寤而告德皇帝。德皇帝喜曰：虽不至天，贵亦极矣。
>
> ——《周书》一

也有仅见到光明，见到星象而便感而生子的。像黄帝母附宝便是"见电绕斗轩，星照郊野"感而生他的。

《河图握矩记》云："附宝之郊，见电绕斗轩，星照郊野，感而生轩（即黄帝）。"《帝王世纪》云："神农之末，少典娶附宝，见电光绕北斗，枢星照郊野，感附宝而孕。二十月生黄帝于寿丘。"在元代始祖孛端义儿的出生的故事里，可以看出更有趣、更进步的说明来：

> 既而夫亡。阿兰寡居。夜寝帐中，梦白光自天窗中入，化为金色神人，来趋卧榻。阿兰惊觉，遂有娠。产一

子，即字端义儿也。

——《元史》一

这故事和希腊神话里波修士（Perseus）的出生的故事十分相同。波修士母狄娜被其父国王亚克里修士囚于塔中，和人世隔绝。因亚克里修士相信预言者的话，说，狄娜所生之子，将要杀死他。他囚狄娜于塔，使她无缘与世人见面，便可以无从有子了。不料有一天晚上，天帝裘被得化了一阵金光到塔中来和她相见。她怀了孕，生了一子，便是波修士。亚克里修士闻之，大恐。连忙将狄娜和她的儿子都装在箱中，抛入海里去。但狄娜和波修士终于得救。波修士长大了，果然无意中杀害了他的外祖。

像这一类受神的光顾而生子的故事，在希腊神话里最多。

在希伯来民族的故事里，耶稣的母亲马利亚也是以处女而"从圣灵怀了孕"的：

> 耶稣基督怎样生的？记在下面。他母亲马利亚已经许配了约瑟。他们还没有成亲，马利亚就从圣灵怀了孕。她丈夫约瑟本是个义人，不愿意明明地羞辱她，想要暗暗的把她休了。正思念这事的时候，不料有主的一个使者在梦中向他显现，说：大卫的子孙约瑟，不要怕，只管娶过你的妻子马利亚来。因为她要怀的孕，是从圣灵来的。她将要生一个儿子。你要给他起名叫耶稣。因为他要将他的百

姓从罪恶里救出来。这一切的事实就是要应验主借着先知所说的话说，有一个童女，要怀孕生子，人要称她的名为以马内利。约瑟醒了起来，就遵着主的使者所吩咐的，把他的妻子娶过来，只是没有和她同房。等她生了儿子，就给他起名叫耶稣。

——《新约·马太福音》第一章

耶稣生出时，预言家便宣言道：救世主已出生于世了。东方博士们因了星光的指导而寻到马利亚所在的地方，见到了孩提的耶稣，赞叹礼拜而去。而国王却惧怕得异常，命令将全国初生的孩子都杀害了。而马利亚夫妇因先得了上帝使者的指示，预先带了耶稣躲避过了这场大难。

魏代始祖的母是天女。这故事和"从圣灵怀了孕"也是不殊的：

初，圣武帝尝率数万骑田于山泽，欻见辒辌自天而下。既至，见美妇人，侍卫甚盛。帝异而问之。对曰：我天女也。受命相偶。遂同寝宿。旦，请还，曰：明年周时，复会此处，言终而别，去如风雪。及期，帝至先所田处，果复相见。天女以所生男授帝曰：此君之子也，善养视之。子孙相承，当世为帝王。语讫而去，子即始祖也。

——《魏书》一

《拾遗记》等书所记皇娥白帝子事，也是"从圣灵怀了孕"

的故事型之一。

《路史》引《拾遗》《宝椟》等记曰：星娥一作皇娥，处于璇宫。夜织，抚皋桐梓琴，与神童更倡。"乐而忘归。震而生质白帝子也。"（《路史》语）

董永行孝的故事也可归入这一型中。董永卖身葬父，感得天女下凡，和他为夫妇，生了一子董仲。后来董仲寻到了母亲，见了一面，复回到凡间来。敦煌石室发见的《董永行孝》歌曲便是叙述这个故事的。

但"从圣灵怀了孕"和感龙而孕的一类故事一样，在后代看来，究竟都是有悖礼教，有背伦常的，故从唐以来，便修正而成为仅仅出生时有"赤气上腾"或"虹光烛室，白气充庭"的瑞征了。

朱温出生时，所居庐舍之上，有赤气上腾。

> 母曰文惠王皇后，以唐大中六年岁在壬申十月二十一日夜，生于砀山县午沟里。是夕，所居庐舍之上，有赤气上腾。里人望之，皆惊奔而来，曰：朱家大发矣。乃至，则庐舍俨然。既入，邻人以诞孩告。众咸异之。
>
> ——《旧五代史》一

李克用的出生，和一般人也不同。他母亲在难产，闻击钲鼓声始产。产时，虹光烛室，白气充庭。

在妊十三月。载诞之际，母艰危者竟夕。族人忧骇，市药于雁门。遇神叟告曰：非巫医所及。可驰归，尽率部人，披甲持旄，击钲鼓，跃马大噪。环所居三周而止。族人如其教，果无恙而生。是时，红光烛室，白气充庭，井水暴溢。

——《旧五代史》二十五

石敬瑭出生时，也有白气充庭：

以唐景福元年二月二十八日生于太原派阳里。时有白气充庭。人甚异焉。

——《旧五代史》七十五

后周太祖郭威的出生，也是有异征的：

以唐天祐元年甲子岁七月二十八日生帝于尧山之旧宅。载诞之夕，赤光照室，有声如炉炭之裂，星火四迸。

——《旧五代史》一一〇

宋太祖赵匡胤的出生其瑞征也相同：

母杜氏。后唐天成二年生于洛阳夹马营。赤光绕室，异香经宿不散。体有金色，三日不变。

——《宋史》一

故匡胤有香孩儿之称。

不仅帝王的出生有异征奇迹，即大奸大恶者的出生也有怪兆可见。像安禄山便是一例：

> （安禄山）母阿德氏，为突厥巫。无子，祷轧荦山，神应而生焉。是夜，赤光旁照，群兽四鸣，望气者见妖星芒炽，落其穹庐。时张韩公使人搜其庐，不获。长幼并杀之。禄山为人藏匿，得免。
>
> ——姚汝能《安禄山事迹》卷上

《水浒传》第一回《洪太尉误走妖魔》，叙洪太尉打开了伏魔殿，放倒了石碑，掘开了石板，石板底下，却是一个万丈深的地穴。"只见穴内刮喇喇一声响亮。那响非同小可！……那一声响亮过处，只见一道黑气，从穴里滚将起来，掀塌了半个殿角。那道黑气直冲到半天里空中，散作百十道金光，望四面八方去了。"那百十道金光所投处便出生了三十六员天罡星，七十二座地煞星在世上。

《三国志演义》所记"孔明秋夜祭北斗"（卷二十一）事，恰好为这一类感生的故事作一个注脚。

> 是夜，孔明遂扶疾出帐，仰观天文，大慌失色。入帐，乃与姜维曰：吾命在旦夕矣！维乃泣曰：丞相何故出此言也？孔明曰：吾见三台星中，客星倍明，主星幽隐，

相辅列曜以变其色，足知吾命矣。维曰：昔闻能禳者，惟
丞相善为之。今何不祈禳也？

孔明遂于帐中祈禳。祭祀到第六夜了，见主灯明灿，心中
暗喜。不料魏延入帐报曰：魏兵至矣。延脚步走急，将主灯扑
灭。孔明弃剑而叹曰：死生有命，富贵在天，主灯已灭，吾岂
能存乎！不可得而禳也！不久，他便病亡。

这足以反证，凡名将名相都是有本命星在天的，或都是天
上星宿投生的，或可以说，凡有名的人物都具有来历之信仰，
是传统的在民间流行着的。

五

"帝王自有真"这一句话，在中国民间，在很久的时期中被
坚强地信仰着。相传罗隐本来有做帝王之分，但后来被换了一
身的穷骨，只有"口"部还没有换过。所以他的说话最有应
验。"罗隐皇帝口"这个俗语是流传得很久、很广的。冯梦龙
编的《醒世恒言》里，有一篇《郑节使立功神臂弓》的话本；
那话本说，郑信在命中有若干时天子之分，同时也有一生诸
侯之命。当他出生时，地府主者问他：要做若干日的天子还
是要做一生的诸侯？他坚执着要做天子。但主者敲打他很厉
害，强迫他做诸侯。最后，他叹了一口气，道：还是认做了
诸侯吧。

望气的事，在很早的历史里便记载着。《史记·高祖本纪》（卷八）说：

> 秦始皇帝常曰：东南有天子气。于是因东游以厌之。高祖即自疑，亡匿，隐于芒砀山泽岩石之间。吕后与人俱求，常得之。高祖怪问之。吕后曰：季所居，上常有云气。故从往，常得季。高祖心喜。

同类的故事，在史书里不少概见。在小说里所叙述的更多。

唐杜光庭的《虬髯客传》所述于望气外，兼及看相。

虬髯客要李靖介绍见李世民。李靖问他何为。他道："望气者言太原有奇气，使访之。"后来到了太原，虬髯看道士和刘文静对弈。世民到来看棋。道士一见惨然下棋子道："此局全输矣，于此失却局哉！救无路矣！复奚言！"罢弈而请去。既出，谓虬髯曰："此世界非公世界，他方可也。勉之，勿以为念！"

看相的事，在《史记·高祖本纪》里也有之。宋太祖和郑恩同去看相时，相者相郑恩以为诸侯之命，相太祖，则大惊，说，恩之所以贵者全为太祖之故。

这一类的故事在中国历史里是举之不尽的。这里只能略述其一二耳。读者殆无不能举一反三，随时添加了无数材料进去的。

以上是"玄鸟"故事研究里的第二个主题，就是说：凡帝王将相，教主名人，乃至大奸大恶之徒，其出生都是有感应的，有瑞征，有怪兆的。换言之，也就是都有来历的。

这个信仰也是普遍于各民族，各时代的；同类的故事在别的民族里也往往流行着。

六

这并不是一种方士的空中楼阁，妄人们的"篝火狐鸣"的伎俩。我们与其说这是一种英雄作伪的欺人的举动，无宁说是英雄们、方士们利用着古老的遗传的信仰。

这种古老的遗传的信仰，曾在很久的时期中坚固地存在于民间。大多数的农民们，一直相信着"真命天子"的救世的使命。许多次的农民大起义，主使者所以能够鼓动了和善的农民们的理由之一，便是说，某朝的气数已尽，真命天子已经出来了。

著者童年时，那时已经是在民国初元了——曾有一个时期居住在农民之间。农民们常苦于横征暴赋，叹息于兵戈的扰乱不息。当夏天，夕阳下了山，群星熠熠地明灭于天空，农民们吃过了晚饭，端了木凳，坐在谷场上，嘴里衔着旱烟管，眼望在茫茫无际的天空时，他们便往往若有所思地指点着格外明亮的一颗星道："喏喏，皇帝星出来了，听说落在西方呢。真命天子出来，天下便有救了。"

这不是惑于妖言。这是传统的信仰在作祟。不知有多少年，多少年了，这信仰还是很坚固地保存在农民们的心上。

许多妄人们，方士们，所谓英雄们便利用了这传统的信仰，创造自己的地位，在诱惑和善的农民们加入他们的阵伍里去。

七

对于这种现象，这种信仰，最老实的解释，是一般儒生们的见解。

明人蔡赏著的《孔圣全书》（卷二十七）于记述孔子诞生的瑞应时，加以解释道：

> 按五老降庭，玉书天乐，事不经见，先儒皆以为异，疑而不载。噫，傅说自星生，山甫自岳降，古昔贤哲之生，皆有瑞应，而况天之笃生孔圣乎？张子曰：麒麟之生，异于犬羊，蛟龙之生，异于鱼鳖，圣人之生，而有以异于人，何足怪哉！

这是根据了传统的信仰来解释的，其见解和农民们之相信"真命天子"无异。

这种信仰的来源，远在佛教的轮回说输入之前。凡一切的原始人，都曾相信过，人的出生，是有来历的；不过是一种易形而已，其前是已有一种人、神或星宿存在的，人的诞生不过是易一新形，或从天上降生于凡间而已。这信仰是普遍于各地域的，自埃及到北欧，自希伯来到印度，到中国，都曾这样地相信过。许多变形的故事是更广泛地更普遍地流行于古代诸民族之间的。

但近代的学者们却以另一种眼光来看这些信仰，这些传说。他们以文明社会的直觉来否定这种古老的信仰。这里有一个最好的例子。

章太炎氏对于这种感生的传说，解释得最简单。他说：

> 《诗经》记后稷的诞生，颇似可怪。因据《尔雅》所释"履帝武敏"，说是他的母亲，足蹈了上帝的拇指得孕的。但经毛公注释，训帝为皇帝，就等于平常的事实了。
>
> ——章太炎讲《国学概论》，曹聚仁记，页三

又说：

> 《史记·高祖本纪》说高祖之父太公，雷雨中至大泽。见神龙附其母之身，遂生高祖。这不知是太公捏造这话来骗人，还是高祖自造。即使太公真正看见如此，我想其中也可假托。记得湖北曾有一件奸杀案。一个奸夫和奸妇密议，得一巧法，在雷雨当中，奸夫装成雷公怪形，从屋脊而下，活活地把本夫打杀。高祖的事，也许是如此。他

母亲和人私通，奸夫饰作龙怪的样儿，太公自然不敢进去了。

——同上

章太炎是不相信经史里有神话存在的。他说，"虽在极小部分中还含神秘的意味，大体并没神奇怪离的论调。并且，这极小部分的神秘记载，也许使我们得有理的解释。"他的解释，粗视之，似颇有理。我们在别的地方还可以替他找到不少像湖北奸杀案那样的例子。最有趣的是，在《醒世恒言》里有一篇《勘皮靴单证二郎神》话本，说，宋徽宗的后宫韩夫人到二郎神庙进香，有感于神的美貌，祷告道：愿来生嫁一个像二郎神似的丈夫。那一夜，她烧夜香时，二郎神果然出现于她的前面。以后，差不多天天的到她房里来。最后，这秘密被揭破了，原来，所谓二郎神，却是孙庙官的冒充。

但后代的实例，如何可以应用到远古的传说上呢？"帝履武敏"的故事，或者便可以照章氏的解释，所谓"帝"，是"皇帝"，不是"天帝"，但又何以解于同一部《诗经》里的"天命玄鸟"的故事呢？

我们还能说，后来的作伪，是利用了古老的传说及信仰来欺人，却不能以后来的作伪，来推翻古老的传说及信仰。

我们要知道古老的传说、神话都是产生于相信奇迹，相信自然的现象的原始时代的。他们自有其产生的原因和背景的。单凭直觉绝对地不能去否定他们，误解他们。

　　而且，这些古老的信仰，即在今日的文明社会的文化人里实际上也还不能完全消失了去。

　　（关于服食及迷术和娠孕的关系，材料太多，这里都略去，将另为文详之。）

黄鸟篇

我读着《诗经·小雅·鸿雁之什》，见其中有《黄鸟》一首诗，凡三章，章七句：

> 黄鸟黄鸟，无集于谷，无啄我粟！此邦之人，不我肯谷！言旋言归，复我邦族。
>
> 黄鸟黄鸟，无集于桑，无啄我粱！此邦之人，不可与明！言旋言归，复我诸兄。
>
> 黄鸟黄鸟，无集于栩，无啄我黍！此邦之人，不可与处！言旋言归，复我诸父。

这首诗和《秦风》里的同名《黄鸟》的一首诗其情调与题材完全不同。这首诗作何解释呢？《毛诗》云："刺宣王也。"为什么刺宣王呢？郑氏《笺》云："刺其以阴礼教亲而不至，联兄弟而不固。"还是一个不懂。孔颖达《正义》云："《笺》解妇人自为夫所出，而以刺王之由。刺其以阴礼教男女之亲而不至笃，联结其兄弟夫妇之道而不能坚固，令使夫妇相弃，是王之失教，故举以刺之也。"这几句话，比较地能够令人明白些。不管是不是刺宣王，但能够明白地说出"夫妇相异"这一句话，已有点近于真相了。朱熹云："民适异国，不得其所，故作此诗，托为呼其黄鸟而告之曰：尔无集于谷，而啄我之粟。苟此邦之人，不以善道相与，则我亦不久于此而将归矣。"又引东莱吕氏的话道："宣王之末，民有失所者。意他国之可居也。及其至彼，则又不若故乡焉，故思而欲归。使民如此，亦异于还定安集之时矣。今按《诗》文，未见其为宣王之世。"吕氏和朱氏都是望《诗》之文而作解的，并不能说出这首诗的真实的面目来。他们抛弃了汉儒的传统的说法，却并没有说明郑《笺》为什么要牵涉到"刺其以阴礼教亲而不至"，孔《疏》为什么要说"令其夫妇相异"的话。"阴礼"是什么呢？孔《疏》云："大司徒有十二教，其三曰：以阴礼教亲，则民不怨。注云：阴礼，谓男女之礼。婚姻以时，男不旷，女不怨是也。"我想，郑《笺》把这首诗和"阴礼"联在一起，一定有传统的说法，并不像吕、朱二氏那么简单明了地作着直觉的解释。为什么"此邦之人，不我肯谷"呢？为什么要到"此邦"去？为什么为了"不我肯谷"，便想念着要"言旋言归，复我邦族"呢？这岂仅仅是一首流徙之民的"浩然有归志"之吟叹呢？我以为这一首诗的解释并不简单，这里表现着古代农村生活的一个悲惨面。这个悲惨面，在今日的一部分中国农村里还存在着，并没有消失掉。孔《疏》云："《笺》解妇人自为夫所出"，其实恰恰相反，乃是夫为妇家所"出"，或为妇家所虐待，故作了这一首诗的。古代农村社会里，盛行着赘妇或"入门女婿"的制度。这首诗，我以为，便是一个受了虐待的苦作的赘婿所写的"哀吟"。如果以今语译之，便是这样的：

> 黄鸟儿啊黄鸟儿，你们不要飞集在我种的谷上，不要啄食我的谷粟！这里的人，既然不肯给我吃饱，我还不如回到我自己的家里去吧。
>
> 黄鸟儿啊黄鸟儿，你们不要飞集在我种的桑树上，不要啄食我的高粱米！这里的人，既然不能和他们申诉什么话，申诉了也还是没用，我还不如回到我自己的哥哥那里去吧。
>
> 黄鸟儿啊黄鸟儿，不要飞集在我种的栎树上，不要啄食我的黍米儿！我实在不能和这里的人再相处下去了，我还不如回到我自己的爸爸那里去吧。

这个赘婿，为妇家苦作着，终年地耕田种树，既种了稻谷杂粮，又种着桑栎诸树，然而他们却不肯给他吃饱，虐待着他，和他们申诉着也没有用，而且也不能有申诉的余地，实在不能再和他们同住下去了，还不如弃之而回到他自己的家里去吧。这样一解释不是很明白了么？同在《小雅·鸿雁之什》里，还有一首《我行其野》，也是同样的一首赘婿之歌，而说得更为明白：

> 我行其野，蔽芾其樗。昏姻之故，言就尔居。尔不我
> 畜，复我邦家。
> 我行其野，言采其蓫。昏姻之故，言就尔宿。尔不我
> 畜，言归斯复。
> 我行其野，言采其葍。不思旧姻，求尔新特。成不以
> 富，亦只以异。

这首诗，《毛诗》也说是"刺宣王"。郑《笺》从而释之道"刺其不正嫁取之数，而有荒政，多淫昏之俗。"朱熹云："民适异国，依其昏姻而不见收恤，教作此诗。言我行于野中，依恶木以自蔽。于是思昏姻之故而就尔居，而尔不我畜也，则将复我之邦家矣。"这首诗，因为原文比较地明白，所以朱氏解释还相当地好，但始终没有说出其中的症结所在来。因为他不明白赘婿制度的情形，所以便不能痛痛快快地说出"昏姻之故，言就尔居"之实际情形，至于为什么后来又"尔不我畜"了之故，他自然更不清楚了。

这首诗比《黄鸟》更惨，更迫切。《黄鸟》的作者是自动的，因受了虐待，做尽了苦工，而食还不能饱，所以浩然有归志。《我行其野》的作者却是一个被遗弃的赘婿；他被妇家驱逐了出来，茫茫无所归，在呼吁着，在田野里漫步着，到底向什么地方去呢，还是回到自己的家乡吧，以今语译之，也许可以更明

白些：

在那田野里茫茫地懒散地走着，走得倦了，便靠在樗树的荫下休息一会儿吧。想起当初你，赘我入门的时候，我们便开始同居着。不料现在忽然变更了初衷，又把我驱逐了出去，我还是回到自己的地方去了吧。

在那田野里茫茫地懒散地走着，无聊地在采取野生的羊蹄菜。想起当初你赘我入门的时候，我们便开始同居着。不料现在忽然变更了初衷，又把我驱逐了出去，我还是回到自己的地方去了吧。

在那田野里茫茫地懒散地走着，无聊地在摘取着野生的蓄菜儿。你不想想我们从前的相亲相爱，反而要去寻找新的女婿。他会更苦作的使你更加富有起来么？也只不过是喜新厌旧而已。

最惨的是，凡为赘婿的人，大都是穷无所归的苦力，或本来是"长工"，他们哪里会有家，会有可以归去的地方！《黄鸟》里所谓回到自己的家里，回到哥哥爸爸那里去的话，也许只是愤语罢了，他是回不去的！他是终身的苦作的奴隶！也许他的情形不同，他家庭里兄弟多，食指众，家里实在养不活，所以不得不出去为人赘婿。他也许还可以回去。《我行其野》的情调却大为不同。他是为其"妇"所弃的。此妇的赘得女婿，原来是为了帮助她耕种的。不知为了什么缘故，或是为了他的不肯力作，不合其意，或者为了"喜新厌旧"，他便被她所驱逐。他既被驱逐出去，只好在那田野里茫茫无所归地漫步着，悲吟着。他会有家可归么？

　　像这样的悲剧，几千年来，不断地在中国的农村社会里表演着，然而没有一个人曾经注意到过这个问题，没有几个文人曾经写到过这样的题材，除了《诗经》里的这两篇诗以外，只有《刘知远诸宫调》一书而已。赘婿本来是终身的"长工"，终身的奴隶，是男性的"奴婢"；他是被遗弃的人物，在社会里被遗弃，在文学里也被遗弃。

　　在中国农村社会里，所谓"赘婿"，其地位是很低的。农家赘了一个女婿，即等于得到了一个无报酬的终身的长工。其在家庭中的地位恐怕较之童养媳还要不被人重视。稍有身份的人，绝对地不肯为别人家的赘婿。做赘婿的人，大都是穷无所归之辈。他们没有了自己的家，没有了自己的亲属，又结不起婚，所以只好把自己"赘"给别人家，作为"入门女婿"。所以，名义上是女婿，实际上却是终身的"奴隶"，终身的长工。有了"女婿"的名义，便不怕他逃去，不怕他离此他去，到别家去做工。

　　招收"入门女婿"或赘婿的人家，其目的颇有不同。最普通的是，家里有儿子的，招收了赘婿入门，完全是要多了一个帮手，多了一个终身的长工，农事的生产方面可以省费而多产，在经济上是异常地合算的。其次是，家里没有男丁，恐怕不能传宗接代，而女儿娇养惯了的，又不愿意她嫁出门去，做别人家的媳妇，于是招收了一个女婿入门，令其改姓易名，由半子而兼作儿子。前几天在日报上还曾见到像这样的一个启事：

> 杜王氏启事　兹因无子，赘林若渔为婿，自一月八日起，入赘本宅，并易姓名为杜咸文……云云。

但在古代社会里，赘婿的流行，经济的原因是更重要的。黄河流域的田地，需要劳力，比别的地方更多，而农人们也比别的地方更穷苦。为了增加生产，不能不求更廉价的劳力。赘婿便是最好的无报酬的终身的长工。所以，有女儿的人家，招收"入门女婿"，恐怕是很平常的事。

描写赘婿生活最生辣活泼的一段文字，是《刘知远诸宫调》；其后《白兔记》，便差得多了。刘知远因为穷无所归，被李太公赘为女婿，将女三娘嫁给了他。但他的妻兄洪义、洪信却虐待他无所不至。用种种的诡计来迫害他。后来，因暴风雨失了牛只，他便不得不逃出李门，到太原去投军去。他的发达还是靠了他做了岳府的女婿。朱元璋，另一个从流氓做到了皇帝的人，也是靠了他娶了马皇后，得到了子婿的身份，而逐渐地得到了信任，得到了兵权的。

在《刘知远诸宫调》里，写知远受了虐待，本想远走高飞，却因为和李三娘如水似鱼，欲去不能去。结果，却终于不得不远走高飞。他叹息地说道："劝人家少年诸子弟，愿生生世世，休做入门女婿！"

他的被压迫的重担，还不止是李洪信、洪义夫妇们加给他，连整个村庄里的人，也都看不起他。"大男小女满庄里，与我一个外名难揩洗，都交人唤我作刘穷鬼！"

根据了农村社会的习惯，凡为入赘婿者，其结婚的仪式，乃是用花轿抬进女家大门的；他是"出嫁"，不是"娶亲"。在封建社会里，这自然是有损伤于男子的"尊严"的。所以，若不是穷无所归的汉子，绝不肯如此低首下心地被抬进女家大门而作为入门女婿的。

刘知远的故事，在民俗学上是属于"玻璃鞋"型（即Cinderella 型）的一支。英国 Marian Roalfe Cox 女士，曾集了同型的故事三百十八种，著 *Cinderella* 一书。中国最著名的此型的故事的代表，便是"舜"的故事，敦煌石室所发现的《舜子至孝变文》，便是流传于民间的甚久、甚广的东西。关于此型的故事，我将另有他文详细地讨论之。

这里所要提出的，只是赘婿制度在农村社会里所发生的作用。在中国的贫穷的农村社会里，廉价的劳力，最为需要。无报酬的"长工"，乃是自耕农所最想雇用之的。有了子婿的关系，这无报酬的"长工"，便可以永久地终身地成为"农奴"了。但其间也有"婚变"，好像《我行其野》一首诗里所述的。这样的"婚变"，其主因大都为了赘婿的不称职，懒惰，不肯苦作，等等。有时，便不得不把他驱逐出门，另招一个肯苦作的汉子来。

　　但赘婿们究竟是可靠的居多。这情形正和五代时的军阀们盛行着"养子"制度一样。有了父子的关系，养子们便肯出死力以拥护之了。李克用有十三太保，都是"养子"，其间李存霸的故事，也是属于"玻璃鞋"型的。中国沿海一带的做海外贸易的商人们以及渔民们也盛行着"养子"制度，——特别是福建一带。他们用金钱购买了好些外姓的幼童们作为养子，使之出洋漂海，做买卖或打鱼，其所得，全都归之"养父"，这也是利用着廉价或无代价的劳力以富裕他们自己的一种方法。广东地域则盛行着"多妾"制度，往往一个人购得了好几个妾，使她们作苦工，下田耕种；其所得，也是全归之于"家主"。有了夫妾的名义，便也不怕她逃走或离开去。这也是利用着封建的名义，雇用着廉价或无代价的劳工的另一种方法。

　　普遍地流行于中国全国的童养媳制度，其作用也相近于此。残酷无伦的《窦娥冤》的故事便是一个代表。

　　赘婿的故事及其制度，在其间最不受人注意。但在今日这制度也还存在着。从《黄鸟》《我行其野》的两首诗的作者们起，将近三千年了，这样的封建制度的残余也还没有扫除干净，可见中国社会里，封建力量之如何巨大了。

　　该扫除的封建"余孽"或"制度"还不知道有多少呢，赘婿，童养媳，养子和妾，便是其中之二三。

释讳篇

一

"名字"的讳避，没有比我们更保留得顽固而久远的。古人讳君名，讳亲名。《尚书·金縢》里有一段文字：

> 惟尔元孙某，遘厉虐疾。若尔三王，是有丕子之责于天，以旦代某之身。

周公旦不敢称其兄弟武王发之名，而称之曰：某。后人讳圣人之名，于读经书时，每遇孔丘、孟轲之名，读时必将"丘""轲"改读作"某"。像《论语》：

> 子曰：十室之邑，必有忠信如丘者焉，不如丘之好学也。
> ——《公冶长》第五

读时，则必讳之曰："必有忠信如某者焉，不如某之好学也。"

对于神道之名，也往往讳言之。关羽在元代似便已确定了他的神的地位，故元刊《三国志平话》对于张飞、刘备皆称名，独对关羽则称之曰关公而不名："见关公街前过，生得状貌非俗，衣服褴褛，非是本处人。纵步向前，见关公施礼。关公还礼。"罗贯中的《三国志通俗演义》则对关羽尤为崇敬。在"宗寮"里则无人不称名，独羽则称之曰：关某。在正文里，则也独称之曰关某："共拜玄德为兄，关某次之，张飞为弟。……关某造八十二斤青龙偃月刀。"始终不敢一斥其名。

对于帝王之名，他们讳之尤严，避之尤谨。甚至把古人的姓名也都改了，以避帝王之讳。像东汉显宗名庄，遂把庄忌改为严忌，庄君平改为严君平，庄子陵改为严子陵。东汉宣帝名询，遂把荀卿改为孙卿。汉武帝名彻，因改彻侯为通侯，蒯彻为蒯通。至于因犯当代之帝讳而改名，则更为当然之事了。

杜伯度名操。曹魏时，避曹操讳，故隐操字，而名为伯度。五代时，陶谷本姓唐。避晋祖石敬瑭名，乃改姓为陶。

这种例子实在多极了，我们随时都可以遇到，不必再多引了。

在刻版书流行时代，凡遇帝讳，皆缺笔。今日版本研究者所谓"宋讳缺笔"者，即指避宋帝名而缺笔者。往往借此而得考证出刊刻的年代。

清帝之名，在八股未废时，士子初学为文，便须习知避忌，像"玄"字改作"元"，或写作"玄"；"慎"字因避"禛"字的兼讳而写作"慎"（王鸿绪《明史稿》的原刻初印本，每页版心皆作慎修堂，后印者则慎字皆缺笔矣）。若干年前，遗老们刻书，对于溥仪的名字尚加以讳避，仪字皆刻作"儀"。

对于亲名，人子也往往讳之惟谨。行文时，对于祖父及先代皆称为某某公（往往以官爵称之）而不敢斥名。人有不知（或有意），犯其祖或父讳者，往往痛哭流涕，视为大可伤心之事，或视为奇耻大辱，终身不忘。《世说新语》记着一段很有趣的故事：

> 卢志于众坐问陆士衡："陆逊、陆抗是君何物？"答曰："如卿于卢毓、卢珽。"士龙失色。既出户，谓兄曰："何至如此！彼容不相知也。"士衡正色曰："我父祖名播海内，宁有不知。鬼子敢尔！"议者疑二陆优劣。谢公以此定之。
>
> ——《方正》第五

士衡对于卢志的有意的侮辱立刻便给以报复。在当时是视为很得体的。

韩愈劝李贺举进士。而与贺争名的人却以贺父名晋肃，以为他不应该举进士。愈因此作《讳辨》：

> 愈与李贺书，劝贺举进士。贺举进士有名。与贺争名

者毁之曰：贺父名晋肃，贺不举进士为是，劝之举者为非。听者不察也，和而唱之，同然一辞。皇甫湜曰：若不明白，子与贺且得罪，愈曰：然。律曰：二名不偏讳。释之者曰：谓若言"征"不称"在"，言"在"不称"征"是也（按：孔子母名征在）。律曰：不讳嫌名。释之者曰：谓若禹与雨，丘与荳之类是也。今贺父名晋肃，贺举进士，为犯二名律乎？为犯嫌名律乎？父名晋肃，子不得举进士。若父名仁，子不得为人乎？

这一篇《讳辨》骂得很痛快！

但像避"晋肃"之讳而遂谓不应举进士的例子，或因避个人的专名之故而把事物之名改换了的例子，在实际上却也不少概见。

宋朱翌《猗觉寮杂记》三（《学海类编》本）云：

始皇讳政，以"正"月为"端"月。吕后讳雉，以雉为野鸡。杨行密据扬州，州人以蜜为蜂糖。钱元瓘据浙，浙人以一贯为一千。石勒据长安，北人以罗勒为香菜，至今不改。必是当时犯讳令严，故人不敢犯。本朝宽厚，自非举子为文，臣寮奏牍，不敢犯庙讳，天下人语言，未尝讳也。

在唐之前，大约君与父之讳是被过分地重视着的。至于朋友的名字，也许还不怎样避讳。但到了宋之后，则辈分略长或官爵稍高者之名也都被避讳了。朋友们之间尤以呼"名"为大不敬之条。

《猗觉寮杂记》（一）云：

> 唐人诗多自用名，及呼人名与第行，皆情实也。杜云：甫昔少年日，白也诗无敌。退之云：愈昔从事大梁下，籍也陇头泷之类。今皆不然。不特不自呼其名，若呼人名，则必取大怨怒。世道浅促，至诚之事扫地矣。

这种讳"名"的风气，到今日还没有改，还很顽强地依附于一般人的心上，几乎每一个读书的人，或略识之无的人，在"名"之外，必定还有"字"，还有"号"，甚至一个人有十个八个的别号。当两个不相识者相见时，必不敢问他的名，必定是于问明了"姓"之后，接着便很谦恭地问道：

"台甫是……？"

被问者也必答之道："贱字是……"

作者往往接得不相识的来信，于"振铎先生"之旁，注道："未知台甫，敬乞原谅"一类的字样。

元人每以贱役而也有"字"或"号"为愤慨。《太和正音谱》云："异类托姓，有名无字，赵明镜讹传赵文敬，非也。张酷贫讹传张国宾，非也。……古之名娼也，止以乐名称之耳，亘世无字。"刘时中《上高监司》"端正好"套云："粜米的唤子良，卖肉的呼仲甫，做皮的是仲才、邦辅，唤清之必定开沽，卖油的唤仲明，卖盐的称士鲁……开张卖饭的呼君宝，磨而登罗的叫得夫，可足云呼！"

民国以来，以走卒而为大将者不少。当他们飞黄腾达的时候，便于本名之外，而也有了"字"与"号"了。张宗昌字效坤，他的喽啰们便尊之曰"效帅"。吴佩孚字子玉，人也称之曰"玉帅"。甚至像段祺瑞一流的人，一般人则称之曰"芝老"（他字芝泉），或曰"合肥"而不名（段为安徽合肥人）。这给新闻记者们以很大的麻烦。他们非有过人的记忆力不可；对于每一个政治舞台上的人物的名号，至少得费个若干时候的探讨的功夫。对于读报者也往往是一个障碍，如果记者只记其字而不写出其名来时。作者从前曾经不知效坤是何许人（宋哲元字明轩，知者也不会很多的）。

卜陈彝《握兰轩随笔》（卷下）云：

> 凡投刺开面页，古用正字。张居正为相时，避其讳，黏签，后相沿用签。非是。

为了避一个相公之名，连日用的"刺"也都改了样子。可见我们避讳之慎重其事。

在今日还是如此，如果对一个朋友而直呼其名，便有被视作"大不敬"的危险（在法庭上，法官对犯人才呼名的）。

记得去年"国民政府"还有过一个命令，吩咐各报馆不许直书各要人之名。

为什么这个古老的习惯到今日还顽强地产生着呢？为什么呼名便是"不敬"呢？这种"不敬"的观念何以会发生的呢？为什么须避讳，须讳名而可以不讳字呢？

说来话长。总之，也是从很古远很古远的时代遗留下来的原始的"禁忌"的一种。在古远的时代是一种"禁忌"。到了后来，便变成了礼貌或道德或法律的问题了。

二

远古的人，对于自己的名字是视作很神秘的东西的。原始人相信他们自己的名字，和他们的生命有着不可分离的关系。他们相信，每个人的名字乃是他自己的重要的一部分；别人的名字和神的名字也是如此。他们取名以分别人、己。他更相信：知道了神、鬼或人的名字，便可以把这个名字的主人置在他的势力内，便可以给这个名字以危害。因此，他常预防着他的名字为人所知。常对友人隐瞒着，而更永不为其敌人所知。

这个信仰的发生，乃由于原始社会的原始人，对于物与主，名与物，象征与实在的分辨不清。这乃是最普遍的野蛮思想之一。他们对于生物与无生物的区别永远纠葛不清。他们把每株树，每一条河流，每一块岩石，都人格化了，都视作和自己同样的有思想、有感情的东西。

在原始社会里，魔术乃是不可见的恐怖之国的根源。几乎每件东西都成为魔术之媒介。魔术乃是原始人生活的主宰。他们不知物的真相，而相信其可为善或恶的媒介——大体是属于恶的居多。

他们相信，名字乃是他们自己的一部分，和一切身上的东西，例如须、发、爪之类相同，而较他们尤为重要。故必须隐匿起来，以免成为魔术之媒介，而为敌人所利用。

他们相信，知道或懂得某一件事，乃是在实际上捉住或得到那一件事。所以，知道了敌人的名字便是实际上或捉住了或获到了他的自身。

在中国这种信仰在很后期的传奇或小说里还保存得很多。在吴承恩的《西游记》里有一个很好的例子。

> 二魔道："你来寻事，必要索战。我也不与你交兵。我且叫你一声，你敢应我么？"行者道："何怕你叫上千声，我就答应你万声！"那魔执了宝贝，跳在空中，把底儿朝天，口儿朝地，叫声：孙行者！行者却不敢答应，又叫一声，行者却决忍不住应了一声。搜的被他吸进葫芦去，贴上贴儿。

这是第三十四回"魔头巧算困心猿，大圣腾那骗宝贝"的一段。孙行者答应了一声，便被吸进紫金葫芦里去。但后来被行者设计赚出那个葫芦之外来。他变作小妖，盗了那葫芦来，却变了一个假的捧在手里。

在同书第三十五回"外道施威欺正性，心猿获宝伏邪魔"里，作者接着写孙行者和紫金葫芦的主人银角大王斗法。银角大王执的是假的葫芦，行者执的却是真的一个。行者让银角大王先叫他的名字，却吸不进他去。但当行者执着真的紫金葫芦叫一声银角大王时，这妖魔他自己却被吸进葫芦里去了。

> 大圣道："说得是！我就让你先装。"那怪甚喜。急纵身跳将起去，到空中，执着葫芦，叫一声：行者孙！大圣听得，却就不歇气连应了八七声，只是不能装去。那魔坠将下来，跌脚捶胸道："天那！只说世情不改变哩。这样个宝贝，也怕老公，雌见了雄，就不敢装了！"行者笑道："你且收起，轮到老孙该叫你哩。"急纵筋斗跳起去，将葫芦底儿朝天，口儿朝地照定妖魔，叫声：银角大王！那怪只得应了一声，倏的装在里面，被行者贴上太上老君急急如律令奉敕的帖子。心中暗喜道："我的儿！你今日也来试试新了！"

还有一个老妖，名金角大王，他也有一件法宝，是净瓶，其作用和银角大王的葫芦相同，却也同样地作法自毙。

> 那妖抵敌不住，纵风往南逃走。八戒、沙僧紧紧赶来。大圣急纵云跳在空中，解下净瓶，罩定老魔，叫声：金角大王。那怪只道是自家败残的小妖叫声，就回头应了

一声，嗖的装将进去，被行者贴上太上老君律令。只见那
七星剑坠落尘埃，也归了行者。

在《武王伐纣》书里也已有了呼名作法的事。《封神传》所
写的呼名落马的事尤多；迷魂阵的布置，以处置敌名为主要的法
术之一。第十四回"哪吒现莲花化身"写哪吒既已拆骨肉还了父
母，一灵不昧，东西飘荡，到了他师父太乙真人那里。太乙真人
把莲花布成哪吒之身，一唤着哪吒的名字，他便幻成了人形。

"既为你，就与你做件好事。"叫金霞童儿，把五莲池
中莲花，摘二枝，荷叶摘三个来。童子忙忙取了荷叶莲
花，放于地下。真人将花勒下瓣儿，铺成三才。又将荷叶
梗儿折成三百骨节，三个荷叶，按上中下，按天地人，真
人将一粒金丹，放于居中，法用先天气运九转，分离龙坎
虎，绰住哪吒魂魄，望荷莲里一推，喝声："哪吒不成人
形，更待何时！"只听得响一声，跳起一个人来，面如傅
粉，唇似涂朱，眼运精丸，身长一丈六尺。此乃哪吒莲花
化身。

这里唤名的魔术是使用于善的方面的。但大多数唤名的魔
术却都是使用于恶的方面的。《封神传》第三十六回"张桂芳奉
诏西征"写呼名落马事尤为详尽。

　　张桂芳仗胸中左道之术，一心要擒飞虎。二将酣战，未及十五回合，张桂芳大叫："黄飞虎不下马，更待何时！"飞虎不由自己，撞下鞍鞒。军士方欲上前擒获，只见对阵上一将，乃是周纪，飞马冲来，抢斧直取张桂芳。黄飞龙、飞豹二将齐出，把飞虎抢去。周纪大战桂芳。张桂芳掩一枪就走，周纪不知其故，随后赶来。张桂芳知道周纪，大叫一声："周纪不下马，更待何时！"周纪吊下马来。及至众将救时，已被众士卒生擒活捉，拿进辕门。

　　姜子牙见"桂芳左道呼名落马"，无法可施，只好挂上免战牌。但后来哪吒奉师命下山，来助子牙，那左道之术，方才被破。

　　先行风林领兵出营，城下搦战。探马报入相府。哪吒答言道："弟子愿往。"子牙曰："是必小心！桂芳左道，呼名落马。"哪吒答曰："弟子见机而作。"即登风火轮，开门出城。见一将蓝靛脸，朱砂发，凶恶多端，用狼牙棒，走马出阵。见哪吒脚踏二轮，问曰："汝是何人？"哪吒答曰："吾乃姜丞相师侄，李哪吒是也。尔可是张桂芳，专会呼名落马的？"风林曰："非也！吾乃是先行官风林。"哪吒曰："饶你不死，只唤出张桂芳来。"风林大怒，纵马使棒来取哪吒，手内枪棒两相架隔。轮马相交，枪棒并举，大战城下。有诗为证：

下山首战会风林，发手成功岂易寻。

不是武王洪福大，西岐城下事难禁。

……

且说风林败回进营，见桂芳备言前事。又报哪吒坐名搦战。张桂芳大怒，忙上马提枪出营。一见哪吒耀武扬威，张桂芳问道："踹风火轮者可是哪吒么？"哪吒答道："然。"张桂芳曰："你打吾先行官是尔！"哪吒大喝一声："匹夫说你善能呼名落马，特来擒尔！"把枪一晃来取。桂芳急架相迎。轮马相交，双枪并举，好一场杀！一个是莲花化身灵珠子，一个是封神榜上一丧门。

……

话说张桂芳大战哪吒，三四十回合。哪吒枪乃太乙仙传，使开如飞电绕长空，风声临玉树。张桂芳虽是枪法精熟，也自雄威力敌，不能久战。随用道术要擒哪吒。桂芳大呼曰："哪吒不下车来，更待何时！"哪吒也吃一惊，把脚蹬定二轮，却不得下来。桂芳见叫不下轮来，大惊！"老师秘授之叫话捉将，道名拿人，往常响应。今日为何不准？"只得再叫一声。哪吒只是不理，连叫三声。哪吒大骂："大胆匹夫！我不下来凭我，难道你强叫我下来？"

为什么张桂芳不能叫得哪吒下轮呢？这因为哪吒乃莲花化身，"那里有三魂七魄，于此不得叫下轮来。"凡人们则被叫一声，魂魄不居一体，散在各方，自然落马了。第三十七回"姜子牙一上昆仑"里有一段故事很妙：

> 元始曰："此去但凡有人叫你的，不可应他。若是应他，有三十六路征伐你。东海还有一人等你。务要小心！你去罢。"子牙出宫。有南极仙翁送子牙，子牙曰："师兄，我上山参谒老师，恳求指点，以退张桂芳。老师不肯慈悲，奈何奈何？"南极仙翁曰："上天数定，终不能移。只是有人叫你，切不可应他，着实要紧！我不得远送你了。"子牙捧定封神榜，往前行至麒麟崖，才驾土遁，脑后有人叫姜子牙。子牙曰："当真有人叫，不可应他。"后边又叫子牙公。也不应。又叫姜丞相。也不应。连声叫三五次，见子牙不应，那人大叫曰："姜尚，你忒薄情而忘旧也！你今就做丞相，位极人臣，独不思在玉虚宫与你学道四十年！今日连呼你数次，应也不应！"子牙听得如此言语，只得回头看时，见一道人。话说子牙一看，原来是师弟申公豹。

因了子牙这一声答应，惹得后来无数的兵戈。这可以说是关于名字的魔术的最大作用了。同书第四十四回"子牙魂游昆仑山"写子牙因被姚天君把名字写在草人身上而得到了恶疾。

姚天君让过众人，随入落魂阵内，筑一土台，设立香案，台上扎一草人，草人身上写姜尚的名字。草人头上点三盏灯，足下点七盏灯。上三盏名为催魂灯，下七盏名为捉魄灯。姚天君披发仗剑，步罡念咒，于台前发符，用印于空中。一日拜三次。连拜了三四日，就把子牙拜得颠三倒四，坐卧不安。

像这一类的例子是举之不尽的。这里只不过略举其最著者耳。

和哪吒的幻形相同的，还有元王晔《桃花女破法斗周公》杂剧里面写的两件事：其一，在楔子里，桃花女欲救石留住之命，命石留住之母，于三更时候，将马杓儿去那门限上敲三下，叫三声。留住果然因此躲避了他的死亡。

其二，在第四折里，桃花女已被周公咒死，却在事前吩咐彭大向她耳朵根边高叫三声："桃花女快苏醒者！"她便得还魂。

这两个例子都是呼名之术用之于善的方面。不过更多的却是敌人利用着知道的名字来施展其魔术于那名字的主人的身上。

巫蛊之术都是这法术的一支。至今，把所欲诅咒的人的名字写在木人身上用以厌之、害之的法术，还是流行于民间无知识者的社会里。

三

不仅凡人们会受名字的魔术的影响，就是鬼神也往往因为名字为人所知而被控制而不能施展其超自然的威力。

最有名的一个例子，便是《汤底托》(*Tom Tit Tot*)，这是一个英国的民间故事。

却说有一个女儿很贪嘴，她食去母亲留下的饼。她母亲很不高兴，坐在门边唱述女儿的事。恰好国王经过那里。

国王问道："你歌唱的是什么事呢？"

老太婆不好意思述出女儿的贪嘴，便说谎道："我唱说，我的女儿一天会绞五架线。"

国王便娶她为妻，但有一个条件：在新婚的十一个月中，她可以衣食称心如意。但到了第十二月的第一天，她每天须要绞五架线。如果绞不完，便要被杀死。

婚后的十一个月，果然十分快乐。到了十一月快尽的时候，她以为国王已经把这件事忘记了。不料，最后的一天，国王却带她到一个小房间里。这房间除了一架绞线机和一张板凳外别无他物。第二天，他给她些麻绳。她开始惊骇，不知怎么办好。她坐在板凳上哭着。突然，她听见门外有一个打门的声音，她开了门，进来了一个长尾的小黑物。他说："不要哭，我会帮助你的。我每天取去麻绳，绞好了带回给你。只是我将每夜给你猜三次我的名字。到了月尽，如果还猜不着，你便将成为我的。"这样，一天天的过去。到了月尽的前一夜，她还在乱猜道："是皮尔？"

"不对的。"

"是尼特？"

"不对的。"

"是马克？"

"也不对的。"

他哈哈地笑着，说道："只有明天一夜了！你便是我的了！"

那一天，国王和她一同用饭，只吃了几口，便吃吃地笑个不已。他告诉她说，他在打猎时，看见一个长尾的小黑物，在用一张小小的织机织着线，一边在唱着：

> "不要，不要说出来，
> 我的名字是汤·底·托。"

她心里喜欢得几乎说不出话来。

到了晚上，这小黑物又来了。他问道："我的名字是什么？再猜不着，你便是我的了！"

她退了几步，一手指着他，故意迟疑地说道："是梭罗门？"

"不对的。"

"是西倍地？"

"也不对的。"

最后，她便指着他道："你的名字是汤·底·托！"

他立刻逃到黑暗里，从此不再出现。

"汤·底·托"型的故事，在全世界都可以找得到。所有这一切同型的故事，其结构的中心都在那怪物的名字的发见。

在一个推洛尔（Tyrol）的故事里，主人公是一位公爵夫人。她的丈夫有一天在树林里打猎，突然遇到了一个红眼长须的矮人，告诉他说，他侵犯了他的疆界，如果不偿以他自己的生命，便须把他的妻送给他。公爵再三地恳求他。最后，他让步地说，如果在一个月内，公爵夫人找不出他的名字来，她便是他的了。他们约定了，公爵夫人将到一株古树边和他见面三次，每次猜三个名字，共猜九回。到了月尽，她遵约到了古树那里，和矮人见面，猜道：

"是裘尼？"

"是菲契特？"

"是福尔？"

矮人快乐得叫起来，说道："猜不着。"

她回到古堡中，在礼拜堂里虔诚祷告。

到了第二天，她猜第二次。

"是海发？"

"是柏鲁登？"

"是土尔根？"

矮人道："猜不着！"

当第三天她到了古树边时，矮人没有在那里。她信步地向前走去，到了一个可爱的山谷里，看见一所小屋。她蹑足地走到窗前，偷偷地望着，看见那个矮人在屋里快乐地跳来跳去，一面唱着他自己的名字，公爵夫人异常高兴地回到了古树边。

当矮人来时，她故意地逗着他道：

"是蒲尔？"

矮人摇摇头。

"是西格？"

矮人开始有些吃惊了。

"是蒲尔西尼格尔！"她高声地叫道。

于是矮人睁圆了一双红眼，大怒地咆吼而去，没入黑暗中永远地不见了。

在 R.H.Busk 译的 *Sagas from the Far East* 里，有一则故事说：一位国王命他的儿子出外游历，以增见闻。太子带了他的好友——首相的儿子同去。在他们回程时，首相的儿子妒忌太子的智慧，骗他入一座森林里，杀死了他。当太子死时，他说道："阿巴拉契加。"当首相的儿子到了皇宫时，他告诉国王说，太子在途中因病而死，临死时，他只说了一个字："阿巴拉契加！"

于是国王召集他的巫师们来，告诉他们说，如果他们在七天之内，不能发现"阿巴拉契加"这个名字的意义，他们便全都处死刑。

但巫师们焦思苦虑了六天，还猜不出这个名字的意义来。

正当第七天时，有一个学生走来告诉他们说，不要灰心了，他已经为他们找到那个名字的意义了。当他卧在一株树下时，他听见一只鸟儿告诉他的雏鸟说，不要吵着要吃的了，明天早晨可汗要杀死一千人，因为他们找不出"阿巴拉契加"这个名字的意义。这个名字的意义，那只鸟说道，乃是："我的好友骗我到了一座密林里，杀死了我。"

巫师们立刻跑去告诉可汗。他因此把首相的儿子捉来杀了。

这最后的一个故事，和"汤·底·托"型虽略有不同，而其重心在发见一个名字的意义却和发见一个名字很相同。

发见了一个名字，居然具有这样重要的意义与作用，可见野蛮人对于名字的如何重视了。

上文所举的呼名落马等等故事也都可以归在这一部分的研究里。

四

原始人相信一个人身体的实在的附属物，像发、须、爪之类，足以为魔术的或巫蛊的媒介物，跟着便也相信"非实在"的东西，像阴影、影像和名字等，也都足以被当作施展魔术于其身上或巫蛊之用的。

原始人于声光之学毫无所知。他们对于空谷的回声，水中的倒影，跟随在他身后的人影，都觉得可以证明人是有第二个自己，即灵魂的。

巴棱托人（the Basuto）不走河岸上，生怕他的影子落在河上，一只鳄鱼会捉了他，因此施害于他。在韦塔岛（Wetar Island）上，有巫师们专门会以刀矛刺人的阴影以置人于疾痛。亚拉伯人①相信，如果有一只土狼踏在一个人影上，那个人便会喑哑的。在近代的罗马尼亚存在着：凡一座新建筑必须葬一个牺牲者给土神的风俗之遗习，即建筑者须骗一个过路人走近，使他的阴影刚好投在基石上，他们相信，这个人在这年内必定会死去。

原始人对于阴影的迷信，同样的在名字上也见到。

维多利亚（Victoria）的黑人，极不愿意把他们的真名告诉别人，生怕会为巫师所利用。塔斯曼人（Tasman）也十分不高兴他们的名字被人说出。

在西非洲的齐语（The Tshi Speaking）族里，一个人的名字，除了最近的亲属外，无人知之，他们都只知道他的诨名，而不知他的真名。依委语（The Ewe Speaking）族的人相信：名字与人具有实际的关联；用着他的名字，便可以给那个人以危害。

不列颠·几内亚（British Guinea）的印度人对于名字看得异常的重要。名字的主人极不愿意说出它来，显然他们相信，名字乃是人的一部分，知道了它，便对他有一部分的控御之力了。为了避免他们的名字为人所知，所以一个印度人对别一个

---

① 今译为阿拉伯人。

呼唤着时，常依据着他们的亲属关系而称呼着的。

对于一个白人，他们也不愿意告诉其名。这事显然是不便的。因为根本上没有亲属关系，无法可称呼，于是印度人便请白人给他一个名字。这个名字常是写在一片白纸上。当别一个白人问他的名字时，他便将这片纸给他看。

不列颠·科仑比亚（British Columbia）的印第安人，绝不愿意说出他的名字。所以你永远不能从他自己那里得到他的真名；但从同伴们口中却可以得到。

美洲的印第安人，名字是一种圣物，不轻易为人所知。

许多黑足人（Black Foot）每一季都要改换一个名字。每当一个黑足人成就了一件功名或事业时，也就改换一个名字。这种改名之俗，在文明社会里也极常见。所谓东坡居士、半山等等的"号"，在我们社会里是极常见的；每因易居一地，新建一室，新得一物而起一新号的。又每当一个武士成就了事功之后，皇帝也常赐姓或赐名以旌异之。

《水浒传》里的呼保义（宋江），智多星（吴用），黑旋风（李逵），乃至浪里白条、母大虫、矮脚虎等等的诨名，也是和这个古老的禁忌有关的。

英国侵略尼泊尔的战争时，尼泊尔人却要侦探出英军统帅的名字而加以巫术。又，在英国侵略印度战争时，莱克将军（Lake）克取一个城池，竟不费吹灰之力，他觉得很奇怪。后来才知道他的名字在土人言语里其意义是鳄鱼。这城原来有一个预言，说要为鳄鱼所攻取。

像这样的例子在中国也不少。《水浒传》里的"遇洪而开"以及什么《烧饼歌》之流，也都是关于名字的谜的作祟而已。

五

古埃及人把姓名遍写于壁上及他处。他们相信，如果名字被涂抹了，人便也不会活着了。

埃及人相信灵魂有八个。第八个是 Reu，即"名字"，不朽的我的一部分。没有了它，人便不能生存。

流行于英国民间的一首民歌：

"What is your name？

Pudding and tame

If you ask me again I'll tell you the same."

充分的可以表现出这古老的名的禁忌之术，还保存在今日的社会里的遗迹。

在许多地方，乳名是特别被重视；只有乳名才有被作为魔术之媒介的力量。

这个观念是极为普遍地流行于各时代的。当一个孩子生下来时，取名之礼是很隆重的。在基督教、天主教的诸国里，受洗礼时的名字乃是真名，乃是登记在天上之名。所以，在没有取名之前，他们把孩子保护得异常的周密，生怕为恶鬼所窃去。苏格兰人严守着新生之子，把渔网挂在帐前，以阻魔鬼的入来。丹麦人将盐面包，放在孩子的四周。他们隐藏教名，不使恶鬼害他。

中国人对于小孩，欲其成大无灾，常常取以贱名，如"猪矢""小狗"之类。此风俗在沿海一带，如福建等省为尤甚。

我们相信凡人在疾病时，灵魂是失落了——特别是孩子——或迷途了，叫他的名字也会归来：他的魂也许会憬然有悟，归附于体，而病以愈。这叫魂之术，来源极早（《大招》《招魂》），而今日还甚流行于各地。一盏灯笼，一面锣，一声声地喊着名字，在黑漆漆的夜里，冷寂寂的街上，那景象是极为惨怖的。

六

因此，改名之典，便也被视为十分慎重。

《旧约·创世记》云："你的名字不再为亚伯兰，要改为亚伯拉罕，因为我已将你作为许多国之父了。"

同书同记又说："他说你的名字不再叫约可伯，但为以色列，因为你是一个王，有天与人的权力，且可得胜。"

在中国，改名以应天象，以应纬谶等等的事，在历史上异常地多。最好的例子是刘歆改名为刘秀的事；因为他相信"刘秀将为天子"的谶语。

历代帝王的改元，也往往都是为了去凶就吉，他们相信，一改了元便可以气象一新。

古人对于改名或另取一"字"是十分慎重的。

《仪礼·士冠礼》里有宾为行冠礼的少年取"字"。其"字辞"极为慎重。其辞："礼仪既备，令月吉日，昭告尔字。爰字孔嘉，髦士攸宜，宜之于假，永受保之。"

今人也还有"自某年某月某日起，改名某某"的举动。钱玄同先生废姓，改为疑古玄同是好例。

七

名的禁忌，在原始人社会里最为顽固而流行。至今还顽强地保留着不少遗迹。他们有种种的"禁忌"，像岳父母之名，不能呼出。在印度人里，妻不呼夫名，称"他""家人"等。我们中国人也是如此。妻称夫为"他"，如有子女，则称为某某（子名或女名）的爹。妻名，夫也常不说出，似不应为人所知者，或称为"内人""内子""贱内""家的"，或仅称为"她"。

有名的"Cupid and Psyche"的故事及魏格纳歌剧"Lohengrin"的故事，都是关于破坏了这种"禁忌"的一种结果。

至于讳君父之名及神道名，则自是当然的；上文已详之。这里更举一二个例：在西兰地方，国王名水。则"水"易新名，国王名刀，则"刀"易新名。有一个地方，国王登极时，即改名。有言旧名者，杀无赦。

我们由上文所述，可以知道，人类远古的蛮性，其遗留于今日社会中者，实在不少。而中国孔子所欲保存者，有不少便是这一类的东西。

伐檀篇

——"《诗经》里所见的古代农民生活"之一

坎坎伐檀兮，置之河之干兮，河水清且涟猗。不稼不穑，胡取禾三百廛兮？不狩不猎，胡瞻尔庭有悬貆兮？彼君子兮，不素餐兮！

坎坎伐辐兮，置之河之侧兮，河水清且直猗。不稼不穑，胡取禾三百亿兮？不狩不猎，胡瞻尔庭有悬特兮？彼君子兮，不素食兮！

坎坎伐轮兮，置之河之漘兮，河水清且沦猗。不稼不穑，胡取禾三百囷兮？不狩不猎，胡瞻尔庭有悬鹑兮？彼君子兮，不素飧兮！

上《诗经·魏风·伐檀》一篇，凡三章，章九句。《毛诗序》道："《伐檀》，刺贪也。在位贪鄙，无功而受禄，君子不得进仕尔。"这样明白晓畅的诗，被《诗序》一解释，反而弄得糊涂了。这首诗里的"君子"，正是诗人讽刺的对象，《诗序》却说什么"君子不得进仕尔"，仿佛做这首诗的，倒是"君子"了。郑氏《笺》全就"序"旨生发，乃亦一无是处。可见汉儒解经之盲从与固执。朱熹《诗集传》道："然其志则自以为不耕则不可以得禾，不猎则不可以得兽，是以甘心穷饿而不悔也。诗人述其事而叹之，以为是真能不空食者。后世若徐稺之流，非其力则不食，其厉志盖如此。"也是牵住了"君子"二字来硬做文章的。其实，只要把"君子"一语解释作"地主"或"宦绅"之流，则全诗便能豁然贯通，毫无窒碍了。这位诗人口中的"君子"，全是讥刺之意。此"君子"并非若后人之所谓"君子"也。且以今语将全诗译之如下：

　　坎坎然地在用力斫着檀树，斫下来把它放到河边。河水是那么清，一阵风吹过来，吹得河水漪漪作波纹。他不曾去种田，也不曾去割稻，为什么他却拿了我们的谷去，填满了他的三百间谷仓？他不曾去打猎，也不曾去捕捉野味，为什么看看他的院子里，却有打到的貉子悬挂在那里？那地主啊，他是非吃肉不可的呀！

　　坎坎然地在用力削木做车辐，做好了把它放在河旁。河水是那么清，一阵风吹过来，吹得河水扬扬地直流下去。他不曾去种田，也不曾去割稻，为什么他却拿了我们的三百亿把的谷去？他不曾去打猎，也不曾去捕捉野味，为什么看看他的院子里，却有打到的野兽悬挂在那里？那地主啊，他是非吃肉不可的呀！

坎坎然地在用力斫削着车轮，做好了车轮把它放在河沿。河水是那么清，一阵风吹过来，吹得河水在转着圆圈儿。他不曾去种田，也不曾去割稻，为什么他却拿了我们的谷去，堆满了他的三百座圆仓？他不曾去打猎，也不曾去捕捉野味，为什么看看他的院子里，却有打到的鹌鹑悬挂在那里？那地主啊，他是非吃肉不可的呀！

这还不够明白么？曹粹中云："檀木坚韧，故伐之之声坎坎然，非若丁丁之易也。"这话很对。车辐和车轮都需要坚韧的檀木来做，所以农人在用力地斫，用力地削。当他在河边斫削着檀木的时候，眼望着河水，心里却不平地在想着地主的享用。他为什么会不耕种，不收割而可以有米盈数百仓；吃着白米饭不算，还要吃着貉子，吃着野味，吃着鹌鹑，而那些东西，也并不是他自己去打猎得来的。为什么他会如此的享用着呢？社会何以会那么不平等呢？他不平，他便讽刺着，反唇相讥着。

所以，这实是一首绝好的农民的讽刺诗。如何会"缠夹"到什么"君子不得进仕尔"一类的思路中去呢？在同书《豳风》里，有一篇《七月》，也是绝妙的农歌。《七月》的第三章和第四章云：

七月流火，八月萑苇。蚕月条桑，取彼斧斨，以伐远扬，猗彼女桑。七月鸣鵙，八月载绩，载玄载黄，我朱孔阳，为公子裳。

四月秀葽，五月鸣蜩。八月其获，十月陨蘀。一之日
于貉；取彼狐狸，为公子裘。二之日其同，载缵武功。言
私其豵，献豜于公。

正可作《伐檀》的注脚。这二章诗句，比较难懂。现在也
把他们译为今语：

在七月的夜里，望着天空，有流星飞过。（按"流
火"甚难解；毛《传》云："火，大火也，流下也。"郑
氏《笺》云："大火者，寒暑之候也。火星中而寒暑退，故
将言寒，先着火所在。"朱氏《诗集传》云："流，下也；
火，大火心星也。以六月之昏，加于地之南方，至七月
之昏，则下而西流矣。"均不大明白，故直捷地以流星解
之。）在八月里，蒹葭是白茫茫的一片。想起养蚕的一个
月啊：有时，连枝的把桑叶采下来；有时，把那扬起的远
枝，用斧头斫它下来；有时，把嫩的桑叶摘下来，却留着
枝干。七月的时候，伯劳在叫着呢。八月，是割麻织布的
时候了。有的染了黑色，有的染了黄色，但我的红色却最
鲜艳。织了，染了；是为公子们做衣服穿啊！

四月里，远枝在结实。五月里，知了在叫。八月里，
可以收获了。十月的时候，草木都黄落了。第一天出去捉
捕狐狸；取狐皮来替公子们做皮裘。第二天，又要继续出
去替公家狩猎了！捉来了小野猪留下了给自己，但大豕却

要拿出来献给公家！

这诗里所谓"公子"，也就是《伐檀》里的所谓"君子"，其实，也便是地主，或田主，或公、侯、大夫之有采田者。农人们辛辛苦苦地养了蚕，收割了麻，织成了丝与布，染好漂亮的颜色，却是给地主们做了衣裳！地主们不仅取了他们的谷，也还剥夺着他们的副产品。不仅此也，到了十月的时候，还要替地主出去打猎，捉狐狸，捕野猪；自己只能留下小的，大的却非贡献出来不可。这足够说明了《伐檀》里所讥骂的"不狩不猎，胡瞻尔庭有悬狟兮"的一句话了。原来那野兽也是农民们所贡献给他的！

可见，在当时，农民们虽未必是什么奴隶，但他们耕种着田主们或地主们或公侯、大夫们的田地，却受尽了剥削。他们不仅要照例付纳谷物，还要附带地交纳副产品，像丝绸与麻布之类。在冬天农余的时候，还要为地主们出去打猎，捉狐狸给他们做裘衣，打野猪给他们食用。农民们义务重重，简直被压得透不过气来。他们在名义上虽可能是自由人，但在实际，却是经济上的奴隶。他们被锁在土地上，无法脱离，也无处可逃亡。在《魏风》里，还有一篇《硕鼠》的诗：

　　硕鼠，硕鼠，无食我黍！三岁贯女，莫我肯顾。逝将
去女，适彼乐土。乐土乐土，爰得我所！
　　硕鼠，硕鼠，无食我麦！三岁贯女，莫我肯德。逝将

去女，适彼乐国。乐国乐国，爰得我直！

硕鼠，硕鼠，无食我苗！三岁贯女，莫我肯劳！逝将
去女，适彼乐郊。乐郊乐郊，谁之永号！

以今语译之如下：

大鼠，大鼠，不要再食我的黍米了！我佃了你的田，
种了三年，你一直不曾顾念到我的辛苦。我现在要离开你
走了。我要到别的快乐的地方去。到了那个快乐的地方，
我便可以安居下来，不受剥削了！

大鼠，大鼠，不要再食我的麦子了！我佃了你的田，
种了三年，你一直不曾见到我的勤恳的好处来。我现在要
离开你走了。我要到别的快乐的地方去。到了那个快乐的
地方，我便可以得到应该得到的待遇了！

大鼠，大鼠，你连稻苗也不用想再食我的了！我佃了
你的田，种了三年，你一点也不觉得我的勤劳。我现在要
离开你走了。我要到别的快乐的地方去。到了那个快乐
的地方后，谁也不高兴再在你的田地上愁恨地长吁短叹
着了！

这简直是在谩骂着了。把田主们比作大鼠。他是偷盗谷
物的怯兽！农民道，他要离开了这地方而到别的乐土那里去
了。在别的地方，一定会体念他的勤劳苦辛，一定不会剥削

他像这里的情形一样，也一定不会像在这里似的常在愁恨的叹叫着。

这可见当时的农民们的确是比较自由的。他们不高兴耕种这地方的田了，他尽可自由地跑到别的地方去。他们总幻想着有一个乐土，在那里，没有硕鼠似的田主，没有剥削，没有愁叹。然而，果真有那样的一个"乐土"么？在那时，果真有那样的一个"世外桃源"么？恐怕到处的田主们都是那么坏，正像天下的老鸦们都一般黑似的。他们虽然想望着自由，幻念着乐土，然而他却跑不开去。他们是被经济的锁链无形地锁在土地上的。他们不会有自由。跑到哪里也是一样。根本上，在那时代的初期封建的农业社会里，是不会有他们所幻想的"爰得我所""爰得我直"的乐土的。

他们永远地生活在被封建地主种种剥削、样样侵夺的环境之中，永远地为土地的奴隶。每年全家辛辛苦苦地工作着，而大部分的收获，包括田中的谷物和副产物及其农余的狩猎所得在内，全都贡献给了"不稼不穑""不狩不猎"的田主。自己留下的只是很小的一部分，勉强地维持着不至冻馁的生活而已，永远不会有余粮和余财的。

把这样困苦和不平的农民的生活，也就是，把这时代的农民的一般生活，写得最仔细的要算是《七月》一诗了。

　　七月流火，九月授衣。一之日觱发，二之日栗烈。无衣无褐，何以卒岁！三之日于耜，四之日举趾。同我妇子，馌彼南亩。田畯至喜!

——上第一章

七月的夜里，望着流星飞过天空。已经入秋了。到九月的时候，就要准备御寒的衣裳了。下一天，寒风要凛烈地吹着了；再下一天，天气便要大冷了。我们的寒衣，我们的毛衫都还不曾有呢! 怎样能够度过这个年关呢? 想到头一天里修理好了耒耜；第二天就要下田去了；我要同妇人孩子们送饭到南边的田地里去。好不高兴啊!

七月流火，九月授衣。春日载阳，有鸣仓庚。女执懿筐，遵彼微行，爰求柔桑。春日迟迟，采蘩祁祁。女心伤悲：殆及公子同归!

——上第二章

七月的夜里，望着流星飞过天空。已经入秋了。到了九月的时候，就要准备御寒的衣裳了。想到春天到了，太阳和暖地照着，黄鹂在叫着，女孩子们手执着精致的筐篮，在小路上走着，采摘着柔嫩的桑叶。春天为何那么迟迟的来到呢? 只是采着许许多多的白蒿。她心里有伤悲：将要和"公子"一同到他家里去了吧! ?

（第三章和第四章，上面已经引到过。）

五月斯螽动股，六月莎鸡振羽。七月在野，八月在
宇，九月在户，十月，蟋蟀入我床下。穹窒熏鼠，塞向墐
户。嗟我妇子，曰为改岁，入此室处。

——上第五章

在五月的时候，蟋蟀跳跃出来了；六月的时候，它在振翼
唧唧地叫着。七月的时候，它还在田野里，但到了八月，它便
躲到檐下来了；九月的时候，它藏到了门后。到了十月，它却
躲在我的床底下来。这时，天气冷了，要看看整个房子，把空
隙透风的地方，塞闭起来；也要把老鼠们熏赶出屋了；把向北
的窗牖都封塞起来，也把泥土涂没了竹门。唉！我的女人孩子
们，快要过年了，房子修理好，就可以住了。

六月食郁及薁，七月亨葵及菽，八月剥枣，十月获
稻。为此春酒，以介眉寿。七月食瓜，八月断壶，九月叔
苴。采荼薪樗，食我农夫。

——上第六章

六月时候，唐棣树上的果子都甜熟可食了，七月是食葵
菜和豆子的时候。八月里，枣子熟了，好打下来了。十月的时
候，田里的稻熟了，可以收割了。要酿酒了；到了春天，酒熟
了，便可以助助老头儿的兴致了。七月的时候，吃着瓜类的东
西。八月里，瓜老了，可以采下来做瓠子用。九月的时候，应

该收拾麻子了；还要采了苦菜，供食用，斫了樗树当柴烧，我们农人吃的是这些东西啊！

> 九月筑场圃，十月纳禾稼。黍稷重穋，禾麻菽麦。嗟我农夫，我稼既同，上入执宫功。昼尔于茅，宵尔索绹。亟其乘屋，其始播百谷。
>
> ——上第七章

九月的时候，要开始建造打谷的场地和园圃了；十月的时候，可以把收获来的谷物放进仓里去了；收获的东西可不少！有黍，有谷，有早熟的稻，有晚熟的稻，有麻，有豆，还有麦子。唉！我们农夫啊，收割的工作完毕，又要到田主家里屋顶上去修理罅漏了。白天的时候要去取茅草，晚上的时候还要绞草绳。快点到田主家里屋顶上去修补好了吧，播种的时候不久又要到了。

> 二之日凿冰冲冲，三之日纳于凌阴。四之日其蚤，献羔祭韭。九月肃霜，十月涤场。朋酒斯飨，曰杀羔羊。跻彼公堂，称彼兕觥，万寿无疆！
>
> ——上第八章

初二的那一天我们"冲冲地"凿打着河里的冰块，初三便要把它们藏到冰窖里去。初四，起得早早的，到田主家里去献上羔羊和祭祀用的韭菜。是九月的时候，白霜已经降了；十月的时候，打扫了场地，友朋们喝着酒，大家说，把羔羊杀了吧。但还要跑到田主家里的厅堂上去，捧举着大酒杯子，祝贺他的无竟的万寿呢！

　　细读着《七月》，在这以诗写出的"农历"中，见出农夫们的一年的苦辛的经过。全篇纯然是一片嗟叹之声。他们一年到头地力作着，还不是为田主们忙碌着么！连田主的屋漏也还要他们去修补呢。这是一个老农夫的诗，只有他，才能那么仔细地写出一年间的农家的历日和生活来。他写这诗的时候，大约是在七月的夜里，他眼望着流星飞过天空，思念着一年苦作的经过，而写着这诗，故首三章，皆以"七月流火"一句开始。他心里充满了不平；为他的一家，为他的邻里们，为他的同阶级的农夫们不平。他看看邻女在伤悲哭泣，心里想：她恐怕是要到她的田主家里去了。在这时候，农夫家的少女们，也许也要被送到田主家里去，只要田主们说一声要她。这和农奴们的生活有什么不同呢？

　　许多解诗的人，都以为《七月》是周公做的诗。"成王立，年幼不能莅祚，周公旦以冢宰摄政，乃述后稷、公刘之化，作诗一篇，以戒成王。谓之《豳风》。"(《诗集传》) 有了这个观念，所以把全诗处处都解释作"风俗之厚""不敢忘君"等等的话语。这是从哪里说起呢！明明是一首农民的不平的控诉之诗，却被解成了歌颂功德之作了。又，说诗者们都把这诗里的"一之日""二之日""三之日""四之日"释作周历的"正月""二月""三月""四月"，也是极不可通的。所谓"一之日"等等，实际上只不过说是"初一日""初二日"等等而已。否则，何以解"二之日凿冰冲冲，三之日纳于凌阴"呢？在二月里打凿下来的冰块，要到三月里才被藏到冰窖里去，有是理么？"一之日觱发，二之日栗烈"。正好解作"头一天起了北风，第二天天气好冷"，如何能够解作"正月起了寒风，到了二月，天气才发冷"呢？

《小雅·甫田之什》里，有《大田》一篇，也是写农民的生活的。

> 大田多稼，既种既戒。既备乃事，以我覃耜。俶载南亩，播厥百谷。既庭且硕，曾孙是若。
>
> 既方既皂，既坚既好。不稂不莠，去其螟螣，及其蟊贼，无害我田穉。田祖有神，秉畀炎火。
>
> 有渰萋萋，兴雨祈祈。雨我公田，遂及我私。彼有不获稺，此有不敛穧；彼有遗秉，此有滞穗，伊寡妇之利。
>
> 曾孙来止，以其妇子，馌彼南亩，田畯至喜！来方禋祀，以其骍黑，与其黍稷，以享以祀，以介景福。

《毛诗序》说是"刺幽王也。言矜寡不能自存焉。"不知所云。在这诗里一点也没有"刺"的意思。似乎只是农民祀神的一首歌吧。所谓"曾孙"，大约指的便是田主吧。这是已经收获完毕的时候，颇为丰收，故祀祖致谢的。诗里追述耕种收获的经过和情形，很可以见出古代农村社会的生活状态来。但也颇为难懂。现在试译之为今语如下：

莽莽的一片田地，收获是那么多。选择了谷种之后，便端整着耒耜。什么事都准备好了，便携着我的利锐的耒耜，开始到了南边的田地上去。我播下了好些谷种，苗长出来，又直又大，好不顺遂了我田主的心！

谷稻已经开始成穗结实了，看样子是又坚实，又肥大。既没有杂粱，也没有杂草。像蝗虫那样的害稻的种种虫儿，都得除去，不让他们害我的幼禾。"田祖"在上有灵，把这些害虫们都投到大火里烧死了吧。

天上的乌云拥拥挤挤的布满着，雨点淅淅沥沥地落个不停。这场雨把公田灌溉得足了，我自己的田地上也不缺水。这场雨，使我们农家们全都丰收。他那里有好些低小的穗实儿来不及割下，我这里也有来不及收获的谷束。他那里有抛弃掉的一把把的稻实，我这里也有不少不要了的谷穗。这些，都是留给村子里寡妇们拾取的。

田主来到田地里，察看着。家里的妇人孩子们正送饭给南边田地上在收获的人吃。心里好不高兴！我要向四方的神祇们虔诚地致谢，杀了赤色和黑色的牲畜，还用着新收获的黍谷，以享祭"田神"，以求多福！

这里"雨我公田，遂及我私"及"彼有不获穉……伊寡妇之利"二语，最可注意。所谓"公田"，是否便指的是井田制度里的公田呢？古代果有所谓"公田"制度么？这是需要更详尽的探讨的。在古代，寡妇们大约是农村里的一类应该公共矜恤着的人物，所以收割的时候，留在田地上的余谷，全都要归她们所有。

同什里的《甫田》一诗，大约是播种时候的祀神之作吧，故有着种种的企望，祷求神赐以力，俾得丰收，能够使田主收获到千仓万箱的谷来！

> 倬彼甫田，岁取十千。我取其陈，食我农人。自古有年。今适南亩，或耘或耔，黍稷薿薿，攸介攸止，烝我髦士。
>
> 以我齐明，与我牺羊，以社以方。我田既臧，农夫之庆。琴瑟击鼓，以御田祖。以祈甘雨，以介我稷黍，以谷我士女。
>
> 曾孙来止，以其妇子，馌彼南亩，田畯至喜。攘其左右，尝其旨否。禾易长亩，终善且有。曾孙不怒，农夫克敏。
>
> 曾孙之稼，如茨如梁；曾孙之庾，如坻如京。乃求千斯仓，乃求万斯箱。黍稷稻粱，农夫之庆。报以介福，万寿无疆！

现在仍以今语译之，俾能更容易明白些：

> 莽莽的大片田地，在太阳光里耀晒着，一年要纳万斛的谷给田主呢。年年都丰收，我农人天天吃的却是去年的

陈谷。现在到了南边的田地上去，有的人在拔野草，有的人在施肥料。稻苗是那么齐齐密密地苗长着，又大又肥，将用来烝祭我的俊秀的士大夫们呢。

用我的谷物和我的作为牺牲的羊，来祭着四方之神和后土之神。我的耕播的事已经告竣了，这是我农夫的幸福。我们要鼓琴奏瑟，还要击着土鼓，以迎"田祖"。祷求着他能够给我以好雨，养大了我的谷物，使我们一家都能够有得米吃。

田主来了，家里的妇人和孩子们正送饭到南边的田地上去。心里好不高兴！但田主却抢着饭筐儿，一筐筐地尝着，试试看好吃不好吃。田里的稻苗收拾得那么齐齐整整，一片的绿波起伏，一定是会长得肥大，而且丰收的。田主见了，方才不生气。农夫是那么勤快地忙碌着啊。

但愿田主的稻，像那房屋似的鳞比密接着，像车梁似的一层层的穹起着；田主的露天堆着的谷，像水中高地似的堆起，像高丘似的高起，但还祈求着能够堆满了一千个仓库，堆满了一万个车箱。耕种了那么多的黍呀，稷呀，稻呀，粱呀的，却都是我农夫们的功呀。得报以大福，祈求他们"万寿无疆"啊！

就在这祭神的歌里，农夫们对于田主们也还杂以嘲笑和不满呢。"攘其左右，尝其旨否"，态度是那么轻薄无赖。"曾孙不怒"，是不容易的事；可见他们到田地上视察的时候，见禾稻不良，是常常要发"怒"责骂的。

在上面的两首诗里，我把"田畯至喜"，译作"心里很高兴"，把"曾孙"释作"田主"，也许有许多人一定很怀疑。根据着传统的解释，"田畯"是"典田官"，以劝农为职，但在这些诗里，却不明白为什么这"典田官"会突然地出现。"畯"的另外一个解释是"草野之称"，即习语所谓"寒畯"之意。所以，"田畯"指的正是农夫他自己，并不是另有其人；喜的也是农夫，并不是什么"典田官"。

"曾孙"怎么会释作"地主"呢？一则，就诗的语气看来，应该是指的"地主"；再则，研究古代社会阶级，所谓"曾孙"，总是指的统治阶级。"武王祷名山大川，曰：有道曾孙周王发是也。"又《曲礼》："临祭祀，外事曰：曾孙某侯某。"（均见《诗集传》）可见"曾孙"并不是一般平民所能自称的。

《诗经》是一个无穷无尽的宝库，正像《旧约》里的《雅歌》，是人类的永久的珠玉一样。我们在那里可以掘发出不少古代社会的生活状态来，特别是古代农民们的生活的描写，在别的地方是发掘不到的。这个古代的诗歌总集所包含的是那么丰富的文学的与历史的珠宝啊！

我的解释，也许不免有牵强处，但自信离古代社会的实际情况是不很远的。

古事新谈

一　秦政焚书坑儒

　　离开现在二千一百六十年的时候，秦始皇统一了天下，心里很高兴。有一天，在咸阳宫摆了酒，有七十个博士们到他前面捧着酒杯庆祝他。仆射周青臣歌颂他的功德，说是，从古以来，不曾有过像他那样有威有德的。始皇益发快乐。正在这时候，却有一个博士，山东人淳于越，向前说道："现在政府不学古人的样子，把天下分封亲支，实在是很危险的。要是一天有了变故，便不能相救。周青臣当面恭维，实在不是个忠臣。"始皇把他的话，告诉了大家，叫大家讨论。丞相李斯说道："你创立了从古未有的大功业，愚蠢的书生怎样会知道底细。古代的事，离今远了，不必学他们。从前列国相争，大家都抢人才。现在天下已经统一了，他们还纷纷议论些什么。不禁止他们瞎谈政府的事，皇上的权势一定要低落

下去的；而且他们也要有结党集社的情形了。我以为，今后
应该：历史专读秦国所记载的东西；除了官家博士官以外，
谁也不许藏诗书和其他书籍，有藏书的人，都要将他们送到
各处衙门里烧掉，有人胆敢聚谈诗书的，杀之；胆敢用古代
的事来讥议现在的事的，杀灭他的一族人；地方官知道了不
检举，也和他同罪。这道命令下来了以后，三十天内还没有
把书烧掉的，那人须要把头发剪下，脸上刺着记号，送到长
城边去筑城防虏。只有医药、卜筮、种树一类的书不用烧。
老百姓们想学法令，可以到地方官那里去学。"始皇道："就
照你的话办。"

第二年，他又杀了读书的人四百六十多个。他以为从此再
不会有反对他的人了。

不过，只过了六七年，秦的一朝代便被刘邦和项羽灭掉
了。那刘邦和项羽二人却都是不读书的人。秦始皇的这种愚民
政策实在是笨透了！

——《史记》卷六

难道今天还有学他样子的人？

二 刘邦打陈豨

刘邦做了皇帝的第十年，陈豨在代地起兵造反。刘邦听说
陈豨部下的将领们都是从前做过买卖的人，便说道："我知道怎
么对付他了。"便差人用好些金银去引诱他们。陈豨的将领们果

然有好多来投降。

——《史记》卷八

这是一个很老的老故事了，不过我们读起来不还是很新鲜么？

三　捐谷得官

汉文帝的时候，匈奴常常来侵扰北方。中国有许多军队驻扎在那里防御他们。米粮总不够吃。文帝就下一道命令说，有商人肯捐谷和能够运米谷到北边的，可以给他官做。他的儿子景帝的时候，因为上郡以西有旱灾，也下令说，捐谷的人可以做官；价钱却更便宜了，为的是要广招徕。犯了罪的人，也可以捐谷来赎罪。

——《史记》卷三十

这恐怕是历史上卖官鬻爵的开端了。

四　囤积居奇

汉朝的时候，县官们往往把老百姓们的货物收买了来，差不多什么都要。这一收买，物价便都高涨起来。物价一高涨，商人们因为贪图高利，便也自己来囤货。地方官们纵容着他们。有钱的商人们便什么货都囤积了起来，不肯脱手，在那里等待更高的价钱。这样的，贪官奸商互相地勾结着，用贱价来收货，等到有了高价才肯卖出，实在不是公平的办法。

——《盐铁论》卷一

五　钱币与粮食

汉朝的时候，国家铸了许多钱币出来，流通民间，但是老百姓们没有钱使用的还是很多；这是什么道理呢？原来许多的钱币都流到少数富人的家里去了。国家很看重农业，开发荒地，鼓励耕种，米谷的产量不会少，但是老百姓们常常有饥饿的；这是什么原因呢？还不是因为有人把米粮囤积起来的缘故么？

——《盐铁论》卷二

六　萧何买田宅

刘邦自己带兵去打黥布，心里却不大放心萧何。他常常派人去问萧何，在那里做什么。有一个门客对萧何说道："你不久就要有灭族之祸了！你做了宰相，论功居第一位，没有别人比你再功高爵显了。但你自从到了关中以来，已经有十多年了，很能够得到老百姓们的欢心。老百姓们都拥护你，你还要孳孳不息买他们的好。皇上所以常常派人来看你的缘故，就怕你要得到关中的老百姓们的心。现在，你应该出很低的利息去借款，多买田地，使老百姓们觉得你是个贪污的人，那么，皇上才会放心了。"萧何听了他的话，便开始强借硬买。刘邦方才高兴。

他回来的时候，老百姓们拦着路，上呈文控告萧何用贱价强买他们的田地和房屋的事。他到了宫里，萧何来见他。他笑道："宰相，你倒会替自己弄钱！"于是，把老百姓们的呈文都交给了萧何，说道："你自己去向老百姓们谢罪吧。"

——《史记》卷五十三

专制者是不会放心一个得民心的官吏的。

七　陈平论刘项

刘邦问陈平道："天下那么纷纷扰扰的，什么时候才会太平呢？"陈平道："项王做人，恭敬爱人，士人之廉节好礼的，多到他那里去。不过，他对于行赏封官，给人爵邑，便有些舍不得。因此，有人也不大跟得住他。你，大王，傲慢而没有礼貌，廉节的人不会到你这里来的。不过，你能够给人以高官厚禄，随便封人以爵邑。士人当中，凡是顽强贪利无耻的人，也都来依附着你。你如果能够保其所长，去其所短，那么，天下便可以太平了。"

——《史记》卷五十六

八　庄周辞聘

楚威王听人说庄周有才德，派了使臣送了他一份厚礼，要迎接了他来，答应给他宰相做。庄周对楚国的使臣笑道："千金的礼很重，卿相的位置很高。不过，你没有看见郊祭时做牺牲的牛么？养活了它好几年，到了祭祝的时候，用锦绣的绸缎披在它身上，牵它到太庙去。在那时候，它虽然想做一只小猪活着，也不能够了。你快回去吧。不要污我了。我宁愿在污水沟里快快乐乐地游戏着，实在不愿意受国君的羁束。我愿意一辈子不做官，以快适我自己的志向。"

——《史记》卷六十三

在专制者底下做事，不是像一只做牺牲的牛一般么？

九　公皙哀不仕

山东人公皙哀不肯出来做官。孔子道："天下没有德行的人，都做了人家的家臣，在大都市里做官。只有公皙哀生平不曾做过什么官。"

——《史记》卷六十七

十　鲁仲连义不帝秦

新垣衍对鲁仲连说道："我看住在这围城里的，全都是有所求于平原君的人。现在我看先生的容貌，并不像是有求于平原君的，为什么久居于这个围城里而不肯走呢？"鲁仲连说道："世上的人，都以为从前鲍焦的死，只是为了不能从容地宽慰自己而死，这话完全不对。众人不明白他，他的死不是为了他自己。现在那秦国，是一个弃绝礼义而看重功利的国家，用权术来驾御武士们，看待老百姓们就像奴才似的。如果秦王称心称意地做了皇帝，把他的虐政普遍地施行于天下，那么，我鲁仲连只有跳到东海里自杀而已，我实在不忍做他的老百姓！"

——《史记》卷八十三

十一　奇货可居

吕不韦是河南地方的一个大商人，他往来各地，买了贱的东西，贩到别的地方，用高价卖了出去，挣的钱很不少。有一次，吕不韦到了赵国的邯郸做买卖，遇到了秦国的王子子楚。子楚是秦昭王的孙子，祖父和父亲都不大喜欢他，把他送到赵国做"质"。他困居在邯郸城里，很不得意，穷苦无聊。吕不韦很可怜他，心里便动了一个念头，说道："他倒是一件稀奇的货物，可以囤积起来得厚利的。"便去和他交好，游说他，给他钱用，叫他结交宾客，又自己到了秦国，替他在他父亲所爱的华阳夫人那里送了一份厚礼。后来，他逃了回去，他父亲果然以他为太子。他便是秦庄襄王。即位后，以吕不韦为宰相，封做文信侯。

——《史记》卷八十五

做买卖的人，像吕不韦那样，眼光好不利害。他看见什么事都当作生意做；把任何人，任何东西都作为货物看待。他这笔投机买卖居然做着了。把做生意人抬上了政治上，还有什么好事做出来？——除了利己之外。

十二　张耳陈余

张耳和陈余都是魏国的大梁人。他们非常的要好。在地方上名气很大。刘邦做老百姓的时候，也曾在张耳家里住了好几个月。秦把魏国灭了后，晓得他们两人是魏国的名士，便出赏格要捕捉他们，捕得张耳的赏千金，捕得陈余的赏五百金。他们两人都变改了姓名，逃到了陈国地方，替里正做守卫的人，来养活自己。有一次，里正因为一件小过失，发了怒，拿鞭子来打陈余。陈余愤极，要发作起来。张耳连忙用足暗地里踢他，叫他受打，不要反抗。里正走了后，张耳把陈余拉到一株桑树底下，数说他道："我起初和你怎么说的？怎么现在受到了小小的折辱，便要和一个小吏拼命么？"陈余觉得他的话很对。秦的赏格传到了陈地，要捉他们两人。他们两人却反以守卫人的资格，把这道命令传布到"里"里去。

——《史记》卷八十九

专制者的赏格有什么用处呢？

十三　叔孙通谀秦二世

叔孙通是山东薛县人，秦时，到了京城，待补博士缺。陈胜在山东起兵，二世皇帝召博士和诸儒生们问计。博士和诸生们三十多人都走向前去，对道："做人臣的人不能带兵，擅自带兵就是反叛。这是犯了死罪，不能赦免的。请你皇帝赶快发兵去打他。"二世很生气，脸色都变了。叔孙通连忙向前说道："诸生说的话全不对。现在天下已经是合为一家了，各郡县的城墙都毁弃掉，兵器也都毁作农具了，以示天下再不会有什么战争的事。况且上有圣明的天子统治着，政府的法令又是那么具备，每个人都会奉公守法，四方做买卖的人也都车辆往来不绝，哪里还会有人敢谋反。这不过是一群强盗，像鼠窃狗盗似的，何足以在齿牙间讨论着呢。只要郡守尉们去捕捉他们就够了，不用发什么愁的。"二世很高兴，说道"对"。便赐叔孙通布二十匹，衣服一套，且补上他做博士。

——《史记》卷九十九

十四　叔孙通定朝仪

汉刘邦攻下了彭城，叔孙通投降了刘邦。刘邦打了败仗，向西方退却，叔孙通便跟从了一同走。叔孙通穿着儒士的衣服，刘邦很讨厌他。他便改了服装，穿上了楚地式样的短衣。刘邦才高兴起来。当叔孙通投降的时候，跟随他一同投降的有儒生弟子一百多人。但叔孙通一个也不肯引荐他们，他所引荐的全都是从前的强盗和壮健勇敢的少年们。他的弟子们在背后骂他道："跟随了先生好几年，幸得一同投降了汉王。现在全不引荐我们，专门在引荐大奸巨猾们，这是什么道理呢？"叔孙通听见了他们的话，便告诉他们道："汉王现在正在冒着箭头石块，和人家争天下，你们书生们能够上阵打仗么？所以，我先引荐些能够上阵斩将夺旗的人物。你们且等待一时吧。我不会忘记了你们的。"汉王叫叔孙通做博士，号称他为稷嗣君。后来，刘邦灭了项羽，统一了天下，做了皇帝。但他已经把秦时的种种苛刻的法令和礼仪全都废去了，一切的仪式都很简单。臣子们，每个喝了酒便争论功劳；喝醉了，有的便胡乱地大叫着，拔出剑来斫殿柱。刘邦觉得很讨厌，但没法镇压得下去。叔孙通知道刘邦厌恶这种无秩序、无礼貌的情形，便告诉他道："读书的人不能上阵打仗，争城夺地，不过，却可以做建设的事业。我愿意去征聘山东地方的诸儒生和我的弟子们共定朝廷的礼仪。"刘邦道："不难办么？"叔孙通道："五帝的时代，音乐各各不同，三王的时代，礼仪也代代相异。礼仪这东西本来要斟酌时世和人情规定下来的。所以，夏、殷、周三代的礼仪，有的增加于前，有的删改于后，都是不甚相同的。我愿意采取古代的旧礼和秦时的朝仪，混合起来，订立一种新的礼仪出来。"刘邦道："你可以试试看。要容易明白的；还要酌量我能够做的做着。"于是，叔孙通到山东去征聘儒生们三十多人。有两个儒生不肯就聘，说道："你差不多侍候了十个主子了，全都是因为当面阿谀他们，才求得到好官做，和他们亲近。现在天下刚刚平定了下来，死的人还没有埋葬，受伤的人还没有医治好，你却又要定什么礼乐了。礼乐所以能够兴盛，须要积功德百年才可以。我不忍像你那么做。你所做的事，全不合古法。我不去！你走了吧，不要污辱我了！"叔孙通笑了起来，说道："你们真是腐败的儒生，全不知道时代的变迁。"便不再去找他们，只同了肯就聘的三十个人一齐西去。到了京城，他叫诸儒生和他的弟子们一百多人先在野外，置设了绵索来练习。练习了一个多月，叔孙通对刘邦说道："你可以去看看。"刘邦便到了那里去看，叫他们行礼，说道："我能够那么做。"于是，叫朝廷里的大小臣子们都去练习。汉七年的十月，长乐宫建筑完工，诸侯群臣都来朝见刘邦。从诸侯王以下，全都振恐肃敬。礼毕，又摆了宴席一同喝酒。没有一个人胆敢喧哗失礼的。于是，刘邦说道："我今天才知道做皇帝的尊贵了。"便拜叔孙通做太常，赏赐他金子五百斤。叔孙通趁此向前说道："那些弟子儒生们跟随我已经许久了。和我一同订定了这朝仪。希望你能够给他们官做。"刘邦便都叫他们做了官。叔孙通从朝中退出来，把金子五百斤分给了诸生。诸生便都很高兴地说道："叔孙通真是个圣人，知道现在时代的要紧的事务。"

——《史记》卷九十九

十五　张释之执法

汉文帝的时候，张释之做司法官。文帝有一天出行，经过中渭桥。有一个人从桥下走出来，皇帝的马惊跳了起来。他叫骑士们捉住了这个人，交给了法官办罪。张释之审问他，他说道："我走到桥边，听见禁跸的声音，便躲到桥底下去。经过了好久，总以为皇帝已经走过去了，便跑出来，一看见乘舆车骑，心一慌，便跑了。"张释之便向文帝说道："这个人惊了你，照法律应该罚款。"文帝很生气地说道："这个人惊吓了我的马。还亏得我的马柔和，假使是别的一匹马，我不会受伤么？你怎么只判他罚款了事？"释之道："法律这东西是天子和天下的人共同要遵守着的。现在，法律规定得如此罚法，如果更重了罚他，那么，是叫法律不能给人民相信了。当时，你如果立刻杀了他，倒也没有什么话说，现在，你既然交给法官判罪，法官只知道依据了法律来判决，使天下人都知道法律的公平一律。如果一不公平，天下的官用法有轻有重，那么，老百姓们将怎样能够遵守法律而不至手忙足乱起来呢？"过了好一会，文帝才说道："你的判决不错。"

——《史记》卷一百二

十六　周仁的缄默

周仁做了好多年的官，和皇帝很亲近，始终不曾开口说什么话。皇帝常向他问某人好不好，某人怎么样，他总是说道："请你自己察看着他吧。"也从来不曾说过别人的坏话。因此，景帝常常到他家里去，赏赐给他很多东西，他都谦让着不肯领受。诸侯诸臣们也常常赠送给他许多礼物，他也始终不曾收下来过。武帝的时候，他因生病免了官，还食着二千石的俸禄，归老于家。子孙们都做了大官。

——《史记》卷一百三

像这样的一个谨慎小心的人物，才可以在专制者底下保持得住他的禄位和生命吧。

十七　公孙弘善做官

公孙弘是齐国薛县人，汉武帝的时候做博士。他常说，皇帝的毛病是见解不广大；人臣的毛病是不肯俭节。他自己便盖着布被，饭菜不吃两样肉。每次朝廷开会议，他总是开陈其端绪，令皇帝自己去决定，不肯当面争执。于是皇帝觉得他行为敦厚，辩论有才，懂得文法吏事，却又能以儒家的学术来装点附会他们，便很喜欢他。二年之内，做到了左内史，一天天地亲信贵重起来。他常和公卿约好，和皇帝说什么话。到了皇帝跟前，他便依顺了皇帝的意思而违背了原约。汲黯当皇帝的面诘问他道："齐人多诈而无情实，开头他和我们同建议这事，现在却都违反了原议，他是个不忠心的人。"皇帝问公孙弘，弘谢罪道："知道我的人总以我为忠心的，不知道我的人便以我为不忠心。"皇帝觉得他的话不差，益发待他好。元朔三年，他做了御史大夫。汲黯说道："公孙弘做了三公，俸禄很多，他却盖着布被，这是假诈的。"皇帝问公孙弘有无此事。他谢罪道："有这事。在九卿里和我相厚的人莫过汲黯。然他今天在朝廷上当面诘责我，实在说中了我的毛病。我做了三公，还盖着布被，实在是虚饰假诈，要想沽名钓誉。况且没有汲黯的忠心耿耿，皇帝怎么会听到这种话呢？"皇帝觉得他很谦让，待他更厚了，终于以他为丞相，封平津侯。他为人其实很妒忌；外面看来很厚道，其实城府很深。平常和他有不对的人，他虽表面上和他们敷衍，显得很要好，却暗地里去害他们。主父偃的被杀，董仲舒的被徙于胶西，都是他捣的鬼。

——《史记》卷一百十二

这种外厚内深的人好不可怕！

十八　主父偃倒行逆施

主父偃是齐国临淄人，以上书皇帝得官。一年里连升了四次官。大臣们都怕他的嘴快，都贿赂他，送他不少钱。有人告诉他道：你太横霸了。主父偃道："我少年时起，便游学在外，总有四十多年了，不曾得意过。父母不当我是儿子，兄弟们不肯收留我，宾客们都排挤着我。我穷困得实在太久了。大丈夫生在世上，如果不食用五鼎，死的时候也要在五鼎里烹死耳。我日暮途穷，所以要如此地倒行逆施地做着。"后来，皇帝拜他为齐相。他到了齐国，遍招了兄弟宾客们来，散了五百金给他们，数说他们一顿道："其初我穷的时候，兄弟们不肯给我衣食，宾客们不纳我进门。现在我做了齐相，你们有的人却到了千里外来迎接我。我和你们自此断绝关系，你们不要再进我的门上来了。"

后来，齐王受他的逼自杀，主父偃也因此被族诛。

——《史记》卷一百十二

小人一旦得志，怎能不倒行逆施着呢？

十九 公仪休不受鱼

公仪休做鲁相，命令做官的人不得与人臣争利，做买卖。有人送鱼给他。他不收。他的门客问道："听说你爱吃鱼。人家送鱼给你，为什么不收下呢？"他答道："正因为爱吃鱼，所以不收下他的。我现在做了宰相，自己能够买鱼吃。现在收了他的，还会自己再去买鱼么，所以不收下他的。"

——《史记》卷一百十九

今日有不与民争利的官么？

二十 李离自杀

李离是晋文公的理狱官。有一次，他断错了案子，误杀一人。他自己拘禁起来，以为应死。文公道："官有贵贱，罚有轻重。这是下吏的过失，并不是你的罪。"李离道："我做了长官，并没有让高位给下吏们；我受了厚禄，也并没有分利给下吏们。如今断错了案子，误杀了人，倒要把罪过推到下吏身上去，实在不敢这么做。"因此，辞谢而不受文公的命令。文公遂道："你便自己以为有罪，那么，我也是有罪的么？"李离道："做理狱官的人有成法在那里：错刑了人，则当受刑；错杀了人，则当受死。你以我能够听察微理，以决疑狱，故叫我做了理狱官。如今我断错了案子，以致误杀了人，罪当死！"遂不受文公的命令，拿剑自杀而死。

——《史记》卷一百十九

这样明白法律责任的人，勇于引咎自责的人，历史上能有几个？今日还有么？

二十一　汲黯论张汤

汲黯是一个很严正的人。汉武帝见卫青，常踞坐在床边；见公孙弘，有时不戴冠；至如见汲黯，却非戴上了冠不可，不冠，总不见他。有一次，他坐在武帐里，汲黯向前奏事；他没有戴冠，望见黯走来，连忙躲避到帐中去，叫人代为答应了他的奏。张汤这时以更定律令，做了廷尉。汲黯常常在武帝面前，责难张汤，说道："你做了正卿，上不能发扬先帝之功业，下不能抑止天下之邪心，使国家平定，百姓富庶，使监狱里空虚，没有犯罪的人。二者你都不做，为什么倒把高祖皇帝的约束拿来纷纷更动？你将因此绝后代了。"他又时常和张汤辩论，不能屈伏汤，便忿怒起来，骂道："天下人说，刀笔吏不能做公卿，果然不错。你叫天下人重足而立，侧目而视了。"武帝那时尊重儒术，把公孙弘看得很重，又事益多，吏民们每巧文弄法。武帝因此也注意到法律条格。张汤等便迎合其意，常常把判决的狱事奏上，以邀宠幸。汲黯常诋毁儒生，当面骂公孙弘等心里怀着奸诈之意，却会饰着智辩，阿附人主之心以取富贵；而刀笔吏又专门深文巧诋，陷人于罪，叫人不能够申辩真情，总以辩胜了罪人，而自以为功。武帝越发尊贵公孙弘和张汤。弘、汤二人心里也深切地恨着汲黯。

——《史记》卷一百二十

像公孙弘、张汤那样的人，滔滔者天下皆是也。汲黯怎么能够和他们争斗得过呢?

二十二　辕固生论汤武

山东人辕固生，汉景帝时候做博士。他和黄生在景帝面前争论着。黄生道："成汤和武王二人，不是受命而王，乃是弑君。"辕固生道："这话不对！桀与纣二人虐待老百姓们，与天下人捣乱；天下人的心都归向于成汤与武王。成汤与武王顺应着老百姓们的心理而诛杀了桀纣；桀纣的人民们，不为他们所利用，而投归于汤武这一边来。汤武是不得已而立为天下王的，岂不是受命而王么?"黄生道："冠虽然敝坏了，到底是戴在头上的，鞋履虽然是崭新的，终是要穿在足上的。为什么如此呢，还不因为有上下之分么。如此说来，桀纣虽然无道，却是君上；汤武虽然圣明，却是臣下。君上有不好的行为，臣下不能用正言好语去劝告改正他，反因他的过失而杀了他，代他做了皇帝，不是弑君是什么?"辕固生道："你如果一定要这么说，那么，高祖皇帝代秦做了天子，也是不正当的了。"于是景帝调停地说道："吃肉不吃马肝，也不算是不知味道；做学问的人不谈汤武革命的事，也不算是愚笨。"他们便息了争。

——《史记》卷一百二十一

二十三　董仲舒论灾异

董仲舒在汉景帝的时候，以研究春秋，官为博士。他专心研究，闭上了帘帷，不与弟子们见面。弟子们自己以久暂的次序，自相传授着。如此者三年，他连园舍也不去一看。他是这么专心一志地精研着。汉武帝的时候，他做了江都相。以春秋灾异的变故，推测阴阳之所以错乱颠倒的轨行；所以，求雨，他便要闭住诸阳，放出诸阴；至于止雨，则反其道而行之。阙中行之，都有应验。后来，退做中大夫。在家里，写着一部灾异之记的书。这时候，辽东高祖的庙宇被火烧掉，主父偃妒忌他，便把他这部书送到皇帝那里去。皇帝召了诸儒生来，把这部书给他们看，有刺讽讥嘲的话。恰好董仲舒的弟子吕步舒，不晓得是他先生写的东西，以为这部书是下愚之作。于是皇帝很生气，把董仲舒提来，关到监狱里去。审判者判他死刑，皇帝下诏赦免了他。董仲舒从此不敢再说什么灾异的话。

——《史记》卷一百二十一

以弟子而不知道他先生的判断灾异，可见这一套话全不过是鬼话连篇而已。

二十四　张汤的阴险

　　张汤做人，心里多虚诈，喜欢用他的聪明才智来驾御别人。其初，做小吏的时候，每每吞没别人的财产，和长安有钱的商人贾田甲、渔翁叔一辈人勾结交好。当他做了九卿的时候，接待收容天下的名士大夫。他自己心里虽然和他们不合，然而面子上都是假装着很仰慕他们似的。这时候，皇帝很尊重文学。张汤审判大狱，总要引用古代的文义，便请了博士弟子们研究《尚书》《春秋》的，补上了廷尉史，来评判疑狱。他奏上审判的疑狱时，一定预先向皇帝说明，分别其原由。皇帝觉得对的，他便受命而著为法令，说是皇帝的明达如此。他奏事时，如受了皇帝责备，他便谢罪道："正监掾史本来和我说是如此如此的，我没有听他们的话，实在是太愚笨了。"皇帝常常原谅他的罪。要是他奏事时，皇帝觉得对的话，他便说道："我本来不知道这么办的，这是正监掾史某某人办的。"他能够那么样地扬人之善，蔽人之过。这样的，他所判罪的人，便是皇帝意思里所要判罪的人；他所释放及判决得很轻的人，便是皇帝意思里所欲释放的人。他虽做了大官，行为很谨慎小心。常常接待宾客，大开宴会。对于故交的子弟们做吏的及穷苦的同族弟兄们，调护之尤为厚道。又常常不怕冷、不怕热地去拜谒各位大臣。所以张汤虽然酷刻、妒忌，名誉很好，而刻毒的吏们多给他使用，作为他的爪牙，文学之士们也很恭维他。丞相公孙弘常常称赞他的好处。

——《史记》卷一百二十二

这样的酷刻妒忌的人，倒偏会迎合主人的意思，还会敷衍接待人，自然容易固位揽权了。

第五章

古书漫谈

经 书 的 效 用

从孔子的"不学诗无以言"到"书中自有颜如玉，书中自有黄金屋"，这一个观念是始终如一的。"士大夫"阶级中既发生出这样的一种读书观来，于是"读书种子"便绵绵不绝，而国学或圣贤之学的"道统"便也借此不至中绝。父母伯叔们也常常说道："要勤读，要勤读！经书不熟（现在是改了英、算了），将来要没有饭吃呢。"而小小的学童，也居然知道这些"少小不努力，老大徒悲伤"一类的格言。经书的效用大矣哉！

但这些都不过是经书的尘世的效用，是经书的现实的效用。经书的效力，绝不止于此。他们还有一种神秘的不可知的效力呢。

从"不学诗无以言"到"颜如玉，黄金屋"，与从"颜如玉，黄金屋"到《周易》驱鬼，《孝经》却敌"，其间的步级，相差并不甚远。所以相信文字有灵的人们很容易便将经书的尘世的效力一变而为超尘世的；将经书的现实的效力一变而为神秘的不可知的。经书既有能够使人得到"颜如玉""黄金屋"的势力，当然也会有能够"驱邪却敌，保护善良"的势力了。

经书如何会有这样的一种神秘的势力，倒不是一个容易解释的问题。这将待民俗学者、初民文化研究者、宗教学家以及心理学家的专门研究，我在这里实在不能详说。但我们可以告诉大众的是，初民对于名与实，向来是分辨不清的。他们往往以为名即是实，实即是名；所以初民便相信加害于名，便能加害于实。他们往往隐匿了自己的名字，不让别人晓得者，即恐怕他的敌人一知道他的真实的名字，便将加他本身以危害。又在多虎之地，居民往往讳虎字，而呼之为山君、山伯伯，因恐它闻呼其名而怒。而崇信狐狸的地方，居民也没有一个人敢说一个"狐"字的，他们只称之为"仙人""大仙"，由了这种的名讳便连带地发生出了对于字的神秘观，即相信名字以外的一切文字，也都具有相当的能力。所以宗教家念着"愿上帝赐我们以福寿平安"的祷词，却往往变成了有力的咒语，而净土宗的佛教徒，也以为天天念着"南无阿弥陀佛"便可以往生净土，建无量善业。经书之所以有神秘的效力，这是其一因。又，大众既相信圣人是具有无限权威的，既相信他们是一位神、一位宗教主、一位神秘的救世主，对于他所手订或编著"经书"便也会自然而然地生出一种神秘的敬仰来了。由了这种神秘的敬仰，便很容易的对于他们生出一种具有魔力，能够驱邪护正的信仰来。所以一方面，既有了"敬惜字纸"，怕作蹋圣贤的文字的恐惧心，一方而也有了握住了圣经，便具有一种神力，一种不怕邪神恶鬼来侵袭他的信赖心。

这一类的材料，随手拾来都有。至今我们当中还有将《周易》放在枕头箱中的事。英国的农民也常有依仗《圣经》以退却诸邪者。苏格兰新生了一个孩子，怕恶鬼来偷抱了去，便将一本摊开了的《圣经》放在孩子的身边。回教徒、拜火教徒等等，对于他们的圣经，也都有这同样的信仰。

近来得到一部来集之编的《对山堂续太平广记》，见其中搜集民俗学上的资料不少。其中有一节诵圣经之益，将圣经的神秘的效用搜集得很不少。故乘着一时的高兴，写了上面的一小则文字。今特在下面抄录其中几段最有趣的故事。我们要晓得像这样的信仰与传说，在我们的民间并未曾死去。我们费些工夫去搜集他们并不是不值得的。我个人很希望各地方的相识或不相识的友人能够帮我搜集各地关于这一类的故事。

《风俗通》："武帝迷于鬼神，尤信越巫。董仲舒数以为言。帝验其道，令巫诅仲舒。仲舒朝服南面，诵咏经论，不能伤害，而巫者忽死。"

《江西通志》云："江梦孙字聿修，德安人。家世业儒，博综经史，孝弟高洁。为江都令。先是，县厅人每有祟祸，任位者每迁于别厅。梦孙下车，辄升厅受贺。向夜，具袍笏端坐，诵《易》一遍，怪息。"

　　《说颐》云："北齐权会任助教，尝夜独乘驴出城东门。钟漏已尽。有一人牵头，一人随后，有异生人，渐渐失路，不由本道。会心怪之，诵《易经》上篇一卷未尽，前二人忽然离散。"

　　吴均《齐春秋》："顾欢字元平，吴郡人也。隐于会稽山阴白石村。欢率性仁爱，素有道风。或以禳魔而多所全护。有病邪者，以问欢。欢曰：君家有书乎？曰：惟有《孝经》。欢曰：可取置病人枕边，恭敬之，当自差。如其言，果愈。问其故，曰：善禳恶，正胜邪。"

　　不再抄下去了。读书细心的人当可随处找到这一类的材料。

整理古书的建议

有许多重要的古书，我们还没有动手去整理。这是一个很大的空白点。鼎有三只足；学术研究和创造、发明，也有三只足。一只足是现代科学，一只足是民族文化遗产，一只足是外国的古代文化遗产。缺少了任何一只足，那座鼎就会站立不住。学术研究、创作或发明是要在古今中外的知识、学术的累积的基础之上发展起来的。故唯物论者们也必须知道唯心论的来龙去脉方行。国外的著作，靠翻译；民族文化遗产，靠整理。我们提倡民族文化遗产已有好几年了。但对于最重要的古代文化的宝库，像《十三经》《二十四史》之类，曾经加以整理了没有呢？要知道能读"古书"的人越来越少了。读不断句的人，在专家们里面也不见得没有。整理古书，便是一件对专家们做的功德无量的事。我们不能设想，像现在那样地停留在"原始状态"的古书，对于现代的科学家们会有什么帮助。医师们埋怨说：《素问》《内经》难读。的确，那埋怨是对的。我以为，今天整理"古书"，必须分三个阶段进行。第一，选择最好的，即最正确、最可靠的本子，加以标点（或句读），并分别章节，加以必要的校勘，附以索引。这工作不太简单，必须专家来做。虽是"章句之儒"的事业，却非大师们亲自出马不可。像《十三经》，阮元刻本，本来可用。但新出现的"石经"、单疏、古写本、古刻本等等，可资以校勘的，还有不少。如果把《十三经》再加以一番整理，一定会后来居上的。至于《二十四史》，则更需要一番整理功夫，且必须立即进行。乾隆版的经过整理的《二十四史》，问题很大（同文本、竹简斋本等，均系影印这个本子），张元济先生在《百衲本二十四史》的校勘记里已发其复。《百衲本二十四史》则卷帙浩大，仅照原本影印，未经加工整理。读史是一件要事，特别是中国的《二十四史》，它们乃是各时代的"百科全书"，不仅是政治史。凡搞一切学问的人，都不能不问津于这部大书。故整理尤有必要，且须加速。否则，会阻碍了我国学术的突飞猛进的前进速度的。《二十四史》的分别章节，尤为必要。像《史记》里的《司马相如传》，除开了几篇"赋"之外，记事的文字没有千几百字。如果把"赋"（以及许多"论"和"奏议"等等）低一格排印出来，则顿时眉目清爽，读之省力多多。第二，把那些重要的古书，凡是有"注"的，或别的书里注释或说明它的一篇一章、一节一语的，或批评到它的某一篇、某一句的文章，全部搜集在一起，作为"集注"，像王先谦著的《汉书补注》《后汉书集解》，或丁福保著的《说文解字诂林》那样。这是完全必要的。古学专家们是擅长于此道的，而且，有好些人已经在做。第三，然后进一步才可以谈到"新注"，即新的解释和研究。这也是十分必要的，但不是一步即可办到，需要很长的过程。在这三个整理阶段，均可以由若干位专家，各自负责一部"书"，分别先后缓急，依次进行。还可以仿照宋朝司马光撰《资治通鉴》的办法，"以书局自随"。不必要把专家们都集中在一地，只要供给他们以必要的助手、比较完备的图书和不太大的费用即可。他们也可以随时到各地去阅书、访书。不必责以完成的期限。第一阶段工作是最需要的，完成之后，便可以进入第二、三阶段的工作了。这是"千秋"的事业。中华人民共和国出版的这三种版本的古代经典著作，将是历史上最正确、最可靠、最有用的版本——不一定是最后的一个定本，却可信其为空前的一个定本。

索 引 的 利 用 与 编 纂

"索引"（一名"引得"，即 index 之译名）为近代专门学者所必须"利用"的一个工具；这工具减少了学者们不少的记忆的浪费；减少了学者们不少的反复检查的时间。特别关于中国的古书，为了一个句子，为了一个人名或地名，我们浪费了不知多少的时力。这恐怕是每一个研究中国学术的人都曾身受其苦，都曾深切地感到不便的。我自己便曾为了检查一个元代的诗人而翻遍了一部《元诗选》和《元诗选癸集》，而结果是一无所得。如果有了一部《元诗选索引》，这几点钟的浪费的时间，便可以省掉。且检查时也不免有偶然的疏忽（有了"索引"，那疏忽也便绝对不会有了）。又曾见经子不熟的人，为了要查一句"子曰"的来源，便得要翻遍了一部四书。我们如今有了一部叶绍钧的《十三经索引》，那种冤枉花费掉的时间便可以不必花费了。我自己有一个时间，曾对于希腊神话发生了很浓厚的兴趣。我用了 Loeb Library 本的 Applodorus 的 The Library，用了

Pausanias 的 *The Description of Creece*，用了 Homer Virgil 和 Ovid 的著作，每本书的后面，都有很详细的"索引"，一个人名，一个故事的线索，便可以很不费力气的便得到互相参证的作用。

又关于近十余年来，对于中国文学及其他专门学术问题的研究，散见于各种定期刊物上的，不知有多少。一人的耳目，容有所未周。有了文学论文索引、国学论文索引、中国杂志索引一类的东西的帮助，我们立刻便可以解决了许多的困难。

所以"索引"的功用，在今日学术益趋专门化，书籍、刊物一天天地增多的时候，益显其重要。现在研究学术的人，已不能像过去学人们之专靠其过人的记忆力或博览的功夫了。几部"索引"可以代替了"十年窗下"的苦功夫。

在今日而不知道利用"索引"的学人，恐怕是不会走上研究的正轨的。

"索引"和专门的参考书目乃是学问的两盏引路的明灯。谁愿意在黑漆漆的夜里，摸索地走着呢？

中国的学人们从不曾发见过"索引"的功用的弘伟与重要；故大半都在穷途摸索中，依靠了他们过人的记忆力与博览而得到成功的。到了清代中叶以后，方才有汪辉祖的《史姓韵编》、李兆洛的《历代舆地韵编》诸书出来，为研究史地的人解决了一部分的困难。但这些人名地名的索引，还只是初步的工作，还未曾走上"索引"的正道。最近七八年，"索引"的编纂，方才成为一时的风气。燕京大学的引得编纂处，在洪煨莲先生的主持之下，陆续地出版了二十多种的"引得"。其用力独劬，其影响最大。此外，日报、期刊以及论文索引一类的东西，也在各地刊行了不少。虽然这种"为人"的工作，还不能达到很完善、很周密的地步，且还不过刚刚是开始，待做的工作还极多，但今日"为学"之易，已非十余年前之比了。

为了学者们的利用的方便，本文且将用中文出版的"索引"书，就已知者分类列举于下。耳目庸有未周之处，尚祈专家们不吝补正其阙漏（编者及出版处未详者，也姑阙之，以待补注）。

一　专书索引

专书"索引"，最难着手。专书的索引，不仅要钩稽书中之人名、地名而已，且还须钩稽出书中的训诂、典章制度、专门名辞以及种种的事实、典故等等，故非专门家或对于那部书有专门研究的人不办，并非一二钞胥的工作。叶绍钧先生的《十三经索引》，只是《十三经》的"辞句"索引而已，并非真正的"十三经索引"。具有近代的索引之真正意义者，只有燕京大学引得编纂处所编纂的《白虎通》《说苑》《世说新语》诸"引得"而已。故编著专书的索引，第一个条件，要对那部书有研究，第二个条件，要懂得"索引"的编纂方法，那并不是一件容易的事。

（一）《十三经索引》　叶绍钧编　开明书店出版

（二）《周易引得》　燕京大学出版

（三）《尚书通检》

（四）《毛诗引得》 燕京大学出版

（五）《仪礼引得》 燕京大学出版

（六）《礼记引得》 燕京大学出版

（七）《综合春秋左氏传索引》 大东文化学会协会编

（八）*Index of the Tso Chuan*，by Sir Everard D.H.Frazer &
J.H.S.Lockhart 牛津大学出版

（九）《四书索引》 日本

（十）《佩文韵府索引） 大槻如电编 日本吉川弘文馆出版

（十一）《佩文韵府索引》 商务印书馆出版（附《佩文韵府》
后，未刊）

（十二）《二字典引得》 燕京大学出版

（十三）《刊误引得》 燕京大学出版

（十四）《九通索引》 中国图书馆协会出版

（十五）《十通索引》 商务印书馆出版（附《十通》后，
未刊）

（十六）《读史年表附引得》

（十七）《诸史然疑校订附引得》

（十八）《水经注引得》 以上均燕京大学出版

（十九）《大唐西域记考异索引》 日本京都帝国大学文科大
学丛书

（二十）《太平御览索引》 武昌文华图书馆专科学校出版

（二十一）《太平御览引得》 燕京大学

（二十二）《图书集成索引》 武昌文华图书馆专科学校出版

（二十三）《考古质疑引得》

（二十四）《说苑引得》

（二十五）《白虎通引得》

（二十六）《世说新语引得》

（二十七）《苏氏演义引得》

（二十八）《容斋随笔五集引得》

（二十九）《崔东壁遗书引得》

（三十）《文选注引得》

（三十一）《全上古三代秦汉三国六朝文引得》 以上均燕京大学出版

（三十二）《杜诗索引》 日本饭岛忠夫编

（三十三）《藏书纪事诗索引》 张慕骞编

（三十四）《太平广记引得》 燕京大学出版

（三十五）《缀白裘索引》 郑振铎编 见《文学周报》

二 人名地名索引

在各种专书索引一时不易着手的时候，先将书中或各书中的人名地名钩稽出来，编为人名地名索引，也是很必要的。像我们在没有一部完备的二十四史索引之前，有了《二十五史人名索引》《史姓韵编》《历代舆地韵编》，也是很便于学者检查之用的。

　　人名及地名索引为"索引"中比较容易编辑的一部分工作，但也非需要专门家的细心钩稽、分别条目不可的。偶一粗心，便容易发生遗漏、疏忽等等错误。像《史姓韵编》，便闹出将刘义庆作为王义庆（由临川王义庆而致误）的事，日本重泽俊郎、佐藤匡玄的《左传人名地名索引》里也有将非人名作为人名的误会。至于《北史》《魏书》《齐书》《周书》及辽、金、元三史人名的纠葛，也非细心的人和专门的学者不能钩稽得清楚的。这一类的"索引"，我们希望编得愈多愈好。现在，据我们所知道的，还不及三十种。

　　（一）《史姓韵编》汪辉祖编　有木活字本，有铅印本，有石印本（石印本错误太多）。

　　（二）《二十五史人名索引》王伯祥编　开明书店出版。有此书，则《史姓韵编》可废。

　　（三）《汉书不列传人名韵编》庄鼎彝编　商务印书馆出版

　　（四）《左传人名地名索引》日本重泽俊郎、佐藤匡玄编弘文堂出版

　　（五）《历代同姓名录引得》

　　（六）《三十三种清代传记引得》

　　（七）《唐诗纪事引得》

　　（八）《新唐书宰相世系表引得》

　　（九）《唐诗纪事著者引得》

　　（十）《元诗纪事著者引得》

　　（十一）《八十九种明代传记综合引得》

（十二）《历代名人年里碑传总表》 姜亮夫编 商务印书馆出版

（十三）《词林摘艳引剧目录及作者姓氏索引》 郑振铎编 见《暨南学报》第二卷第二号

（十四）《传记资料索引》

（十五）《室名索引》 陈乃乾编 开明书店代售

（十六）《别号索引》 陈乃乾编 开明书店代售

（十七）《别号索引》 毛春翱编

（十八）《古今人物别名索引》 陈德芸编 岭南大学图书馆出版

（十九）《历代画家姓氏便览》 冯津编 道光六年德聚堂刊本

（二十）《支那画家人名辞书》 斋藤谦编 日本明治间东京大名书店出版

（二十一）《清代书画家字号引得》 燕京大学出版

（二十二）《历代地理志韵编今释》 李兆洛编 有李氏五种本

（二十三）《皇朝舆地韵编》 李兆洛编 有李氏五种本

（二十四）《皇朝舆地韵编》 严德编 有湖北书局刊本

（二十五）《丛书书目各检》 刘国钧编 金陵大学出版（此书系丛书著者索引）

在以上二十余种的人名地名索引里，有一个现象很可怪，就是地名索引比人名索引少。大概地名索引的需要没有人名的来得逼切之故。又关于书画家的人名索引，其出现得很早之故，恐怕还是为了收藏家、鉴赏家的应用之故。别号和室名索引的刊行，恐怕也是为收藏家用的时候多。

三　书名索引

书名索引的编辑在"索引"的编纂工作里算是最容易的一种。但像佛藏引得之类，却需要专门学者的极大的耐力去钩稽、排比的。许多研究古书的人，很早地便知道这个索引的重要。所以《太平御览》和《太平广记》便都附有引书目录，在《文选理学权舆》里也附有《文选注引书考》。我们很希望这一部分的工作，有学人们在大规模地做；对于初学者的帮助是很大的。可惜我们现在所见的，不过十余种而已。

（一）《艺文志二十种引得》

（二）《大藏经南条目录补正索引》

（三）《佛藏子目引得》（许地山）

（四）《道藏子目引得》

（五）《四库总目及未收书目引得》

（六）《四库全书总目及未收书目索引》　陈乃乾编　大东书局出版

（七）《禁书总目四种索引》

（八）《索引式的禁书目录》

（九）《书目答问索引》　孔彦培编

（十）《丛书子目索引》

（十一）《丛书子目书名索引》

（十二）《别集索引》

（十三）《新文学大系史料索引》

（十四）《纪元编韵》（附）　李兆洛编　见《纪元编》卷下

四　日报期刊及论文索引

"日报索引"在欧美重要的报馆，像 *London Times*（official lndex），*New York Times* 等每年都有编纂。*London Times* 的索引，开始于一九〇六年，可算是现存的最早的一种了。

"期刊索引"在欧美也有专门的杂志，像 *Magazine Subject Index* 等。专门的论文索引，则每个专门杂志，原来都是编有索引，附刊于每卷之末的。唯刊为专书的，颇为罕见。在中国，则除日报索引、期刊索引等数杂志外，专门的论文索引，这几年来，编为专书也不在少。自从北平图书馆编刊《国学论文索引》以来，各科的专门的索引，由各机关纷纷地刊布于世，虽不能每科都有，却已给专门家以不少的方便了。

（一）《人文月刊》　人文图书馆出版

（二）《日报索引》　中山文化馆出版

（三）《期刊索引》　中山文化馆出版

（四）《主要中国杂志新闻记事索引》　日本

（五）《中文杂志索引第一集》　岭南大学图书馆编

（六）《教育论文索引》 邰爽秋编 广州中山大学出版

（七）《教育杂志论文索引》 商务印书馆出版

（八）《教育论文索引》 见《中华教育界》

（九）《心理学论文索引》 北平文化学社出版

（十）《经济论文索引》 中国银行出版（？）

（十一）《经济论文索引》 见《工商半月刊》

（十二）《合作论文索引》 南京合作学社出版

（十三）《农业论文索引》

（十四）《水利论文索引》 中国水利工程学会编

（十五）《实业论文索引》 见《实业部月刊》

（十六）《铁路工程论文索引》

（十七）《国学论文索引》 北平图书馆出版（已出四编）

（十八）《文学论文索引》 北平图书馆出版（已出三编）

（十九）《书评索引初编》

（二十）《日本期刊三十八种东方学论文篇目附引得》 于式玉编 燕京大学出版

（二十一）《史地社会论文索引》 大夏大学出版

（二十二）《中国地学论文索引》 北平图书馆出版（已出二编）

（二十三）《东洋史论文要目》 大冢史学会高师部会编

（二十四）《南洋关系论文索引》 暨南大学图书馆编（待刊，又见暨南图书馆馆报）

（二十五）《书报资料索引》

（二十六）《清代文集篇目分类索引》 北平图书馆编

关于索引的编辑，我还有几点意见要贡献给编者们。第一，专书的索引必须附本书而行。离开了原书，索引便似乎无所附丽。册数浩瀚、一时不易重印的书，像《图书集成》《太平御览》《册府元龟》一类的书，其索引原不妨单行。但篇幅不多的书，像《白虎通》《说苑》之类，似乎也应该把整理过的原书同时印出。燕京大学引得编纂处所印《毛诗引得》最足取法。索引的编制，原是整理的工作之一。希望以后重印古书的人，不要偷懒，不要因陋就简应该每部书都附有详细的校勘记，都附有索引那才不失了翻印的主要意义。在这一点上，希望翻印古书颇多的商务、中华、开明、世界几家大书店，尤须不惮烦地来实现这个整理的工作。张菊生先生印行《百衲本二十四史》，费尽苦心，听说还在编校勘记。那工作是不朽的。但我们贪心不足，同时还希望他能够给我们一个总索引。以后，有一部书出版，不论是诗集、文集以至类书，我们总希望后面附有一个索引。这将增进了学者们不少的读书能力，且也可以省掉"引得编纂处"的许多麻烦的工作，这麻烦的工作应该是由著者、编者、校订者、译者和翻印的书店老板们担负的。

第二，索引是"为人"的工作，是"刻板"的工作，是"刻日"可以成功的工作，只要不是过于粗心大意的人，总可以不至于有很大的错误的。也因为这个缘故，所以"索引"的编纂，贵于分工合作，不要叠床架屋。某一部分的工作，已经有人在做了，别的人就可以省下力量来做别的工作。最好编纂索引的若干机关，能够有个联合的通讯，互相报告工作的进行情形和预定要着手编纂的东西，同时，也可以商榷编纂上的许多意见和编纂的改进方法。

第三，索引的编纂最重要的检字的问题。近来检字法发明了不少，都是要解决检查汉字的困难的。但在一般的索引里，需要的汉字数目，并不怎么多，编者似不必标新立异地多所创作。一部索引如果使用了不大通行的检字法，那是要影响到"索引"的使用上的困难的。从前，中国通行的检字法是多用"韵"。在现在，这方法是行不通了。现在最流行的是王氏四角号码检字法和洪氏改良的四角检字法。我的意见，觉得，如果没有什么必要，还是用笔划的检字法，来得更通行些。像陈德芸氏编的《别号索引》，所用的检字法是颇使人困惑的。为了使用一部索引而临时还须去研究一种检字法，未免太强人所难，结果，那部"索引"是等于无用。这一点，希望编纂"索引"的人特别加以虚心研究。

第四，编纂期刊和论文索引者，往往仅就所见者载入，不能成为很完备的东西；有时，重要的杂志，忽然缺了几年或几期；有时收入的杂志数目太少。希望编纂期刊或论文索引的人，能够设法"求全求备"才好。

第五，近来出版的"索引"，定价都很贵，非一般人所能购置（像《大藏经子目引得》，定价四十元）。这一点，也希望索引的出版处能够顾全到一般人购买能力。"索引"并不是很专门的东西，乃是一种必备的流行的刊物，定价是必须低廉的；虽

然像《大藏经子目索引》，性质比较的专门，但究竟非专为研究
科学者预备的；研究历史、文学、哲学等等的人也必须人置一
部的。

　　最后，我还希望"索引"的专书，特别是册数繁重、不能
重印的书的索引，像《全唐文》《全唐诗》等等，能够出版得愈
多愈好。这种"为人"的工作，编纂者虽不自居其功，而读者
们却要致谢不尽的。

标点古书与提倡旧文学

离不了这样的一个圈套："这部书写得如何如何地好，对于某问题有如何高明的见解，而旧本又是如何的罕见（或好刻本是如何地少见，坊间所有俱为错字连篇者），所以把它标点出来，便利读者。"

从陈独秀以"赤日炎炎如火烧，公子王孙把扇摇"的一首诗，作为翻印《水浒传》的理由起，到徐志摩、胡适之辈的提倡《醒世姻缘传》止，一切的标点古书的序文，总脱不了这么一套话——或更加上些考据。

标点古书竟成了时行的风气。曾见到上海日报上刊登着整幅的大广告——许啸天标点的古书的广告。想不到这十几年来，标点的古书竟是这样的多——且还仅只是出于一人的手笔呢。从《古文观止》到《曾文正公家书》，好一批旧店新张的货色！

在新文学运动的初期，标点些《水浒传》《红楼梦》《西游记》一类的白话写成的小说，是情有可原的。把这些向来为士大夫所看不起的白话小说，对着古文、宋诗投掷过去，确是种挑战的举动。

但如今时代是不同了，无须乎再利用什么旧小说来鼓吹什么，来宣传什么。在今日而仍以五四时代的眼光，去标点什么《醒世姻缘传》《今古奇观》《娱目醒心编》一流的东西，其为"挂羊头，卖狗肉"，和标点本的《古文观止》《曾文正公家书》等等是并无二致的。——且不必说《娱目醒心编》一类的小说和《水浒传》《红楼梦》在描写技巧上是如何的隔着天渊。

为了旧小说写得如何如何的好，而加以标点，作为范本者，大概已经忘记了：今日的文坛已不是抱着旧小说而临摹着的时代了；旧小说——连《水浒》《红楼梦》也在内——所能给予新文坛的东西，实在太少。即其仅有的白话文的描写伎俩，也实在不足以为新文坛的模范。新文坛已经是远远地跑在他们前面去了。

新文坛所创造的白话文学，已是一种另外的新的东西，不再是什么语录式的、讲史式的、旧小说式的什么了。

那么，所谓标点旧小说以资流传者其意义究竟何在呢？

没有什么别的意义，老实说——和许啸天辈之标点《古文观止》等等，其实并没有两样——不过为了做一笔生意。

我们得明白：将许多旧小说里的有毒素的东西（像《醒世姻缘传》的刻薄的讥讽，和小学生们的顽皮与残忍的把戏）向年轻的学生们输送进去，是有极大的罪恶的；旧小说和旧思想是牢牢地固结为一的；我们如果要排斥旧思想观念，如何倒该去提倡什么旧小说呢？

救救孩子吧！

保存些不经见的旧文学的名著，并不是不应该做的事，但有一个条件，只是保存，不是提倡；只是小数量地流通，不该大量生产地广播于民间；只是一部分专门研究者的用作参考研究之资，不是要普及于一般的读者社会里（特别关于旧小说的一部分）。

所以，如果收集、保存若干旧文学的著作，以为研究的资料，我们是不该反对的（像博物院的收集古代珍品，先民艺术似的陈列着，如今是"恰是其时"）；如果小数量地印刷出来，以供给少数专门学者的需要与应用，我们更是欢迎；如果在其间选取若干，作为样本似的（而且加以说明），使我们得以很少的时间，明了旧的过去的文坛及许多伟大作品的概况，那也不是什么无益的事；若只是不分良莠，不识好歹地一味地标点着，提倡着，鼓吹着，宣传着，则非迎头给以痛击不可！

真实的伟大的名著，当然是具有永久的生命的，像六朝新乐府，唐、宋诗的一部分，元、明曲，明、清散文的一部分，像比较完美的《红楼梦》《水浒传》诸小说，加以标点，"以广流传"，使一部分读者得以廉价得到比较可读的本子，那也不是坏事——但绝对不该鱼目混珠，挂羊头卖狗肉！

随意吐一口痰在地上，也许会影响到社会的健全，何况千千万万的标点本的流布于世！

真该小心在意。救救孩子们！

我以为有许多书是尽够给他们标点的——而且也极该标点；较之群趋于《古文观止》和旧小说的标点者，功过不啻相差千百万倍！

（一）一般专门学者所需要的类书式的"通史"与"政书"，像《二十四史》《九通》（还该加上明王圻的《续文献通考》和清末刘氏的《续皇朝文献通考》，共十一通）之类，应仔细地加以断句，标点，并各附以"索引"之类的附录。如果这些笨重异常的书籍，以近代印刷的方法缩印成为二十余册或十余册的插架之物，这对于一般学者是如何的便利呢？我梦想能够有可以"挟之而趋"的《文献通考》、《通志》（《九通》，浙局版，凡千册，即小字石印，模糊不清者亦有二百余册）；假如《通志》能印成一厚册，《史记》能订成一大本（这是很可能的），够多么有用！够多么方便！

（二）卷帙巨大的地志和史书，以及一切有用的参考书籍，也可用前法印刷出版；目的也为了便利学者。

（三）编辑《经济史长编》之类不加论断仅供给材料的书。

（四）重要的伟大的名著；或包罗较广的总集，像《乐府诗集》《楚辞》《诗经》《全唐诗》《杜工部集》《白香山集》《花间集》《陆放翁集》等等，也用前法印刷出版，卷帙可以减少很多。

唯书籍必须加以仔细的选择，不宜仅为了营业起见，专拣一时可以畅销的；再则，必须缩印（最好是铅印）而加以标点，且每书之末必须附以索引。

有许多大路在那里，每条路都可以给你做些有益于社会的事，为什么专要趋时取巧，专要做些损人而又不甚利己的事呢？

再论翻印古书

我们在本刊上曾写过一篇《标点古书与提倡旧文学》，主张："在其间选取若干，作为样本似的，使我们得以很少的时间，明了旧的过去的文坛及许多伟大作品的概况，那也不是什么无益的事；若只是不分良莠，不识好歹地一味地标点着，提倡着，鼓吹着，宣传着，则非迎头给以痛击不可！

"真实的伟大的名著，当然是具有永久的生命的，像六朝新乐府，唐、宋诗的一部分，元、明曲，明、清散文的一部分，像比较完美的《红楼梦》《水浒传》诸小说加以标点，'以广流传'，使一部分读者得以廉价得到比较可读的本子，那也不是坏事——但绝对不该鱼目混珠，挂羊头卖狗肉！"

这些话说得已够明白。自从《世界文库》的出版，在翻印"真实的伟大的名著"，"加以标点，以广流传，使一部分读者得以廉价得到比较可读的本子"的工作上是尽了相当的力量的。有一部分被埋没了的"名著"，有一部分久被忽视了的"名著"，以及有一部分可以显示出"时代精神"的作品，都曾被整理了翻印出来。那些整理的工作，确曾费了好些人的不少的时与力。——其所耗费的时与力是不在《世界文库》里的翻译部分的许多"名著"的写译之下的。

为什么不肯苟且塞责，照样翻印便了事呢？为什么必须广搜异本，仔细校勘，整理呢？有许多人便也已发过这样的疑问了。给一般读者们阅读的书何必加以如此的详尽的校勘记呢？这些校勘记对于他们有什么用处呢？

这是不肯盲目地翻印古书的一种表现；这是要使一部分读者"得以廉价得到比较可读的本子"——整理过的本子的一种努力；同时，这也是要节省无数"读者"的耗费在"校勘"这个传统的工作之上的时与力的。比《四部丛刊》《四部备要》那样的照式翻印不知道要节省了多少认真的读者们的时与力的。虽然耗费了很多的力量，这整理却并不是无意义的。

在这整理的过程里曾经发现了古本的不少的脱漏与错误，发现了清版的古书的许多不必要的擅删擅改的地方！这些，都已借着这番整理而为之清算一下。对于真实的伟大的名著，这番整理的工作，岂可算得是白费的！对于一般读者们这番整理的工作岂是完全无用的？

有一部分的作品，在其本身也许不能算作真实的不朽的"名著"，却充分地足以表现"时代的精神"，足以表现"民间"的——非官僚的供奉的文学的——最好作品的例子，或足以表现其在文学史上有着巨大的影响的，且其本身也不是有毒的东西，则其翻印与整理也不会成为一种浪费的工作。

如果一概地把将中国文字写成的古书都作为有毒的东西看待，把一切翻印与整理的工作都当作是反动的行为，则未免有些"幼稚"与"扭曲"事实了。

对于过去文化的绝对的绝缘是办不到的事；真实的伟大的名著是在任何时代里都不会消失其真实的价值的。如果觉得《吉诃德先生传》和《死魂灵》是值得翻译而《金瓶梅词话》和《指南录》之类则绝对不值得翻印，则未免太藐视了在中国所产生的一切真实的伟大的名著了。名著何不幸而以中国文字写出之呢？

像《金瓶梅词话》那样的赤裸裸的暴露了流氓阶级的生活与心理的——这种流氓的生活与心理至今还活泼泼地存在着——如何可以绝对的加以蔑视而排斥之呢？像《指南录》那样的一部描写在贵族的侵略下的亡国之际的士大夫之愤激的心理和颠沛流离始终不屈的生活的书，如何可以因其为古书而遂不屑一顾呢？

这样地不分好歹，绝对排斥古书者的心理，和那些提倡读经而绝对排斥"禽兽能言"的白话文教科书者的心理是恰好相映成趣。——虽然对于前者我们是原谅而且敬重其热烈的情感的。

翻印古书正像介绍西洋文学一样，必须有所选择于其间；如因为西洋文学里有荷马，有莎士比亚，有杜思退益夫斯基，有高尔基，便应该不分好歹一概介绍过来，说得通么？同样的，如因为用德国文字写的书有了一部《希特拉自传》，便不分好歹一概不介绍德国名著，有此理么？

所可憾的是利用了翻印古书的名义，不知道有多少的书贾们是在经营着不可告人的翻印淫书和消闲书的事业的，大批的有毒的书，曾被他们翻印出来，而流通于市面。这诚然难怪一般前进的青年们的痛心与愤慨了！——我们早已是痛心与愤慨的了！

然而遂因噎而废食，却也是我们所期期以为不可的！

向翻印"古书"者提议

翻印"古书"的风气，近来又盛行一时。这当然不是坏事。保存了一部分值得保存的"古书"，我们也认为是今日所应该做的工作。在我们研究中国文学的人看来，更觉得尤可同情，尤有益处。但对于近来翻印"古书"的人所走的路，我们却认为有讨论和纠正的必要。

翻印"古书"的方法，最常用者有两种：

（一）影印法　即用原书照相，以石印或珂罗板印出；像上海商务印书馆所印的《四部丛刊》《四库珍本丛刊》等都是。中华书局翻印《图书集成》也用此法。

（二）排印法　即用铅字，翻排原书文字。像中华书局的《四部备要》等是。也有加以圈点或标点的，像商务印书馆的《国学基本丛书》等是。

这两个方法，各有利弊。石印法不改变原书行列款式，不会有什么错字，这是其利便、妥善处。然卷帙过于繁重，费工费时过多，售价过高，非一般人所能有，此是其弊。铅印法，比较地省篇幅省纸张，定价可以便宜些。此是其利。然其弊，则在于校对疏忽，错字太多。

其实，这两个方法是可以相辅而相成的。我们必须先分别那些古书的性质，然后才可以决定某种书用石印法或珂罗板印法好，某种书用铅印法好。同时还须顾全到社会的经济状况，读者们的购买力，替他们打打算盘。而尤其重要的是，对于一部分有毒的、不必要的东西，更宜仔细地斟酌其应否重印，或虽值得重印，而须预防其流毒于社会。

先得审查"古书"的性质和价值。应该大量流通，或仅须翻印少数的部数以资保存，都须依据其性质而决定。

大抵古书之值得大量流通者，必须具有下列价值或资格的一种或二种：

（一）史料　研究历史或专门学问所必须的，像《九通》《二十四史》之流。

（二）参考图书　一般从事于中国文学、中国历史以及其他学问所必须的，像《图书集成》《佩文韵府》《说文解字诂林》，以至比较古旧些的《太平御览》之类。

（三）文学名著　值得大量流通、不妨成为公共读物的名著，像《水浒传》《杜诗》之类，但必须注意其为无毒的。

（四）文学总集　大部头的总集，像《全唐诗》《全唐文》《全上古汉魏六朝文》《雍熙乐府》等等，也是普遍需要的东西。在其间，我们往往能得到极多的在史书上所得不到的材料。

（五）重要的丛书　包含罕见的及重要的古书的，像《十三经》《学海类编》《格致丛书》《夷门广牍》之类；有的流通极少，不易得见，有的流通虽广，而合于日常应用的本子却还不曾有。

这几类的古书是不妨大量散播出去的。就是一位研究社会科学者，他的案头，也是必须摆放着《九通》《图书集成》的。一位植物学家的书室里，如果发现有一部《图书集成》，一部《太平御览》，也并不是可惊诧的事。

这一类应该大量流通的古书，必须以大多数读者的购买力为研究的对象而决定其印刷的方法。而且，在印刷的时候还必须注意到读者的翻阅与携带的便利。故加以标点及索引是必须的；篇幅也不能过多，字迹倒不妨小些。我们为了便于诵读，往往用大字印书，实在太不经济，必须改用小字，特别是这类的参考书籍。中华书局新印的《图书集成》，最不近情理。图书集成局印行的铅印本，市面上还不罕见，市价不过五百圆。有破损水渍的不过三四百圆。殿版的，在故宫博物院便有四部，北平图书馆也有（涵芬楼也有一部，似已被焚），同文书局石印的底本，现在还在清华大学图书馆里，都并不难得、难见。如果我们要印这部书，第一，要篇幅缩小到最可能的缩小的地步；第二，售价低廉到最可能的低廉的程度。如此方才有益于人——也方才有益于书局。（薄利多售！）如今册数多至近千，售价高至八百圆（预约五百圆），普遍的人能够有力量购之乎？有力购之的，大概都已经购有。这笔最可做的大买卖，岂不白被糟蹋掉乎？我们曾经想过，若以《英国百科全书》式或日本《大正大藏经》（洋装的）式的装订（每面可容原书十二页以上），每册至少可容二千面（两面印），最多不过五六十册便可了之。售价最高不到三百圆，或竟低到二百圆左右。对于读者们岂不便利！再加总索引一册二册，可另售。日本版的《佩文韵府》，只有二厚册，可挟之而趋，还有一薄册的索引，够多么便利！而他们在明治初年便已想到这么办了。商务印书馆印的《百衲本二十四史》也笨得可笑；完全为了搬弄古董，除了中国，没有一国肯这样地浪费纸张和印刷力的。如果为表彰宋版、元版，印一册"留真谱"已经足够的了。《二十四史》的本身，仅可根据宋、元、明、清等原版、古版，排印出来（或缩小石印亦可），而附以"校勘记"（仿《大正大藏经》式），这个工作，岂不是"不朽之盛业"乎！大约有二十四册或三十册便可够包容得下的。定价也不会过高。如今却是那样地浪费纸张、印刷力乃至读者们的金钱！最近商务印书馆出版的嘉庆本《大清一统志》，这乃是一部通俗的必备之书，然售价高至一百余圆，册数也多至二百册！谁买得起？照我们缩印的计划，则仅八册十册左右的书耳。为什么他们不会为自己的买卖打算一下呢——即使他们不肯替读者们打算。

像《二十四史》这一类的书，如果影印古本流传，还有一个可怕而想不到的危害。校勘是机械的工作。如果有好的可靠的版本，便可省却无数学者们浪费的校勘的时间。如今把古本影印出来，是否要使每个学者都费时力在校勘上！只有一二十个精细的人，在机械地工作着，便可永远地省却无数人的宝贵光阴。为什么不肯这么办呢！？没有一国的人，有像我们那么不会替别人乃至替自己打算的！

倒还是向来不被人重视的《万有文库》本的《国学基本丛书》之类，值得我们的同情与表彰。吴荣光的《历代名人年谱》如今是缩成小小的一册了；《四库总目提要》如今是只有四册。这够多么方便呢！

至于珍本、孤本，印出来只是为了保存的目的，或者，内容有毒，不值得大量流通的，像《金瓶梅词话》之流，则不妨在印刷者经济能力之所及，尽量地印些奢侈的版本，像日本印唐人手卷，印宋版《世说新书》之类，那也是就个人性之所近、嗜好之所在，随意为之，没有人可加阻止——也许还该加以赞颂。不过，也不宜印得多，不宜纯为了营业的目的。

但像《四库全书珍本丛刊》之类，却又当别论；他们虽是珍本，其中未始无可用者，普通图书馆是必须的。为了他们的易于购买，似也宜照商务印书馆原定印行《四库全书》的方法（即缩小洋装本）印行之。则售价至少可减少到十之七八。然而为什么偏要照现在这样的《四部丛刊》式印行呢？这他们怕也是漫无打算的。但图一时牟利，不计购者能力。这便是今日出版界的根本大病，非痛快下一针砭，叫他们改途重张不可！

如果有人以实际的有效的工作，来打倒他们的愚昧无知的仅知图利的行径，则更是功德无量的了。

我们——乃至大多数的读者们必会站在革命者的一边的！

至于大规模的"丛书"，无所不包，像《四部丛刊》《四部备要》之类，我们也以为是不必须而浪费的事业。日本印行的是什么：日新月异的新的科学书与文学书！而我们却老在"古书"堆里作圈子。怎怪得不一败涂地呢！

而像《四部丛刊》之流影印古本的，特别有害；他们竟导引着一部分的人，以有用的时力，耗费在校勘的工作上了（这有许多事实证明之）。若个个人都成了钱遵王、黄荛圃、顾涧苹，还成了什么近代的国家！这可以说是流毒，不是流通。以宣传文化的美名而流布有毒的什么，未免可痛！

《四部备要》的编辑也是无聊的工作。有用的是并不好看的仿宋字，并且不将原书的篇幅减少了多少（约原书二册，《备要》合之为一册）。在便利上——是谈不到的。分组发售，却是他们聪明的办法。但为什么不更为读者们打算一下，缩印成《国学基本丛书》的式样呢？

我们固希望古书的流通，却反对无计划、无意识的浪费的工作，无聊而有毒害的事业！

关于《永乐大典》

　　《永乐大典》是一部编纂于五百四十多年（明成祖永乐间）前的大类书。全书有二万二千九百三十七卷，一万一千零九十五册，三亿七千万多字。其编纂的经过是这样的：明永乐元年（1403年）闰七月，朱棣（明成祖）告诉翰林学士解缙们说："天下古今事物，散载诸书，篇帙浩繁，不易检阅。欲采各书所载事物，类聚而统之以韵，以便考索。……凡书契以来经史子集百家之书，至于天文地理阴阳医卜僧道技艺之言，备编辑为一书，毋厌浩繁。"到了第二年十一月，书成，名为《文献大成》。但朱棣还觉得不满足，再叫姚广孝、解缙等，开馆于文渊阁，召集中外官及四方宿学老儒有文学者充纂修，简国子监及在外郡县学能书生员缮写，并叫光禄寺给朝暮酒馔。当时参加的人数，据说在三千人左右。永乐五年十一月，书成，定为《永乐大典》。在这部书之前，我们已有了不少的类书。像三国六朝时，魏时有缪袭等《皇览》六百八十卷，梁有刘孝标

《类苑》一百二十卷，北齐有祖珽等《修文殿御览》三百六十
卷；唐有魏徵等《文思博要》一千二百卷，许敬宗《瑶山玉
彩》五百卷，欧阳询《艺文类聚》一百卷，虞世南《北堂书
钞》一百六十卷，张昌宗等《三教珠英》一千三百卷；宋时，
有李昉《太平御览》一千卷，王钦若《册府元龟》一千卷，晏
殊《类要》七十七卷。在《永乐大典》之前，卷帙最多的不过
一千多卷。就今存的《艺文类聚》《北堂书钞》《太平御览》《册
府元龟》诸书看来，他们全都是分类抄辑群书的。像《永乐大
典》那么皇皇巨帙，卷数多至二万以上的，可以说是空前未有
的大类书。又像《永乐大典》那样的依着韵目的次序编纂起来
的，也是空前未有的体裁。《大典》的这种体例，原来是依据了
元阴时夫的《韵府群玉》和宋钱讽的《回溪史韵》的体裁而编
的。他们把每个字依照"韵目"的次序编起来。但篇幅都是很
少的。《回溪史韵》已佚，仅见残本。《韵府群玉》则只有二十
卷。《大典》却把原来的二十卷扩大了一千多倍，成为二万二千
多卷了。

因为这部书的卷帙过巨，所以在明代就不曾刊印出来过。
仅在嘉靖时候，钞过一个副本。永乐时代的原本不知在什么时
候被毁失了，连一页也不曾留下。现在所见的都是嘉靖时候抄
的副本。

明代也刊印过几部类书，像章潢的《图书编》（一百二十七
卷），王沂的《三才图会》（一百六卷），卷帙不过百卷左右；清
代的类书，像康熙时编纂的《渊鉴类函》《佩文韵府》等，其

卷帙，也都没有超过六百卷。(《渊鉴类函》四百五十卷，《佩文韵府》四百四十三卷，又拾遗一百十二卷。《古今图书集成》一万卷，为康熙时陈梦雷所编，铜活字印本，插图为木刻的，可以说是印本中最大的类书了，但也还不到《永乐大典》的一半篇幅。)所以像《永乐大典》那样的一部大类书，也可以说是"绝后"的。

像这样大规模的皇皇巨制，所费的编纂时间不过是短短的四年(永乐三年至六年)，恐怕只够抄写的时间而已。所以，其体例是十分不纯的。有的书被分割成一章一节的收入，有的书则又全部收入，有的书则又自成一类的一连几十部都被收入。《水经注》是被全部收入的一个例子。像"戏"字内，收入的"戏文"就有三十三本；"剧"字内，收入的"杂剧"就有九十多本；"话"字内，收入的"平话"就占了二十六卷。当时草草成书，以多为贵，编者们就不曾想到过要整齐划一。

就因为这部书编得那么乱，那么草率，反而保存了无数的古代的文学作品和文献在内。无数的宋元人的诗文，古代的方志、医书、杂书，宋、元、明人的小说、戏曲等等，都因为这个缘故，而得大量地被收罗在内。恐怕当时编纂的时候，是见书必收的。当时所依据的，主要的是文渊阁的藏书。但就今日所传的《文渊阁书目》看来，尽有许多书是超出于这"书目"之外的，特别是关于小说、戏曲等书。编者们并没有"正统派"的文学观念，眼光相当阔大，见解相当"通俗"。也因此而留下了好些最可宝贵的民间的文学作品。古本《西游记》的一段《魏徵梦斩泾河龙》是被收在"梦"字内的；最早的平话《薛仁贵征辽》是全部被收在"辽"字内的。假如《永乐大典》全部保存到现在的话，我们对于中国古文学史的面貌是可以看得更完全的。

不幸，这部大类书的命运是很艰辛的。永乐时的原本既已不知去向，不存一页，而嘉靖时钞的副本也劫运重重，至今仅百存其三四。（今日统计，海内外所藏的全数不过三百九十多本。也许还有未曾被发现的。但总数恐怕不会超过五百本以上。）但仅仅就这百存三四的"大典"说来，我们已经可以在那里边得到不少的珍罕而且重要的资料了。

从嘉靖以后，那部副本，一直被保存在"皇史宬"。雍正时，移存到东交民巷翰林院。清乾隆时，曾经点查过一次，只存了九千多本。有一位翰林院学士朱筠，见到了这部书，觉得其中保存的古代佚书不少，就建议要从其中辑出许多古书来。这个建议被采纳了。但性质却完全变更了。乾隆抓住这个机会，开了一个"四库全书馆"，下令征集天下的书籍，作了几次彻底的审查，把凡有反抗侵略的有爱国思想的书籍，或予以全毁，或予以抽毁，或予以删改。许多古书的面目，一进了"四库全书馆"就有些改变。而从《永乐大典》辑出来的佚书，则选择其重要的，编印了一部《聚珍版丛书》。这是古代文献的最大的一次浩劫。我们看到了四库馆臣所涂改的"四库底本"（即就原书加以删改而要誊清加入《四库全书》中的本子）就不禁目击心伤。

在这个时候，江南的文人们，像黄丕烈、顾广圻等，出来提倡"校"书，对于古书的校勘，一字不失其真相，恐怕是有鉴于四库馆臣们的胡乱涂改古书的一种反抗运动吧。

许多翰林院的学士们，趁这个机会，都从《大典》中抄辑出许多他们自己所需要的资料出来，像法式善专钞宋人的集子，徐松专钞史料文献，一直到文廷式、缪荃孙，也还在抄辑着。不过，他们抄辑的规模都不大，故所保存的资料也不很多。

最谨慎、最仔细的一次钞辑工作，是在编纂《全唐文》的时候。清代编纂了许多官书，大部分都是"因人成书"，专以抄袭为能事。像《渊鉴类函》钞的是《唐类函》，《全唐诗》全偷李振宜的著作，《钦定曲谱》全钞《太和正音谱》和《南九宫谱》，但《全唐文》却是一部谨严而周密的书。虽然用了所谓"正统派"的眼光，不收唐人传奇文，但其他的唐文却是网罗无遗的。《大典》的被利用，在这一次算是最彻底的了。可遗憾的是，他们只抄辑唐五代文，没有注意到宋、元以后的著作。如果在那时候，再动手抄辑宋、元诗文的话，《大典》至少是可以十存其四五的。

乾隆以来，《大典》曾被儒臣们陆续私携出不少。但只是零星的散佚而已。最大的浩劫乃是1900年（庚子）八国联军入京的一次。《大典》被烧毁了一部分。未烧为灰烬的，却全被帝国主义者挟之而去，盗运回国。至今，在伦敦拍卖行里还不断有"大典"出现，大都是那时候所劫掠的赃物。从这一次大劫之后，《永乐大典》这一部皇皇巨制就被分割为若干部分，分藏于世界各国的公私书库里了。北京图书馆许多年来竭尽全力去搜集，也只保存了一百一十册而已。更可痛心的是，保存在国内的若干私人手中的数十百册的"大典"，也竟陆续为美日帝国主义者所垂涎，相继归到他们的图书馆里去。

这是帝国主义者掠夺我们祖国重要文献资料和文物的一个典型的例子。这是值得我们提高警惕的。把这个例子叙述出来，足以提高我们的爱国主义的教育，足以增强我们保护祖国文化、艺术遗产的信念和决心。

更有一个典型的例子，使我们对于爱国主义和国际主义相结合的精神有深刻的认识。那就是苏联列宁格勒大学的东方语学系图书馆，在最近把多年来所藏的《永乐大典》十一册全部移赠给北京图书馆。这件"礼物"并不是泛泛的物质的赠予。这表现了崇高的国际主义的精神。

同时，上海商务印书馆董事会也由于张元济先生的提议，把涵芬楼所藏的《永乐大典》二十一册捐献给中央人民政府。涵芬楼的藏书，为大江以南最丰富、最珍贵的宝藏之一。"一·二八"日寇侵略上海时，该楼化为灰烬，大部分的藏书也都随之化为灰烬。《大典》幸得保存到今天。该馆今以历劫仅存的最珍贵的图书捐献给人民政府，其化私为公，热爱政府的心，是值得钦佩的。人民们信赖与热爱自己的政府，曾不断把他们的所藏捐献出来。这又是一个典型的例子，足够说明人民政权的建立是如何与人民的生活休戚相关，血肉相连，使他们能够无保留地把自己所最珍视的东西贡献给政府。他们明白人民政权会十分重视这些文化、艺术遗产，而且会十分珍重地保存、管理，供给人民大众加以应用与参考研究的。

图书在版编目（CIP）数据

书林漫步：郑振铎谈读书 / 郑振铎著 . -- 北京：
中国文史出版社，2022.1

ISBN 978-7-5205-3321-8

Ⅰ . ①书… Ⅱ . ①郑… Ⅲ . ①读书方法 Ⅳ .
① G792

中国版本图书馆 CIP 数据核字（2021）第 221072 号

出 品 人：刘未鸣　段　敏

责任编辑：牛梦岳

出版发行 中国文史出版社

社　　址：北京市海淀区西八里庄路 69 号院　邮编：100142

电　　话：010-81136606　81136602　81136603（发行部）

传　　真：010-81136655

印　　装：北京新华印刷有限公司

经　　销：全国新华书店

开　　本：787mm×1092mm　1/32

印　　张：10.75

字　　数：214 千字

版　　次：2022 年 4 月第 1 版

印　　次：2022 年 4 月第 1 次印刷

定　　价：62.80 元